알찬 예제로
배우는
series

KB137593

일러스트레이터
CC

영문판

김혜진 지음

VER **23.x**

Kyohaksa

알찬 예제로 배우는
Illustrator CC ver 23.x

머리말

일러스트레이터라는 직업은 주로 광고나 영상매체의 그림이나 문양을 도안하고 제작하는 일을 담당합니다. 일러스트의 핵심은 바로 창의적인 아이디어의 표현입니다. 얼마나 머릿속의 상상을 그대로 옮겨낼 수 있는지에 따라 멋진 결과물과 보잘 것 없는 결과물로 나누어집니다.

그림을 잘 그리거나 표현을 잘 하는 사람이면 쉬울 수 있겠지만 그렇지 않더라도 Adobe에서 제공하는 일러스트레이터를 잘 활용한다면 그보다 훨씬 더 멋진 작품을 만들 수 있습니다.

최근에 출시된 일러스트레이터CC는 이전 버전보다 훨씬 강력해진 기능들과 손쉽게 퀄리티 높은 작업을 할 수 있도록 많은 효과들을 제공합니다. 또한 다른 사람이 작업했던 파일을 검색하여 불러오거나 자신이 작업한 파일을 공유할 수도 있습니다.

본 도서에서는 초보부터 마스터까지 단계별로 난이도에 따른 알찬 예제들과 노하우들을 가득 담았습니다. 예제뿐만 아니라 강의노트와 보충수업, 그리고 실전문제들을 통해 당신의 실력을 키워보시기 바랍니다.

끝으로 이 도서를 통하여 일러스트레이터 입문을 시작하는 사람부터 실무에 활용하고자 하시는 사람들까지 쉽고, 알차게 일러스트레이터를 익히고 학습하셨으면 바랍니다. 무엇보다 멋진 일러스트레이터가 되시는데 조금이나마 도움이 됐으면 합니다.
저자 김혜진

이 책의 포지션

일러스트레이터를 알고 싶고 다양한 그래픽 노하우가 필요하다면 알찬 예제로 배우는 일러스트레이터가 정답입니다.

Version _ Illustrator CC 23.x

응용능력 / 난이도 / 기초능력 / 실무능력 / 편의성

Series Point

알찬 예제로 배우는 시리즈만의 7대 특징

실습과 실전 문제 중심으로 구성

하나의 실습을 진행하는데 있어 먼저 소스와 완성 샘플을 보여주고, 전체적인
제작 포인트를 제시하여 예제에 접근하는데 필요한 기본 골격을 확실히
심어준 상태에서 따라해 볼 수 있어 빠른 이해 및 다양한 응용이 가능합니다.

반복 학습에 따른 실력 향상 극대화

하나의 섹션이 시작될 때마다 전체적인 개요를 잡아주고 실습에
들어감과 동시에, 해당 섹션의 마지막에 내용을 한 번 더 총정리 해주어
반복 학습에 따른 능률의 극대화를 꾀했습니다.

예제의 양과 질적인 면에서 알차게 구성

일상생활이나 업무에 조금만 응용하면 사용할 수 있는 예제들만을
엄선하여 단계별 난이도 조정에 따라 배열해 놓아, 기초부터 차근차근
실력을 향상시킬 수 있습니다.

베테랑 강사들의 알찬 노하우를 제공

실습 중간중간에 필자들이 현장에서 강의하면서 교안에 빽빽하게
써놓았던 자기만의 노하우 및 학생들의 집중적인 질문을 받았던 핵심 사항을
[강의노트]와 [포인트]라는 제목하에 달아 놓아 저자의 노하우를 고스란히
자신의 재산으로 만들 수 있습니다.

강의 교재로 최적화한 구성

일선에서의 교육에 맞도록 최대한 실습 위주로 만들었고, 기능에 대한 설명은
한눈에 볼 수 있게끔 일목요연하게 정돈시켜 놓았습니다.

교재 자료 온라인 다운로드 제공

본 교재에 사용된 예제 파일 및 완성 파일은 (주)교학사 홈페이지(www.
kyohak.co.kr) [IT/기술/수험서]─[도서 자료]의 자료실에 등록되어 있습니다.
교육시 필요한 자료들은 언제든지 이곳에서 다운로드하면 됩니다.

스스로 마스터할 수 있는 능력을 배양

매 단원 직접 해보기 및 실전 문제를 통해 다양한 응용력을 키우고,
의문사항은 교학사 도서문의를 통해 언제든지 문의 및 해결하여 자신을 한
단계 업그레이드시킬 수 있습니다.

알찬 예제로 배우는 시리즈의 예제 및 결과 파일은 교학사 홈페이지
(www.kyohak.co.kr)에서 다운 받을 수 있습니다.

1. 인터넷 브라우저를 실행한 후 교학사 홈페이지(www.kyohak.co.kr)
   에 접속합니다. 상단 메뉴에서 [IT/기술/수험서]–[도서자료]를 클릭
   합니다.
2. **[알찬예제로 배우는 시리즈]**를 선택한 후 검색 창에 **"일러스트레이**
   터 CC ver 23"을 입력한 후 [검색] 버튼을 클릭합니다.
3. 검색된 도서의 압축 아이콘을 클릭하여 다운로드합니다.
4. 다운로드가 완료되면 압축을 풀어 사용합니다.

알찬 예제로 배우는
Illustrator CC

00%

01.

일러두기

본문은 예제 중심으로 구성되어 있습니다. 따라서 모든 예제들을
따라하기 전에 꼭 '소스 미리보기'를 먼저 보십시오.
소스 미리보기에서는 어떤 파일을 가지고 어떤 결과를 만들어
내는지 한눈에 확인할 수 있습니다. 뿐만 아니라 그 예제를
만들어 가는데 꼭 필요한 '제작 포인트'가 서술되어 있어
쉽게 섹션의 핵심 기능을 알고 시작할 수 있습니다.
일러스트레이터 원본 폴더의 예제에 사용한 폰트가 컴퓨터의
'C:₩windows₩font' 폴더에 없는 경우 화면과 다르게 보일 수
있습니다. 이러한 경우 여러분의 컴퓨터에 있는 폰트 중에서
가장 비슷한 폰트로 변경해서 사용해 주시길 바랍니다.

이 책의 구성

섹션 설명

섹션에서 다룰 내용에 대한 전체적인 개념을 설명합니다.
본문에 대한 이해도를 높이기 위한 코너이므로 필독해 주세요.

직접 해보기

실제로 만들어 가는 과정을 따라하기 식으로 설명하여
누구나 쉽게 예제를 만들어 나갈 수 있고 알찬 기능을 익힐
수 있도록 구성하였습니다.

소스 미리보기

본문에서 배울 예제의
준비 파일과 완성
파일을 미리 보여주어,
전체적인 흐름을 잡을
수 있도록 하였습니다.

강의노트

알아두면 도움이 되는
내용, 막히는 부분을
더 쉽게 이해할 수
있도록 설명해 줍니다.

키포인트 툴/노하우

학습하는 섹션의 핵심
툴을 알아보고 내용을
완벽하게 습득하기
위한 저자의 노하우를
정리 하였습니다.

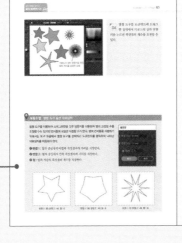

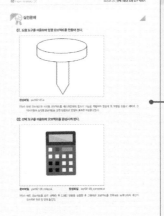

실전 문제

앞에서 배운 내용을
응용 하여 혼자서 실습
해 볼 수 있도록 실습
예제를 수록하였습니
다. 준비 파일과
완성 파일을 보여주고
실습에 필요한 간단한
힌트도 제공합 니다.

보충수업

해당 섹션에서 설명한
부 분 이외에 좀더
고급적인 기능이나
알아두면 큰 도움이 될
부분을 기술 하고
있습니다.

알찬 예제로 배우는
Illustrator CC
03.

Contents

알찬 예제로 배우는
Illustrator CC
03.

Contents

Part 03 일러스트레이터 CC 디자인 실무

Part 04 일러스트레이터 CC 알아두면 좋은 기능

I L L U ST RATOR CC

너무 기발한 디자인보다는 집중하는 디자인이
좋은 디자인입니다.
—제스퍼 모리슨—

알찬 예제로 배우는
일러스트레이터 CC

Part **01**

일러스트레이터 CC의
기본기 다지기

걸어다니다가 시선을 멈추게 하는 화려한 벽화, 스마트폰을 이용해
어디서든 볼 수 있는 캐릭터와 시그니처 등은 일러스트레이션 전문가만이
그릴 수 있는 것은 아니라 누구나 창작할 수 있습니다.
일러스트레이터 CC를 사용할 수 있다면 당신의 그림을 작품으로
한층 업그레이드시킬 수 있습니다.
먼저 일러스트레이터 CC가 무엇인지 알아보고
기초를 탄탄히 익혀봅시다.

일러스트레이터 CC의 기본기 다지기

'대한민국 사람의 절반 이상이 사용하는 스마트폰 메신저의 이모티콘은 누가 만든 걸까?', '정치를 풍자하는 그림은 누가 그리는 걸까?'라는 생각을 해 보았을 것입니다. 그 생각의 정답은 바로 '일러스트레이터(illustrator)'입니다. 일러스트레이션(illustration)이란 '밝게 하다'. '조명하다.'라는 뜻을 담고 있으며 특정한 내용을 이해하기 쉽게 시각적인 요소로 표현하는 것을 목적으로 합니다. 이러한 일러스트레이션을 만드는 사람을 일러스트레이터라고 합니다.

일러스트레이터라는 직업은 '삽화가'의 의미이었지만 지금은 캐릭터, 광고, 멀티미디어, 순수회화 영역까지 넓어졌습니다. 이에 현재 우리가 접하는 모든 그림을 일러스트라고 합니다. 일러스트레이터가 그림을 그릴 때 가장 많이 사용하는 도구인 Adobe사의 일러스트레이터는 1987년을 시작으로 2013년 일러스트레이터 CC까지 총 17가지 버전을 출시했습니다. 그 중에서도 가장 최신 버전인 기존의 2D 그림에서 3D 그림까지 정밀하게 표현이 가능한 일러스트레이터 CC버전에 대해 알아보겠습니다.

Step 01. 일러스트레이터 CC의 새로운 기능 알아보기

새로운 일러스트레이터 CC는 확대 배율 기능이 대폭 강화되었습니다. CC 이전 버전에서는 6,400%까지만 확대할
수 있었으나 CC에서는 64,000%까지 확대할 수 있어 세부적인 것까지 선명하게 볼 수 있으며 정확하고 세밀한 작업
에 유용합니다.

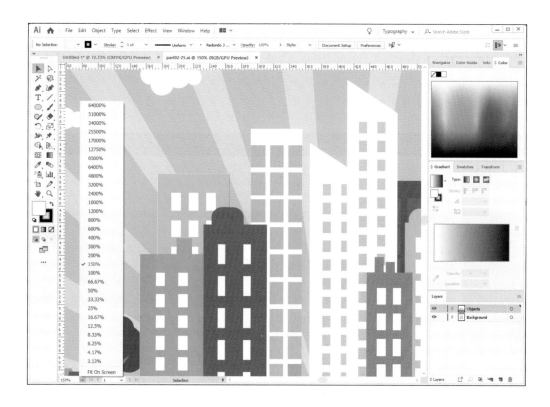

또한 일러스트레이터 CC에서는 데이터 복구 및 안전 모드를 지원합니다. 작업 도중 오류가 발생하여 파일 저장 전
에 프로그램이 종료되는 경우에는 일러스트레이터를 재실행하는 것만으로 작업 중이던 내용을 복구할 수 있습니
다. 해당 오류의 원인을 탐지하는 기능으로 사용자가 직접 관련 문제에 관한 정보를 얻는 것도 가능합니다.

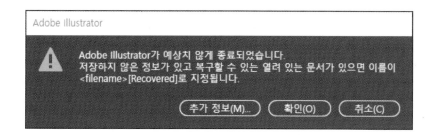

이 밖에도 일러스트레이터 CC에는 이전 버전보다 사용자의 작업 양을 줄여줄 수 있는 기능들이 많이 보강되었습니
다. 먼저 화면에 맞게 내보내기는 클릭 몇 번으로 작업 중인 파일을 여러 크기 및 형식으로 출력할 수 있는 기능으

로, 다양한 화면 크기의 PC 모니터 및 모바일 기기에 맞는 콘텐츠를 빠르게 제작할 수 있습니다. 특히 파일을 내보낼 위치와 배율(1X, 2X, 3X 등), 포맷(JPG, PNG, SVG, PDF 등)을 선택한 후 내보내기 버튼만 누르면 하나의 작품이 지정한 포맷들로 한 번에 출력됩니다. 이전 버전에서는 크기와 포맷을 지정하고 저장하는 작업을 여러 번 반복해야 했지만 이제는 단 한 번에 끝낼 수 있습니다.

또 일러스트레이터 CC에는 어도비 스톡(Adobe stock)과의 호환성을 높였습니다. 스톡 이미지 유통 플랫폼인 어도비 스톡에서 원하는 이미지를 검색하면 검색 결과가 자동으로 표시되며 사용자는 이를 통해 작업에 필요한 이미지를 빠르게 검색하고 구매할 수 있습니다. 또한 '어도비 스톡 콘텐츠 작가 포털(Adobe Stock Contributor Site)' 플랫폼을 통해 누구나 사진, 일러스트, 비디오 및 벡터 등 자신의 작품을 수백만 명의 구매자들에게 판매할 수 있습니다. 일러스트레이터 CC 뿐만 아니라 포토샵 CC, 인디자인 CC 등 크리에이티브 클라우드 애플리케이션에서 바로 작품을 업로드 및 판매할 수 있습니다.

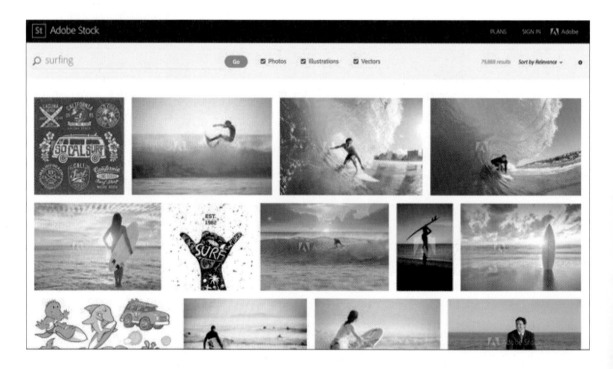

Step 02. 일러스트레이터의 인터페이스 알아보기

일러스트레이터 CC는 원하는 툴과 각각의 패널에 접근할 수 있도록 사용자 친화적인 인터페이스로 발전시켜 왔습니다. 좀 더 심플하고 깔끔하게 정리된 일러스트레이터의 기본 화면을 알아보겠습니다.

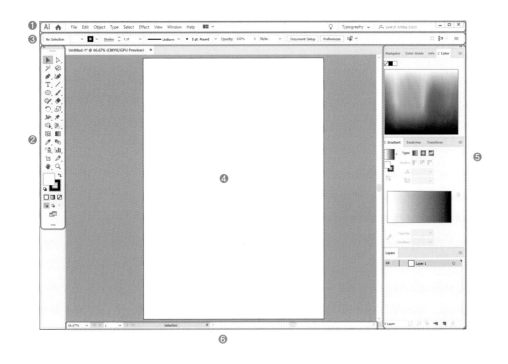

❶ 메뉴 바

일러스트레이터 CC의 메뉴 바에는 9가지의 다양한 메뉴가 있으며, 메뉴를 펼치면 사용이 가능한 하위 메뉴의 색상은 검은색으로, 아니면 회색으로 비활성화되어 있습니다. 그리고 각 메뉴의 오른쪽에 삼각형은 더 세분화된 메뉴가 숨어 있음을 의미합니다.

❷ 툴 패널

자주 사용하는 툴을 아이콘 형태로 제공하며, 디자인에 필요한 브러시, 자, 도형 등의 모든 툴이 제공됩니다.

❸ 옵션 바

선택한 툴의 옵션을 표시하며 선택한 툴의 종류에 따라 옵션의 내용이 변경됩니다.

❹ 도큐먼트

일러스트레이터에서 작업이 가능한 영역을 의미합니다. 문서 탭으로 여러 도큐먼트들을 만들거나 열어서 작업할 수 있고 최대 100개까지의 도큐먼트를 실행할 수 있습니다.

❺ 패널 그룹

일러스트레이터 CC는 매우 다양한 종류의 패널을 제공합니다.
각 툴과 연동한 세부 옵션이나 다양한 작업에 최적화된 설정을 담당합니다. 패널은 사용자가 원하는 형태로 합치거나 분리할 수 있으며 임의로 정렬할 수도 있습니다. 또한 각 패널의 우측 상단에 있는 팝업 버튼을 클릭하면 다양한 옵션 설정이 가능합니다.

❻ 상태 바

현재 활성화되어 있는 도큐먼트의 정보가 나타나는 곳으로 확대 비율, 선택된 툴의 정보, 대지의 개수 및 번호 등을 알 수 있습니다.

일러스트레이터 CC의 툴 패널과 패널 살펴보기

일러스트레이터CC를 처음으로 실행하면 많은 툴과 기능이 펼쳐져 있어서 어디서부터 어떻게 시작해야 할지 몰라 막막한 경우가 있습니다. 하지만 이해하기 쉽도록 직접적인 뜻을 표현하고 있는 툴의 모양과 기능의 이름들이 잘 이해시켜 줄 것이므로 크게 걱정할 필요는 없습니다. 프로그램의 기본 기능을 살펴보면서 프로그램의 활용 능력을 키워보기 바랍니다.

Step 01. 툴 패널 살펴보기

툴 패널은 일러스트레이터의 기본 툴을 모아둔 대표 패널입니다. 일러스트레이터를 실행하면 프로그램의 좌측에 위치해 있습니다.

구성된 툴의 이름을 알고 싶다면 마우스포인터를 툴 위에 잠시 올려두면 이름이 나타나며 작업의 효율을 높일 수 있는 툴의 단축키도 함께 표시됩니다. 툴 이름 옆의 영문자는 단축키를 의미하며 키보드에서 영문자 단축키 또는 Ctrl , Shift 등과 함께 단축키를 누르면 자동으로 해당 툴이 선택됩니다. ◢ 표시가 있는 툴들은 2~3초간 클릭한 채 기다리면 숨겨져 있던 관련 툴들이 표시됩니다.

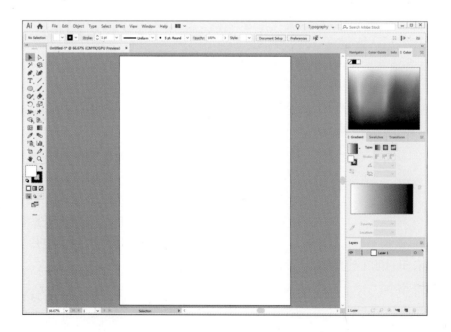

자세히 알아보기 **툴 패널**

이미지 편집을 위해 자주 사용되는 툴을 모아 놓았기 때문에 어떤 툴이 있는지, 툴의 사용법은 무엇인지 충분히 숙지해 두어야 합니다. 각 툴 위로 마우스를 가져가면 툴의 이름과 단축키가 팁으로 나타나고, 툴을 잠시 누르고 있거나 마우스 오른쪽 버튼을 클릭하면 유사한 기능의 숨은 툴이 나타납니다.

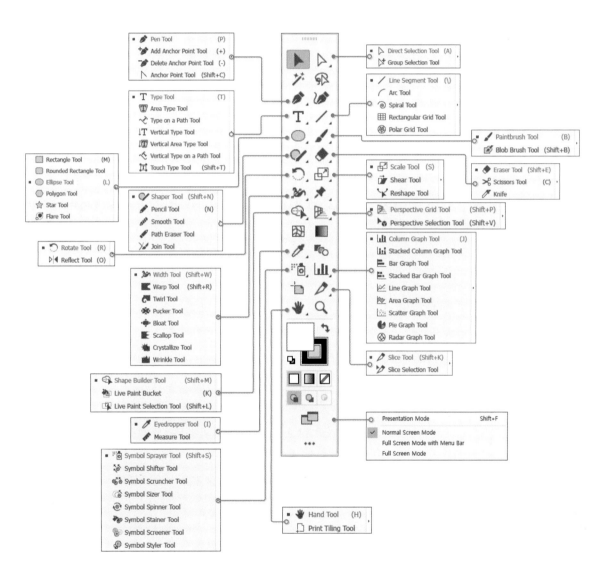

❶ 선택 툴

선택 툴(Selection Tool) : 도큐먼트 상의 오브젝트 및 그룹 오브젝트를 선택하거나 이동할 때 사용합니다. 마우스를 클릭하여 특정 오브젝트를 선택할 수 있으며, 드래그로 선택 범위를 만들거나 Shift 를 누른 상태에서 여러 개의 오브젝트를 클릭하여 다중 선택도 가능합니다.

▷ **직접 선택 툴(Direct Selection Tool)** : 그룹화된 오브젝트에서 특정 부분 오브젝트를 선택하거나 기준점을 선택할 때 또는 오브젝트의 일부분을 수정할 때 사용합니다.

▷⁺ **그룹 선택 툴(Group Selection Tool)** : 그룹 오브젝트를 선택하고 싶다면 그룹 선택 툴을 사용합니다.

⚡ **자동 선택 툴(Magic Wand Tool)** : 여러 오브젝트 중에서 색상 등 유사한 속성을 가진 오브젝트들만을 한 번에 선택할 수 있는 기능으로 포토샵의 자동 선택 툴과 기능이 유사합니다.

⚲ **올가미 툴(Lasso Tool)** : 자유롭게 드래그하여 영역에 포함되는 모든 오브젝트 및 선, 기준점을 선택합니다.

❷ 펜 툴

✏ **펜 툴(Pen Tool)** : 포인트와 직선 또는 베지어 곡선의 형태를 조절하여 오브젝트를 생성할 수 있습니다.

✏⁺ **포인트 추가 툴(Add Anchor Point Tool)** : 기존 오브젝트의 직선 또는 곡선 위에 포인트를 추가할 수 있습니다.

✏⁻ **포인트 삭제 툴(Delete Anchor Point Tool)** : 기존 포인트를 삭제하여 직선 오브젝트로 변형할 수 있습니다.

▷ **포인트 변환 툴(Anchor Point Tool)** : 곡선 성격을 가진 포인트를 꼭지점 성격의 포인트 또는 반대로 변형할 수 있습니다.

✏ **곡률 툴(Curvature Tool)** : 직선으로 설정되었던 펜 툴과 달리 곡률 툴은 모든 선을 곡선으로 인식하며, 자연스러운 굴곡과 곡체를 만들 때 적합한 툴입니다.

❸ 문자 툴

T **문자 툴(Type Tool)** : 원하는 위치에 문자를 입력하여 문자 오브젝트를 만들 수 있습니다.

Ⓣ **영역 문자 툴(Area Type Tool)** : 오브젝트 영역 내에 문자를 입력할 수 있습니다.

✎ **패스 문자 툴(Type on a Path Tool)** : 오브젝트의 외곽선 위에 문자를 입력할 수 있습니다.

↓T **세로 문자 툴(Vertical Type Tool)** : 세로 방향의 문자를 입력할 수 있습니다.

Ⓣ **세로 영역 문자 툴(Vertical Area Type Tool)** : 오브젝트 영역 내에 문자를 세로 방향으로 입력할 수 있습니다.

✎ **세로 패스 문자 툴(Vertical Type on a Path Tool)** : 오브젝트의 외곽선 위에 문자를 세로 방향으로 입력할 수 있습니다.

Ⅱ **문자 손질 툴(Touch Type Tool)** : 입력된 문자들 중 특정 문자의 크기를 개별적으로 변형할 수 있습니다.

❹ 선 툴

╱ **직선 툴(Line Segment Tool)** : 직선 오브젝트를 크기와 방향을 자유롭게 조절하여 생성합니다.

⌒ **호 툴(Arc Tool)** : 호 모양의 곡선 오브젝트를 생성합니다.

◉ **나선형 툴(Spiral Tool)** : 나선 모양의 오브젝트를 생성하고 크기와 모양을 자유롭게 조정할 수 있습니다.

▦ **사각형 격자 툴(Rectangular Grid Tool)** : 사각형 격자 오브젝트를 생성합니다.

◉ **원형 격자 툴(Polar Grid Tool)** : 원형 격자(극좌표) 오브젝트를 생성합니다.

❺ 도형 툴

□ **사각형 툴(Rectangle Tool)** : 직사각형 또는 정사각형 오브젝트를 생성합니다.

□ **둥근 사각형 툴(Rounded Rectangle Tool)** : 모서리가 둥근 사각형 오브젝트를 생성합니다. 모서리의 둥근 정도를 자유롭게 조절할 수 있습니다.

○ **원형 툴(Ellipse Tool)** : 타원 또는 정원 오브젝트를 생성합니다.

⬡ **다각형 툴(Polygon Tool)** : 다각형 오브젝트를 생성하고 꼭짓점의 개수를 자유롭게 조절할 수 있습니다.

☆ **별 툴(Star Tool)** : 별 오브젝트를 생성할 수 있으며 별의 꼭짓점 개수를 자유롭게 조절할 수 있습니다.

◉ **플레어 툴(Flare Tool)** : 빛이 비치는 효과를 내는 오브젝트를 생성합니다.

❻ 그리기 툴

✎ **페인트 브러시 툴(Paintbrush Tool)** : 붓으로 그리는 듯한 브러시 효과로 자유롭게 그릴 수 있으며 브러시의 모양과 색상을 다양하게 적용할 수 있습니다.

✐ **물방울 브러시 툴(Blob Brush Tool)** : 굵은 붓으로 칠을 하는 것과 같은 효과를 얻을 수 있습니다.

✐ **모양 툴(Shaper Tool)** : 삐뚤삐뚤 거칠게 그린 원이나 사각형을 직선이나 곡선의 도형으로 만들어 줍니다.

✏ **연필 툴(Pencil Tool)** : 연필과 같이 자유 곡선을 그리거나 곡선들의 조합으로 다각형 오브젝트를 만들 수 있습니다.

✎ **매끄럽게 툴(Smooth Tool)** : 연필 툴로 그려져 굴곡이 심한 선들을 매끄럽게 변형합니다.

✐ **패스 지우개 툴(Path Eraser Tool)** : 기존에 그려진 패스의 일부 또는 전체를 삭제합니다.

✐ **연결 툴(Join Tool)** : 따로 떨어져 있거나 끊어져있는 선들을 연결하여 하나의 오브젝트로 만듭니다.

◆ **지우개 툴(Eraser Tool)** : 오브젝트의 면 또는 선의 일부를 지우개로 지운 듯이 삭제합니다.

✄ **가위 툴(Scissors Tool)** : 하나의 오브젝트를 가위로 자른 듯이 두 개의 오브젝트로 나눌 수 있습니다.

✑ **나이프 툴(Knife Tool)** : 오브젝트를 칼로 자른 듯이 두 개의 오브젝트로 나눌 수 있습니다.

❼ 변형 툴

↻ **회전 툴(Rotate Tool)** : 시계 방향 또는 반시계 방향으로 다양한 각도를 적용하여 오브젝트를 회전시킵니다.

▷◁ **반사 툴(Reflect Tool)** : 오브젝트를 수평 또는 수직을 기준으로 반사시킵니다.

⬜ **크기 조절 툴(Scale Tool)** : 오브젝트의 크기를 자유롭게 조절합니다.

☞ **기울이기 툴(Shear Tool)** : 오브젝트를 왼쪽, 오른쪽 또는 다양한 각도로 기울일 수 있습니다.

⅄ **모양 변경 툴(Reshape Tool)** : 선택한 점을 기준으로 기존 형태에 많은 변화를 주지 않으면서 자연스럽게 변형합니다.

♨ **넓이 툴(Width Tool)** : 선 속성으로 두께가 적용된 스타일을 나타낼 수 있다.

◧ **워프 툴(Warp Tool)** : 오브젝트에 변형을 주는 도구로 오브젝트를 구부리거나 휘는 효과를 줄 수 있습니다.

트윌 툴(Twirl Tool) : 오브젝트를 돌려서 비틀어주는 효과로 나선형의 오브젝트를 만들 때 사용합니다.

퍼커 툴(Puckerl Tool) : 클릭한 부분으로 모아주는 효과입니다.

블롯 툴(Bloat Tool) : 오브젝트의 특정 부분을 부풀리거나 팽창시키는 효과를 나타냅니다.

스캘럽 툴(Scallop Tool) : 오브젝트에 클릭한 부분을 조가비나 물결 모양으로 변경시켜 줍니다.

크리스털라이즈 툴(Crystallize Tool) : 오브젝트에 클릭한 부분을 조가비나 물결 모양으로 변경시켜 줍니다.

링클 툴(Wrinkle Tool) : 오브젝트에 클릭한 부분을 조가비나 물결 모양으로 변경시켜 줍니다.

퍼펫 뒤틀기 툴(Puppet Warp Tool) : 오브젝트의 자유롭게 변형하는 툴로 그림의 동작을 변형하여 역동적인 이미지를 만들 때 유용합니다.

자유 변형 툴(Free Transform Tool) : 오브젝트의 전체 모양을 자유롭게 변형합니다.

❽ 색상 적용 툴

셰이프 빌더 툴(Live Paint Bucket Tool) : 패스파인더 기능과 유사하며 겹쳐진 부분을 삭제하거나 더하고 분리할 수 있습니다.

라이브 페인트 통 툴(Live Paint Bucket Tool) : 일러스트레이터에서 제공하는 색상 조합에 따라 오브젝트에 색상을 적용할 수 있습니다.

라이브 페인트 선택 툴(Live Paint Selection Tool) : 제공된 색상 중에서 적용할 색상을 선택할 수 있습니다.

원근감 격자 툴(Perspective Grid Tool) : 원근감으로 표현되는 드로잉 개체를 편리하게 그릴 수 있도록 투시 그리드를 표시합니다.

원근감 선택 툴(Perspective Selection Tool) : 투시 안내선에 맞춰 자동으로 투시된 오브젝트를 선택합니다.

그레이디언트 툴(Gradient Tool) : 오브젝트의 내부에 자연스럽게 여러 가지 색상이 섞여 있는 그레이디언트를 적용하며 그레이디언트의 방향, 거리 및 무늬를 조절할 수 있습니다.

메쉬 툴(Mesh Tool) : 오브젝트에 그물과 같은 기준점을 배치하여 자연스러운 색상의 그레이디언트 효과를 적용합니다.

스포이드 툴(Eyedropper Tool) : 오브젝트의 색상, 선 두께와 같은 속성들을 복제하여 다른 오브젝트에 손쉽게 적용합니다.

블렌드 툴(Blend Too) : 오브젝트와 오브젝트 사이를 자연스럽게 연결하여 하나의 오브젝트를 생성합니다. 오브젝트들의 사이에는 그레이디언트가 적용됩니다.

❾ 심볼 툴

심볼 분무기 툴(Symbol Sprayer Tool) : 심볼을 원하는 위치에 원하는 만큼 분무기로 뿌린 듯이 흩뿌릴 수 있습니다.

심볼 이동 툴(Symbol Shifter Tool) : 뿌려진 심볼들의 위치를 이동할 수 있습니다.

심볼 스크런처 툴(Symbol Scruncher Tool) : 심볼과 심볼 사이의 간격을 조절합니다.

심볼 사이즈 툴(Symbol Size Tool) : 뿌려진 심볼들의 크기를 크게 또는 작게 조정할 수 있습니다.

심볼 회전 툴(Symbol Spinner Tool) : 심볼들을 시계 방향 또는 반시계 방향으로 회전시킬 수 있습니다.

심볼 염색 툴(Symbol Stiner Tool) : 심볼들의 색상을 다양하게 변경할 수 있습니다.

심볼 투명도 툴(Symbol Screener Tool) : 심볼에 투명도를 적용할 수 있습니다.

심볼 스타일 툴(Symbol Styler Tool) : 심볼에 그래픽 스타일로 등록된 모양을 적용할 수 있습니다.

⑩ 작업 환경 조절 툴

아트보드 툴(Artbord Tool) : 인쇄 또는 다른 형식의 파일로 저장할 경우 처리할 부분의 영역을 지정합니다. 지정된 아트보드는 자유롭게 크기를 변경하거나 없앨 수 있습니다.

분할 영역 툴(Slice Tool) : 작업한 오브젝트를 부분적으로 나눌 수 있습니다.

분할 영역 선택 툴(Slice Selection Tool) : 작업한 오브젝트를 부분적으로 나눌 수 있습니다.

손 툴(Hand Tool) : 도큐먼트를 드래그하여 자유롭게 원하는 위치로 이동할 수 있습니다.

타일링 인쇄 툴(Print Tiling Tool) : 인쇄 영역을 지정할 수 있습니다.

돋보기 툴(Zoom Tool) : 확대 또는 축소하여 작업 환경을 원활하게 하는 기능을 가지고 있습니다.

자세히 알아보기 색상 모드

❶ 면 색상과 선 색상 교체(Swap Fill and Stroke) `Shift`+`X`
❷ 색상 초기화(Default Fill and Stroke) `D`

색상(Color) : 면 색상과 선 색상의 모드를 활성화합니다.

그레이디언트(Gradient) : 면 색상과 선 색상의 그레이디언트 모드를 활성화합니다.

없음(None) : 면 색상과 선 색상 및 그레이디언트 투명 모드를 활성화합니다.

자세히 알아보기 드로잉 모드

표준 그리기(Draw Normal) `Shift`+`D` : 새로 그려지는 오브젝트를 순서대로 삽입합니다.

배경 그리기(Draw Behind) `Shift`+`D` : 새로 그려지는 오브젝트를 가장 아래로 배치하여 삽입합니다.

내부 그리기(Draw Inside) `Shift`+`D` : 새로 그려지는 오브젝트를 기존 오브젝트의 영역 안에서 삽입합니다.

자세히 알아보기 화면 모드

화면 모드 변경(Change Screen Mode) `F` : 표준 화면 모드, 메뉴 막대가 있는 전체 화면 모드, 전체 화면 모드로 변경합니다.

자세히 알아보기 **패널의 기본 구조**

일러스트레이터 CC에서는 다양한 패널이 제공되며, 각 패널마다 작업을 하는 데 있어서 매우 중요한 역할을 합니다. 작업 공간을 위해 패널을 합치거나 분리 또는 최소화할 수 있으며 해당 패널 탭을 드래그하여 패널을 이동할 수 있고 원하는 곳에 분리시키거나 합칠 수 있습니다.

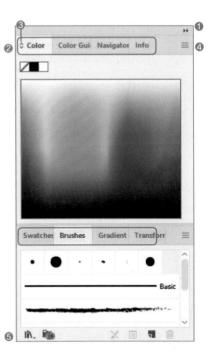

❶ **크기 조절 버튼** : 패널의 크기를 단계적으로 조절합니다.

❷ **패널 탭** : 패널의 이름을 나타낸다.

❸ **최소화 버튼** : 패널을 최소 단위인 아이콘 크기로 줄입니다.

❹ **팝업 버튼** : 해당 패널의 세부적인 명령이 있는 하위 메뉴가 펼쳐집니다.

❺ **라이브러리 버튼** : 다양한 효과 및 일러스트 양식을 제공합니다.

보충수업 패널 자유롭게 배치하기

일러스트레이터 CC는 많은 종류의 패널들을 제공하고 있습니다. 사용자 편의를 위해 현 작업에 필요한 패널만을 표시하거나 축소하여 아이콘 형태로 나타낼 수 있고, 자유롭게 위치를 이동시킬 수도 있습니다.

❶ **패널 확장하기 / 아이콘으로 축소하기** : 패널 모음 우측 상단의 ▶▶ 버튼을 누르면 패널을 확장시킬 수 있고 ◀◀ 버튼을 누르면 아이콘으로 축소할 수 있습니다.

❷ **패널 이동** : 패널의 상단 부분을 클릭하고 드래그하면 원하는 위치로 이동시킬 수 있습니다.

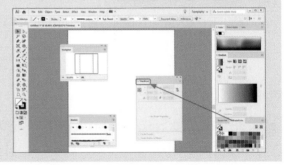

[Navigator] 패널

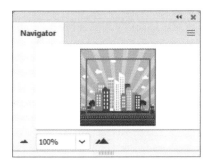

패널의 빨간색 사각형을 마우스로 드래그하여 움직이면 현재 보이는 작업 영역을 이동시킬 수 있습니다. 또한 하단의 슬라이더를 사용하여 작업 영역을 확대 또는 축소해서 볼 수 있습니다.

[Document Info] 패널

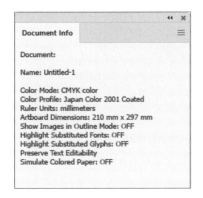

현재 작업 중인 문서의 이름, 경로, 색상 및 크기 등의 정보가 표시됩니다.

[Appearance] 패널

오브젝트를 이루는 면과 선에 대한 정보가 표시되며 패널에서 직접 면과 선의 색상 변경 및 여러 가지 속성 작업을 할 수 있습니다.

[Info] 패널

선택한 오브젝트의 위치나 크기, 면과 선에 대한 정보 또는 마우스의 현재 위치의 좌표 값을 보여줍니다.

[Stroke] 패널

선택한 오브젝트의 선 굵기를 조절합니다.

[Color] 패널

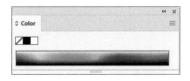

오브젝트에 색상을 적용할 때 사용하며 회색 음영, RGB, CMYK, HSB 외에 반전, 보색 등 다양한 색상 모드를 제공합니다.

[Color Guide] 패널

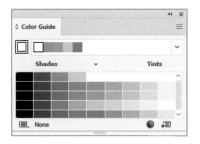

하나의 색상을 기준으로 서로 어울리는 색상들을 여러 개의 배색 띠와 단계별 색상으로 나타냅니다.
[Color] 패널 또는 [Swatch] 패널에서 색상을 지정하면 지정된 색상과 어울리는 여러 가지 색을 자동으로 보여줍니다.

[Swatches] 패널

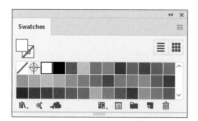

일러스트레이터가 기본적으로 다양한 원색, 그레이디
언트, 무늬 등을 제공하며 사용자가 자주 사용하는 색
상들을 패널에 저장하여 사용할 수 있습니다. 팝업 버
튼을 이용한 메뉴에서 Swatch Library를 가져와 사용
하면 더 많은 무늬와 색상들을 사용할 수 있습니다.

[Gradient] 패널

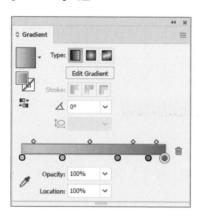

여러 개의 색상 사이를 부드럽게 연결하는 색상 배열을
만들어 오브젝트에 적용할 수 있습니다. 또는 그레이디
언트가 적용된 오브젝트의 그레이디언트 속성을 변경
할 수 있습니다.

[Graphic Style] 패널

기본, 투명 외에 다양한 그래픽 무늬, 입체적인 효과 견

본들을 제공하며 이를 이용하여 쉽고 빠르게 다양한 효
과를 오브젝트에 적용할 수 있습니다. 팝업 버튼을 이
용해 Graphic Style Library를 불러와 이용하면 더 많
은 효과를 적용할 수 있습니다.

[Transparency] 패널

오브젝트에 투명도나 마스크 기능을 적용합니다.

[Symbols] 패널

심볼 분무기 툴로 화면에 흩뿌리는 이미지 심볼을 지정
합니다. 팝업 버튼을 클릭해 Symbol Library를 불러
와서 사용하면 다양한 심볼을 생성할 수 있습니다.

[Magic Wand] 패널

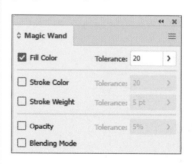

오브젝트의 색상, 선 두께와 같은 속성을 기준으로 유
사한 오브젝트를 한 번에 선택할 수 있게 하는 자동 선
택 툴에 대한 옵션을 설정할 수 있습니다. 허용치를 이
용하여 선택할 속성의 기준을 조절할 수 있습니다.

[Brush] 패널

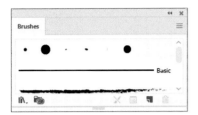

페인트 브러시 툴을 사용할 때 그려지는 다양한 형태의 붓 모양을 제공하며 브러시의 속성을 지정할 수 있습니다. 브러시 라이브러리에서 더 많은 붓의 모양을 이용할 수 있습니다.

[Action] 패널

작업 과정을 기록하여 단 한 번의 명령으로 반복 작업을 할 수 있게 합니다. 같은 작업을 여러 번 반복할 때 편리하며 기록된 데이터를 저장해 두면 계속해서 사용할 수 있습니다.

[Properties] 패널

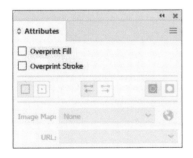

선택한 오브젝트의 속성을 설정하는 패널로 이러한 속성을 이용하여 중복 인쇄, 오브젝트의 중심점 숨김, 이미지 맵, 그리고 출력 장치 해상도 설정 등의 작업이 가능합니다.

[Layers] 패널

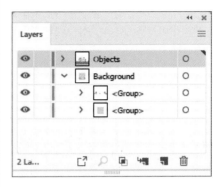

여러 개의 오브젝트를 그룹 기능으로 분류하여 레이어에 따로 모아 놓으면 오브젝트를 편리하게 관리할 수 있습니다. [Layers] 패널에는 레이어의 목록, 이름, 숨김, 잠금 등의 옵션을 설정할 수 있으며 각 레이어 아이콘에는 해당 레이어의 오브젝트가 표시되기 때문에 쉽게 레이어들을 관리할 수 있습니다.

[Artboard] 패널

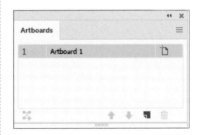

하나의 파일에 여러 아트보드를 만들 수 있고, [Artboard] 패널에서 각 아트보드의 목록과 이름, 색상 등의 옵션을 지정할 수 있습니다. 아트보드별로 인쇄 설정이 가능하므로 특정 부분만 인쇄할 수 있습니다.

[Links] 패널

[File]–[Place] 메뉴로 작업 영역에서 불러온 비트맵 이미지를 관리합니다. 불러온 이미지를 타 프로그램에서 수정하면 수정된 이미지를 갱신하거나 새로운 이미지를 바꿀 수 있습니다.

[Align] 패널

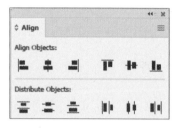

선택한 오브젝트들을 특정 위치에 정렬하거나 일정한 간격을 두고 정렬할 때 사용합니다.

[Pathfinder] 패널

두 개 이상의 오브젝트가 겹쳐진 부분을 합치거나 나눈 다음 혼합시켜 새로운 형태를 만들 수 있습니다.

[Transform] 패널

선택한 오브젝트의 위치, 크기, 각도, 기울기에 대한 수치 값을 조절하여 좀 더 세밀하게 변형할 수 있습니다.

[Tabs] 패널

워드프로세서에도 있는 기능으로 도표나 서식 작업을 할 때 많이 사용됩니다. 글머리, 대시, 마침표, 기타 문자에 탭 지시선 모양을 사용자 정의로 지정할 수 있습니다.

[Paragraph] 패널

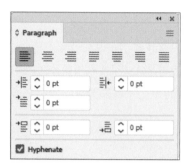

단락의 속성을 지정하고 정렬, 들여쓰기, 금칙 문자 설정 또는 간격 조절 등을 할 수 있습니다.

[Paragraph Styles] 패널

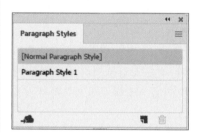

단락 속성 등을 설정한 후 하나의 스타일로 저장하여 원하는 문장에 쉽고 빠르게 저장된 단락 속성을 적용할 수 있습니다.

[Character] 패널

서체의 크기, 행간, 자간, 문자 폭, 문자 높이, 기준선 이동 등 문자에 관한 여러 가지 속성을 조절할 수 있는 옵션을 모아놓은 패널입니다. 문자를 섬세하게 조절하여 아름답고 세련된 타이포그래피를 만들 수 있습니다.

[Character Styles] 패널

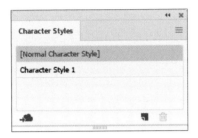

[문자 스타일] 패널에서 서체의 크기, 행간, 자간, 문자 폭, 기준선 이동 등 문자에 관한 여러 가지 속성을 조절한 후 해당 속성들을 하나의 문자 스타일로 저장할 수 있습니다. 저장된 문자 스타일은 다른 문자에 같은 속성들을 빠르게 적용할 수 있습니다.

[SVG Interactivity] 패널

일러스트레이터에서 Javascript와의 연동을 위한 패널입니다. 특정 오브젝트를 선택했을 때 또는 마우스를 이동한 경우 이벤트를 발생시킬 수 있습니다.

[OpenType] 패널

다양한 서체와 언어로 된 문자세트를 열어 작업할 수 있도록 도와줍니다. 다중 플랫폼 글꼴 관리를 단순화시켜 대체 글리프와 100개 이상의 OpenType 글꼴이 포함된 확장 문자 세트의 이점을 최대한 사용할 수 있습니다. 특수한 기호 또는 함수를 입력할 때에도 유용합니다.

[Variables] 패널

변수를 이용해서 템플릿을 제작할 때 사용합니다. 문자를 포함한 모든 오브젝트들은 각자의 아이디와 같은 변수를 가지며 이는 자바 스크립트에서도 사용 가능합니다.

[Glyphs] 패널

특수 문자나, 영문, 기타 문자를 입력할 때 사용합니다. 서체도 선택할 수 있어 작업 중인 폰트에 맞는 문자를 입력할 수 있습니다.

ㄴㅅ
ㄴㅣㄴ
ㄴ L
ㄴㅜ ST
ㅇ RATOR
ㅇㅁ

중요한 것은 미학입니다.
매혹적인 물건은 효용이 더욱 크다.

— 돈 로벤 —

Part **02**

일러스트레이터 CC
마스터하기

앞서 소개한 툴과 패널 외에도 일러스트레이터CC는 다양한 기능,
자동화 기능들을 제공합니다. 하지만 아무리 많은 기능을 제공하더라도
이를 효율적으로 사용하지 못한다면 만족스러운 창작 활동을 할 수 없습니다.
하나씩 차근차근 기본기를 익히고 반복하여 능숙하게
사용할 수 있도록 노력하는 것이 중요합니다.

일러스트레이터 CC 시작하기

이 섹션에서는 툴과 패널들을 사용하여 오브젝트를 만들기에 앞서 가장 먼저 해야 할 새 문서와 아트보드를 만들어 보겠습니다. 그리고 일러스트레이터에서 제공하는 다양한 템플릿을 이용하여 문서를 만들어 보겠습니다.

Zoom In
알찬 예제로 배우는
일러스트레이터
기본기

[New Document] 대화상자

[Preferences] 대화상자

Keypoint Tool

_ **아트보드** 하나의 문서에 여러 개의 아트보드를 생성할 수 있습니다.

_ **템플릿** 일러스트레이터 CC에서 제공하는 다양한 템플 릿을 이용하여 쉽고 간편하게 작업할 수 있습니다.

_ **새문서 만들기** 용도에 따른 다양한 사이즈의 문서를 생 성할 수 있습니다.

_ **저장하기** 일러스트 파일 외에도 웹용, 모바일 기기용 등 다양한 형태의 파일로 저장할 수 있습니다.

Knowhow

_ **단축키의 활용** 문서 생성부터 다양한 기능들을 단축키 로 실행하면 작업시간을 줄일 수 있습니다.

_ **작업 환경 설정** 내가 원하는 작업 환경을 설정하여 저장 하고 이용할 수 있습니다.

직접 해보기 | 새문서와 아트보드 만들기

일러스트레이터에서 작업하기 전에 먼저 새 문서를 만들어 보겠습니다. 새 문서는 원하는 이름과 크기, 배경 화면 등을 결정할 수 있습니다. 또 아트보드는 문서에서 실질적인 작업 영역을 말하며 이를 관리하는 방법을 알아보겠습니다.

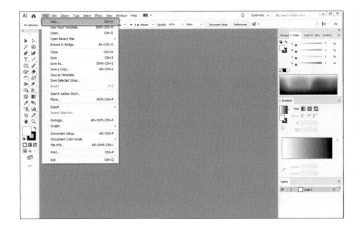

01 [File]-[New]를 실행합니다.

강의노트 🖊

단축키를 사용하려면 Ctrl + N 을 누릅니다.

02 [New Document] 대화상자에서 옵션을 설정하여 새로운 문서를 만듭니다. 용도에 따라 색상 모드와 아트보드 크기 등을 설정합니다. 상단 탭에서 [Print] 항목을 선택하고 A4 사이즈를 선택한 후 [Create] 버튼을 클릭합니다.

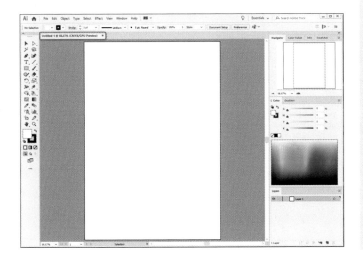

03 만들어진 새 문서의 좌측 상단에 "Untitled-1"이라는 파일 이름과 함께 확대 배율, 색상 모드 등이 표시됩니다.

보충수업 [New Document] 대화상자

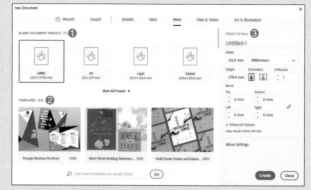

❶ BLANK DOCUMENT PRESETS : 일러스트레이터 CC에서 제공하는 기본 도큐먼트의 크기를 분류별로 제공합니다. 모바일, 웹, 인쇄, 영화 및 비디오 등 특정 기기에 적합한 도큐먼트 크기를 제공합니다.

❷ TEMPLATES : 일러스트레이터 CC에서 제공하는 다양한 템플릿을 이용하여 빠른 작업을 할 수 있습니다.

❸ PRESET DETAILS : 일러스트레이터에서 제공하는 문서 형식을 선택한 후 세부 설정 또는 원하는 설정으로 변경하여 문서를 시작할 수 있습니다.

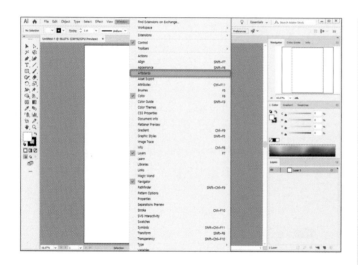

04 이번에는 [Window]-[Art boards]를 실행하여 아트보드를 관리하는 패널을 표시합니다.

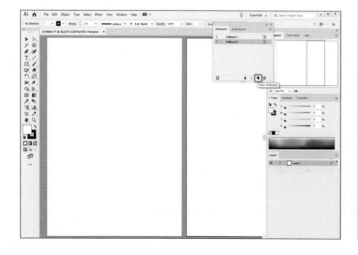

05 [Artboards] 패널 우측 하단의 New Artboard(🗗) 버튼을 클릭해서 두 번째 아트보드를 생성합니다.

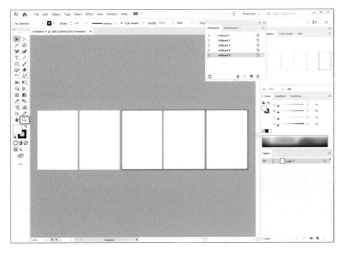

06 New Artboard(⬁) 버튼을 3번 클릭해서 총 5개의 아트보드를 생성한 후 한 화면에 다 볼 수 있도록 툴 패널에서 돋보기 툴(🔍)을 선택하고 아트보드 위에서 Alt 와 함께 2~3번 클릭합니다. 화면이 축소되어 생성한 아트보드들이 한 화면에 표시됩니다.

강의노트 ✏️

아트보드 툴을 선택하면 외곽에 8개의 앵커 포인트가 생성됩니다. 앵커 포인트를 드래그하여 아트보드의 크기를 조절할 수 있습니다.

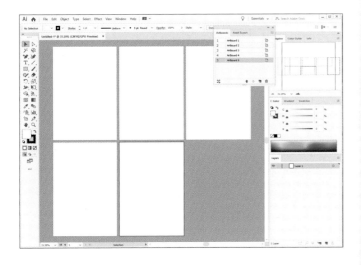

07 [Artboards] 패널에서 우측 상단의 팝업 버튼(☰)을 누른 후 [Rearrange All Artboards] 메뉴를 클릭합니다. [Rearrange All Artboards] 대화상자에서 Layout 항목의 Grid by ow(🔀)를 선택하고 Columns 항목에 3을 입력한 후 [OK] 버튼을 클릭해 아트보드 정렬 방식을 변경합니다.

08 아트보드들이 행 3, 열 2 형식으로 정렬됩니다.

강의노트 ✏️

아트보드 툴이 선택된 상태에서 수정할 아트보드를 클릭하면 앵커 포인트와 바운딩 박스가 표시되는 아트보드 편집 상태가 됩니다. 이 때 Enter 를 누르면 [Artboard Options] 대화상자가 실행됩니다. 아트보드의 항목 값을 조정하여 변경된 내용을 적용할 수 있습니다.

직접 해보기 파일 저장하기, 불러오기, 내보내기

이번에는 새로 만든 문서를 저장하거나 만들어져 있는 문서를 불러오는 방법을 알아봅니다. 일러스트레이터에서는 Ai 파일 뿐만 아니라 PDF, PSD, PNG, JPG, GIF 파일 등 다양한 포맷의 파일을 불러와 Ai 파일과 합성할 수 있습니다.

01 [File]- [New] 메뉴를 실행하여 새 문서를 만듭니다.

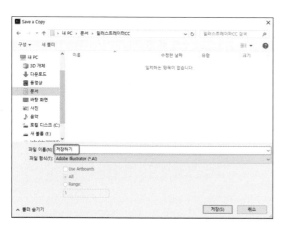

02 새로 만든 문서를 저장해 보겠습니다. [File]-[Save] 메뉴를 선택하거나 단축키 Ctrl + S 를 누르면 [Save As Copy] 대화상자가 나타납니다. 파일을 저장하고자 하는 위치를 선택하고 파일 이름을 "저장하기"로 입력한 후 우측 하단의 [저장] 버튼을 클릭합니다.

03 [Illustrator Options] 대화상자에서 버전 항목이 Illustrator CC임을 확인하고 하단의 [OK] 버튼을 클릭해 저장을 완료합니다.

강의노트 ✏️

일러스트레이터는 최신 버전인 CC 이전에 CS~CS6, 3~10 버전 등등 이전에 출시된 다양한 버전이 있습니다. 또 같은 CC 버전 내에서도 업그레이가 자주 있기 때문에 숫자로 구분된 다양한 버전들이 존재합니다. 상위 버전에서 저장한 파일이 하위 버전의 일러스트레이터 프로그램에서 열리지 않거나 작업할 수 없을 수 있습니다.

보충수업 Artboard Options 대화상자

[Artboard] 패널에는 Artboard들의 목록이 나타나며, Artboard를 생성하거나 복사, 삭제하는 기능이 있으며, 패널 오른쪽 상단에 있는 팝업 버튼(☰)을 클릭하면 Artboard를 생성, 복사, 삭제할 수 있으며 특정 Artboard의 이름 및 크기 등의 옵션을 설정할 수 있습니다.

❶ Name : 아트보드의 이름을 설정합니다.

❷ Preset : 아트보드의 크기를 종이 규격별로 제공합니다.

❸ Width/Height : 아트보드의 가로, 세로의 크기를 지정합니다.

❹ Orientation : 아트보드의 방향을 세로 또는 가로로 지정합니다.

❺ Dispaly : 아트보드의 중심과 십자선을 표시할 수 있습니다. 그리고 비디오 적합 영역 표시를 설정하여 인쇄 또는 다른 미디어에서 사용될 때 이미지가 잘려나가지 않도록 여백 라인(비디오 적합 영역 표시)을 표시해 줍니다.

❻ Global : 아트보드 외의 영역을 다른 색으로 표시하여 아트보드와 그 외의 영역이 잘 구별되도록 합니다.

보충수업 [File]-[Save Menu] 알아보기

❶ Save	Ctrl+S
❷ Save As...	Shift+Ctrl+S
❸ Save a Copy...	Alt+Ctrl+S
❹ Save as Template...	
❺ Save Selected Slices...	

❶ Save : 작업 중인 파일을 저장합니다.

❷ Save As : 작업 중인 파일을 새로운 이름으로 저장합니다.

❸ Save a Copy : 작업 중인 파일의 복사본을 저장합니다. 파일 이름에 'Copy'가 붙으며 저장 명령과 같습니다.

❹ Save a Template : 작업 중인 파일을 템플릿으로 저장합니다.

❺ Save as Selected Slices : 선택된 분할 이미지를 저장합니다.

❻ [Export]-[Save for Web (Legacy)] : 웹 페이지용 이미지로 저장합니다.

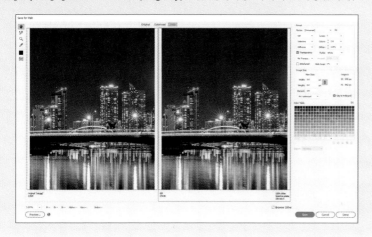

04 화면과 같이 도큐먼트 창 상단에 "저장하기.ai"라는 파일 이름과 정보가 표시됩니다. 파일 이름 옆에 있는 X 표시의 닫기 버튼을 클릭하여 도큐먼트를 닫습니다.

05 화면과 같이 저장한 위치에 "저장하기.ai" 파일이 생성된 것을 확인할 수 있습니다.

 보충수업 저장 파일 형식

[Save] 대화상자에서는 일러스트 파일의 저장 파일 형식을 지정할 수 있습니다.

❶ **FXG** : Adobe Flex®에서 사용하도록 구성된 그래픽 파일 포맷으로 Adobe Flash Builder/Adobe Flash Catalyst와 같은 응용 프로그램에서 FXG 파일을 사용하면 더욱 풍부한 인터넷 응용 프로그램과 작업을 개발할 수 있습니다.

❷ **PDF** : PDF(Portable Document Format)는 문서 파일로써 거의 모든 운영체제에서 읽거나 인쇄할 수 있으며 원본 문서의 글꼴, 이미지, 그래픽, 문서 형태 등이 그대로 유지 및 보안성이 높습니다.

❸ **EPS** : 이미지나 문자 레이아웃 데이터를 다른 응용 프로그램에 입력하기 위해 캡슐화한 포스트 스크립트 파일입니다. 축소 및 확대 출력에도 매끄러운 곡선을 인쇄합니다.

[Open] 버튼 클릭

06 저장한 파일을 불러오기 위해 [File]-[Open]을 실행한 후 [Open] 대화상자에서 이전에 저장한 파일 위치를 찾아 해당 파일을 선택한 후 하단의 [Open] 버튼을 클릭합니다.

강의노트

일러스트레이터를 실행한 후 [Open] 메뉴를 실행하는 방법 외에도, 파일이 저장된 위치에서 해당 파일 아이콘을 더블클릭하면 자동으로 일러스트레이터가 실행되면서 파일이 열립니다.

07 이번에는 현재 문서에 다른 이미지를 불러와 합치기 위해 [File]-[Place] (단축키 Ctrl + Shift + P)를 실행합니다. [Place] 대화상자에서 예제 part02-01.ai 파일을 선택한 후 하단의 [Place] 버튼을 클릭합니다.

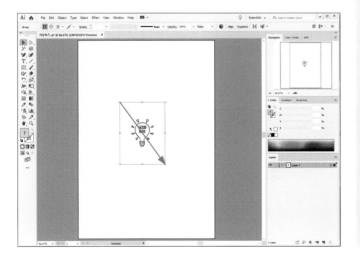

08 아트보드의 빈 공간에 마우스를 클릭한 채로 드래그하여 붙여넣기 할 이미지의 크기를 설정합니다.

직접 해보기 | 템플릿 이용하여 문서 만들기

어도비 일러스트레이터는 다양한 형태의 템플릿을 제공하고 있습니다. 일러스트레이터 CC에서는 다른 버전에서 제공하는 템플릿 외에도 활용하기 쉽도록 비어있는 템플릿을 제공합니다.

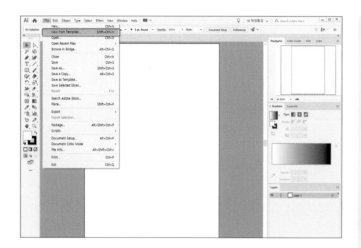

01 [File]-[New from Template]을 선택하거나 단축키 Shift + Ctrl + N을 눌러 실행합니다.

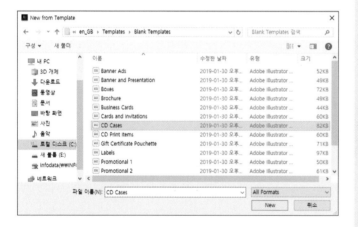

02 [New from Template] 대화상자에서 다양한 템플릿 중 'CD Cases' 템플릿을 선택한 후 우측 하단의 [New] 버튼을 클릭합니다.

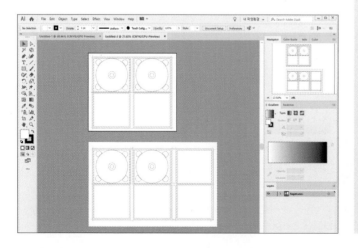

03 일러스트레이터에서 제공하는 CD case 템플릿이 문서에 표시됩니다.

강의노트 ✏️

일러스트레이터는 다양한 템플릿을 제공하여 좀 더 빠르고 편리한 작업을 지원합니다.

직접 해보기 **작업 환경 설정과 단축키 만들기**

일러스트레이터 CC에서 제공하는 기본 작업 환경을 나에게 맞게 변경하여 작업 효율을 높일 수 있습니다. 또 자주 이용하는 기능을 단축키로 지정하면 일일이 메뉴를 실행하지 않고 직접 만든 단축키로 편리하게 적용할 수 있습니다.

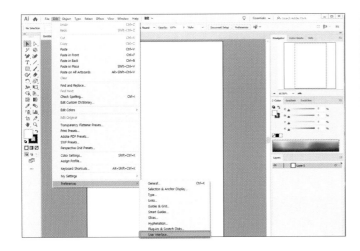

01 전체 작업 창 색상을 바꾸기 위해 [Edit]-[Preferences]-[User Interface]를 실행합니다.

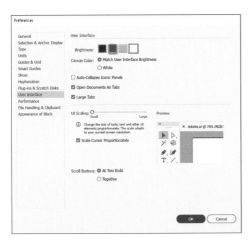

02 [Preferences] 대화상자에서 Brightness 항목의 'Medium Dark'를 선택한 후 우측 하단의 [OK] 버튼을 클릭합니다.

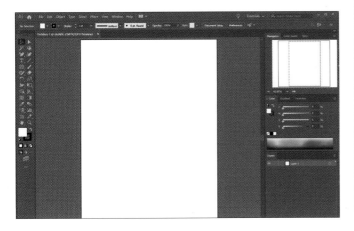

03 작업창의 화면 색상이 짙은 회색으로 변한 것을 확인합니다.

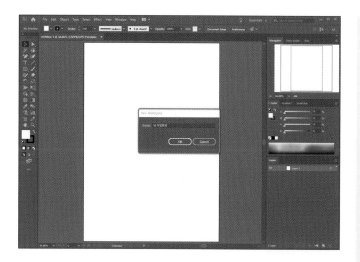

04 변경한 작업 환경을 저장하기 위해 [Window]-[Workspace]-[New Workspace]를 실행한 후 [New Workspace] 대화상자에서 Name 항목에 '내 작업 환경'을 입력하고 하단의 [OK] 버튼을 클릭합니다.

강의노트 🖉

작업 창 우측 상단의 작업 환경 이름을 클릭하여 기본 작업 환경 외에 저장한 작업 환경으로 변경할 수 있습니다.

05 작업 창의 우측 상단에 '내 작업 환경'이라는 작업 환경 이름으로 변경되었음을 확인할 수 있습니다. 이번에는 단축키를 설정하기 위해 [Edit]-[Keyboard Shortcuts] (단축키 Alt + Shift + Ctrl + K)를 실행합니다.

---

06 [Keyboard Shortcuts] 대화상자에서 'Tool'을 'Menu Commands'로 변경한 후 검색 창에 'Outline'을 입력하면 자동으로 검색됩니다. 이 때 Enter 를 누르지 않도록 주의합니다. Enter 를 누르면 대화상자가 종료됩니다.

08 검색된 항목 중 'Object'-'Path' -'Outline Stroke'에서 Shortcut 부분을 클릭한 다음 F9 를 누르고 하단의 [OK] 버튼을 클릭합니다.

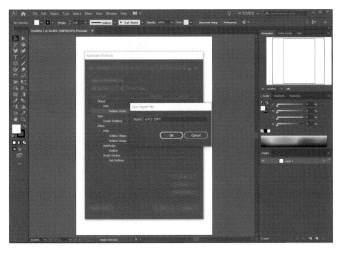

09 [Save Keyset File] 대화상자에서 Name 항목에 '윤곽선 단축키'를 입력하고 [OK] 버튼을 클릭하여 단축키 설정을 저장합니다.

강의노트 🖊

설정한 단축키는 선 오브젝트를 면 오브젝트로 바꾸는 기능으로 추후 해당 작업 시 메뉴를 찾아 적용하지 않고 F9 를 눌러 바로 적용할 수 있습니다.

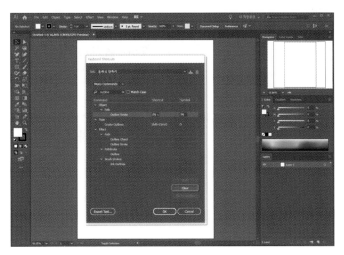

10 다시 [Edit]-[Keyboard Shortcuts]를 실행한 다음 같은 방법으로 Outline Stroke 단축키를 선택하고 우측 하단의 Clear 버튼을 누르면 설정한 단축키를 해제할 수 있습니다.

선택 기능과 도형 툴 익히기

일러스트레이터에서 만들어지는 도형, 그림들을 오브젝트라고 합니다. 이번 섹션에서는 이러한 오브젝트들을 선택하고 이동, 그리고 오브젝트를 생성하는 도형 툴을 알아봅니다. 선택 툴은 다양한 오브젝트의 편집 기능을 갖추고 있으며 도형 툴은 일러스트레이터에서 제작되는 모든 오브젝트의 기본이 된다고 해도 과언이 아닐 만큼 활용도가 높습니다.

Zoom In
알찬 예제로 배우는
다양한 방법의
선택툴 활용

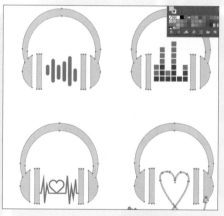

Keypoint Tool

_ **선택 툴** 오브젝트를 한 번에 선택하거나 오브젝트 내 조절점, 방향선들을 선택하고 조정할 수 있습니다.

_ **도형 툴** 다양한 다각형을 만들 수 있습니다.

Knowhow

_ **실행 취소** [Ctrl]+[Z] 단축키를 누르면 직전 실행한 작업을 취소할 수 있습니다.

_ **정다각형 만들기** [Shift], [Alt]를 이용하면 정다각형을 만들 수 있습니다.

직접 해보기 ▶️ 선택 툴(Selection Tool)

선택 툴은 일러스트레이터에서 가장 자주 사용되는 툴입니다. 선택 툴을 이용하여 오브젝트를 선택, 이동, 복사, 변형 등을 할 수 있습니다.

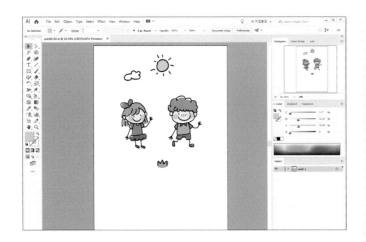

01 [File]-[Open] 명령으로 'part02 -02.ai' 파일을 불러옵니다.

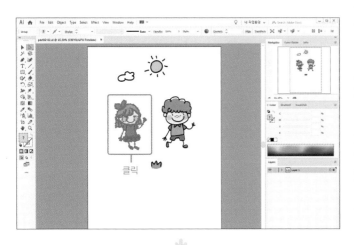

클릭

02 선택 툴로 왼쪽 여자아이 오브젝 트를 클릭하면 바운딩 박스가 표 시됩니다. 바운딩 박스는 오브젝트를 감 싸는 8개의 포인트로 이루어진 사각형으 로 크기 조절, 회전, 변형 등의 편집 작업 을 할 수 있습니다.

강의노트 🖉

한 번에 여러 개의 오브젝트를 선택할 때는 Shift 를 누른 채 오브젝트들을 클릭하거나 마 우스로 드래그하여 드래그한 범위 내에 있는 오 브젝트들을 한꺼번에 선택할 수 있습니다. 선택 된 오브젝트의 선택을 해제할 때는 Shift 를 누 른 채 해제하려는 오브젝트를 클릭하거나 도큐 먼트의 빈 공간을 클릭하여 전체 선택을 해제할 수 있습니다.

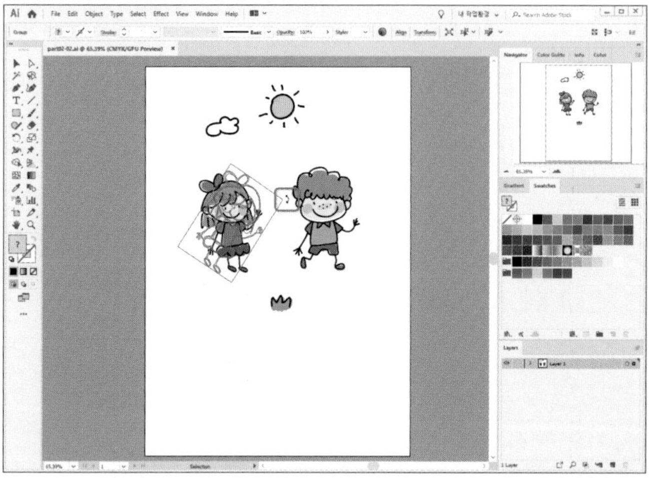

03 오브젝트가 선택된 상태에서 바운딩 박스의 우측 상단 모서리 쪽에 마우스를 가까이하면 마우스 모양이 회전 모양()으로 바뀝니다. 상하로 드래그하여 오브젝트를 회전시켜 봅니다.

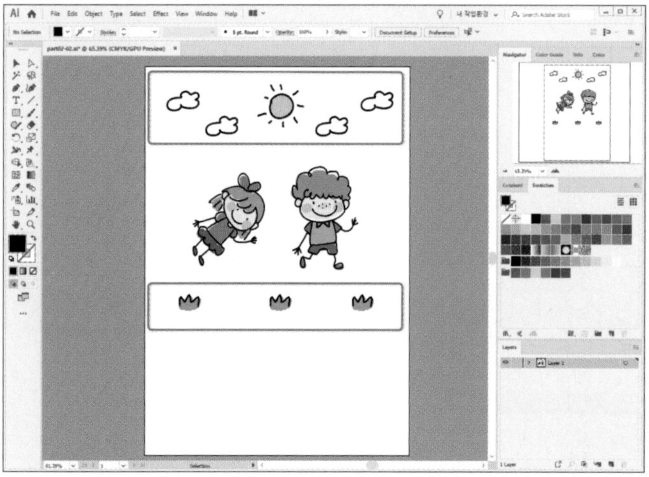

04 이번에는 상단의 구름 모양 오브젝트를 선택하고 Alt 를 누른 채 다른 빈 공간으로 드래그하여 구름 오브젝트를 여러 개 복사해 봅니다. 하단의 잔디 오브젝트도 같은 방법으로 복사해 봅니다.

강의노트

복사하려는 오브젝트를 선택한 후 Ctrl+C(복사), Ctrl+V(붙여넣기) 단축키를 눌러 복사하는 방법과 Alt 를 누른 채로 클릭 드래그하여 복사하는 방법이 있습니다. 이 때 Shift 를 같이 눌러주면 수평, 수직, 45°방향으로 정확하게 복사됩니다.

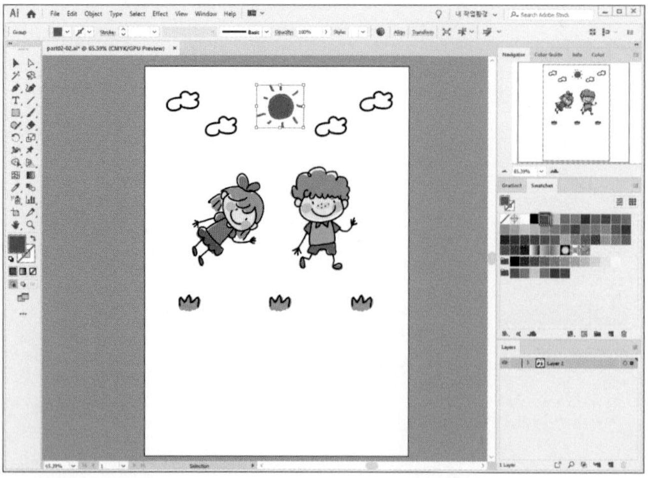

05 이번에는 상단의 해 오브젝트를 선택하고 오른쪽 Swatchs 패널에서 빨간색을 클릭하여 해 오브젝트의 색상을 변경합니다.

직접 해보기 ▶️ 직접 선택 툴(Direct Selection Tool)

직접 선택 툴은 오브젝트를 구성하는 앵커 포인트와 세그먼트, 방향선을 조정하여 모양을 변경하거나 이동, 삭제할 때 사용하는 수정 툴입니다.

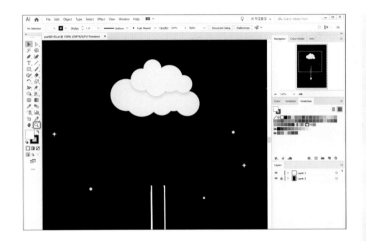

01 [File]-[Open]을 실행하여 'part02-03.ai' 파일을 열고 돋보기 툴(🔍)로 그네 위쪽 부분을 클릭하거나 단축키 Ctrl + + 를 눌러 해당 부분의 화면을 확대합니다.

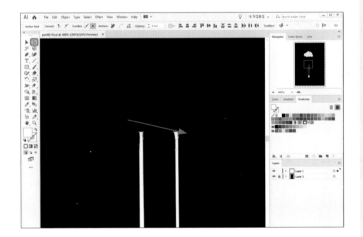

02 그네 오브젝트를 구름 오브젝트와 닿도록 늘리기 위해 직접 선택 툴(▶️)로 그네 윗부분을 드래그하여 위쪽 부분의 포인트만 선택합니다.

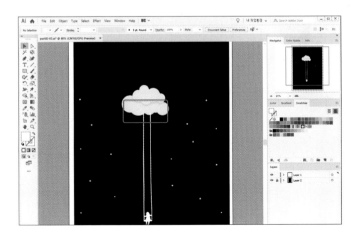

03 위쪽 포인트만 선택된 상태에서 키보드의 위쪽 화살표를 누르면 선택된 포인트가 위쪽으로 이동하면서 그네의 길이가 길어집니다. 구름 오브젝트에 닿을 때까지 늘린 후 Ctrl + - 를 눌러 화면을 축소합니다.

강의노트 🖎

이전 단계에서 작업된 기능을 취소할 때는 Ctrl + Z 명령을 실행합니다.

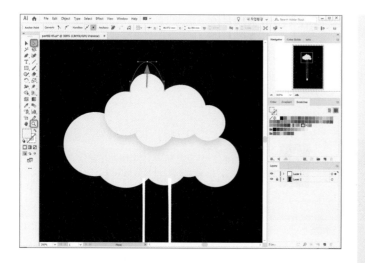

04 이번에는 돋보기 툴(🔍)로 구름 오브젝트 쪽을 여러 번 클릭하여 화면을 확대한 후 직접 선택 툴(▷)로 위쪽 구름 오브젝트를 선택하고 볼록 나온 부분의 포인트를 클릭한 채 드래그하여 모양을 변경합니다. 구름 오브젝트의 다른 포인트도 선택하여 자유롭게 변경합니다.

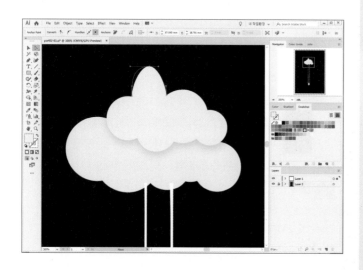

05 구름 오브젝트의 포인트를 하나를 클릭한 후 포인트 양쪽에 나타나는 방향선 끝에 있는 방향점을 드래그하면 곡선이 더 볼록하게 변경됩니다. 다른 방향점도 자유롭게 조절합니다.

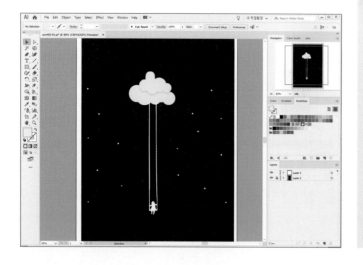

06 작업을 완료하였으면 Ctrl + - 를 눌러 화면을 축소하여 결과를 확인합니다.

강의노트 🖉

선택 툴로 작업 도중에 오브젝트의 포인트를 부분적으로 선택할 때는 Ctrl 을 누르면 마우스 포인터가 직접 선택 툴로 전환됩니다. Ctrl 을 누른 상태에서 포인트, 패스를 선택하여 직접 편집할 수 있습니다.

직접 해보기　　⤢ 그룹 선택 툴(Group Selection Tool)

그룹 선택 툴은 그룹으로 묶여진 오브젝트들을 쉽게 선택할 수 있는 툴입니다.

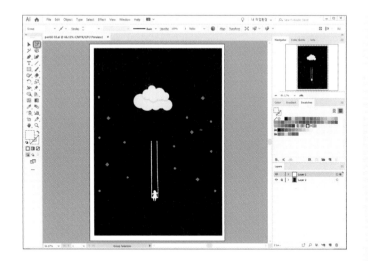

01 [File]-[Open]을 실행하여 'part02-03.ai' 파일을 다시 한 번 실행합니다. 별 오브젝트들은 그룹 속성이 적용되어 있습니다. 그룹 선택 툴(⤢)로 별 오브젝트 하나를 선택한 후 다시 한번 클릭하면 그룹 속성의 오브젝트들이 모두 선택됩니다.

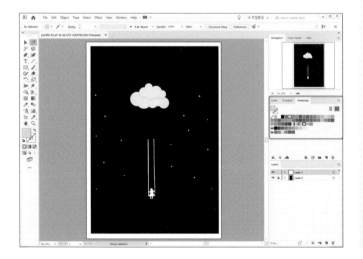

02 Swatches 패널에서 원하는 색상을 클릭하여 한 번에 별들의 색상을 변경합니다.

강의노트 ✏

오브젝트를 제작하면서 관련된 개체들은 그룹으로 묶어서 관리하는 것이 편리합니다. 그룹 속성을 적용할 오브젝트를 모두 선택한 다음 Ctrl + G 명령으로 적용할 수 있습니다. 그룹 선택 툴은 그룹 속성의 오브젝트에만 적용되므로 그룹으로 묶인 오브젝트를 한 번에 선택할 때 유용하게 사용됩니다.

직접 해보기   자동 선택 툴(Magic Wand Tool)

자동 선택 툴은 동일한 속성을 가지고 있는 오브젝트를 한 번에 선택할 수 있는 툴입니다.

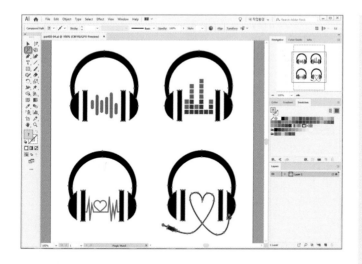

01   'part02-04.ai' 파일을 불러옵니다. 툴 패널에서 자동 선택 툴( )을 선택하고 검은 색의 헤드폰 오브젝트를 하나 클릭합니다. 검은 색상의 면 속성으로 구성된 헤드폰 오브젝트들이 한꺼번에 선택됩니다.

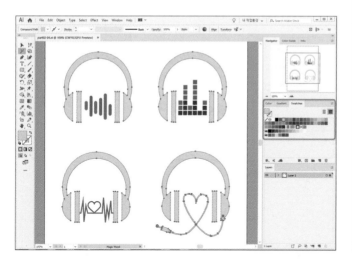

02   Swatches 패널에서 원하는 색상으로 교체해 봅니다.

강의노트

일러스트레이터에서 만들어지는 오브젝트에는 면과 선으로 구성되어 있으며, 툴 패널의 색상 버튼에서 면과 선의 속성을 선택할 수 있습니다. 면과 선을 나타내거나 없앨 수 있고 색상을 적용할 수 있습니다.

보충수업   [Magic Wand] 패널

자동 선택 툴을 더블클릭하면 옵션 패널이 열립니다. Tolerance 수치 값을 조절하여 색상 영역의 범위를 조절할 수 있습니다. Tolerance 수치가 낮을수록 선택 범위가 좁아지고 Tolerance 수치가 높을수록 더 많은 범위를 선택할 수 있습니다.

보충수업 그룹 속성의 오브젝트 만들고 편집하기

❶ Shift 를 누른 상태에서 자동 선택 툴(🪄)로 오브젝트의 검은색, 초록색, 붉은색 부분을 클릭하여 동일한 색상의 오브젝트들을 모두 선택합니다. 마우스 우측 버튼을 클릭하여 빠른 실행 명령 목록이 활성화되면 그룹을 적용합니다.

❷ 그룹 속성의 오브젝트를 클릭하면 하나로 선택됩니다. [Color] 패널에서 다른 색상을 적용해 봅니다. 그룹으로 지정된 모든 오브젝트의 색상이 변경됩니다.

 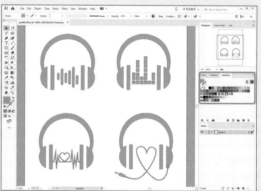

❸ Ctrl + Z 를 세 번 눌러 그룹화 전으로 돌아갑니다. 이번에는 선택 툴로 첫 번째 헤드폰 오브젝트들을 모두 선택한 후 그룹화합니다. 방금 그룹화한 오브젝트를 선택 툴로 더블클릭해 봅니다.

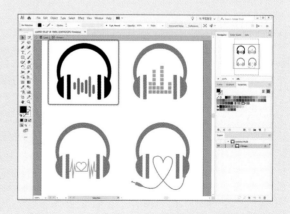

그룹 속성의 오브젝트만 활성화되고 나머지 오브젝트들은 편집이 불가능한 비활성화 상태로 보이게 됩니다. 도큐먼트의 문서 탭 위쪽에는 현재 편집 상태를 나타내고 있습니다. 〈Group〉 표시가 보이면 그룹 상태의 오브젝트를 편집하는 모드를 나타내고 있는 것입니다. 편집이 끝나면 빈 영역을 더블클릭하여 그룹 모드를 해제합니다.

직접 해보기 🐾 올가미 툴(Lasso Tool)

올가미 툴은 복잡한 오브젝트를 자유롭게 드래그하여 원하는 포인트와 패스를 선택하는 툴입니다.

01 'part02-05.ai' 파일을 열고 올가미 툴(🐾)을 선택합니다.

02 Ctrl+Y를 눌러 오브젝트를 외곽선으로 표시합니다. 화면처럼 드래그하여 코끼리 오브젝트의 코 부분을 드래그하여 선택합니다.

강의노트 ✏️

화면에 컬러가 표시된 상태에서 단축키 Ctrl+Y를 누르는 것은 [View]-[Outline] 메뉴를 선택한 것과 같습니다.

03 코끼리 오브젝트의 드래그한 부분의 포인트가 선택됩니다.

강의노트 ✏️

복잡하게 겹쳐진 오브젝트들은 면 색상에 의해 일부가 가려지거나 포인트들이 잘 구분되지 않을 수 있습니다. 이때 외곽선 보기를 실행하면 오브젝트들의 선만 표시되어 편하게 작업할 수 있습니다.

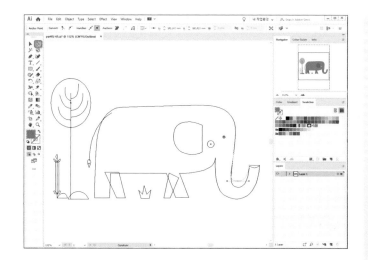

04 툴 패널에서 직접 선택 툴(▷)을 선택하고 포인트를 드래그하여 모양을 변경한 다음 빈 공간을 클릭하여 선택을 해제합니다.

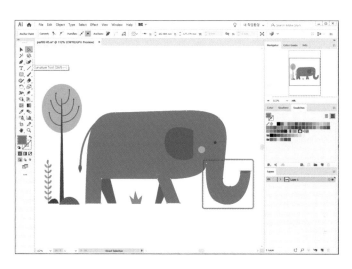

05 Ctrl + Y 를 눌러 Preview 모드로 전환하면 색상이 적용된 오브젝트의 속성으로 보이게 됩니다.

강의노트 🖉

화면이 아웃라인 상태에서 단축키 Ctrl + Y 를 누르는 것은 [View]-[GPU Preview] 메뉴를 선택한 것과 같습니다.

직접 해보기 □ 사각형 툴(Rectangle Tool)

사각형 툴은 사각형 모양의 오브젝트를 그릴 때 사용하는 툴로서 마우스를 드래그하거나 도큐먼트를 클릭하여 나타나는 [Rectangle] 대화상자에서 크기를 지정하여 만들 수 있습니다.

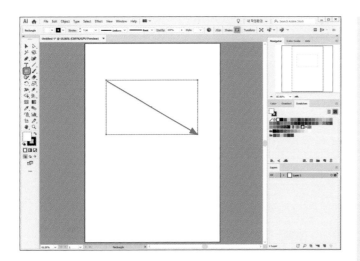

01 [File]-[New] 메뉴를 클릭해 새로운 도큐먼트를 만듭니다. 사각형 툴(□)을 선택한 다음 도큐먼트에서 드래그합니다. 마우스를 놓으면 드래그한 영역에 직사각형 오브젝트가 만들어집니다.

강의노트 ✏️

사각형 툴을 Shift 를 누른채로 드래그하면 정사각형 모양으로 오브젝트를 만들 수 있습니다. Alt 를 함께 누르면 클릭한 지점을 중심으로 사각형이 만들어집니다. 이 방법은 정 원을 만들 때도 적용됩니다.

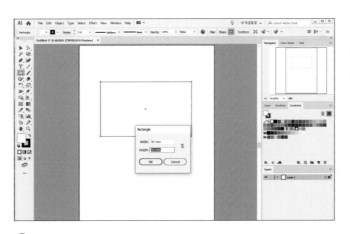

02 이번에는 도큐먼트 빈 공간에 사각형 툴(□)을 클릭하여 사각형 대화상자를 불러옵니다. 원하는 크기와 수치를 지정하여 [OK] 버튼을 누르면 오브젝트를 만들 수 있습니다. 입력된 수치 값만큼 사각형이 그려집니다.

📍 보충수업 [Rectangle] 대화상자

사각형 툴을 선택하고 도큐먼트에서 클릭하면 [Rectangle] 대화상자가 나타납니다. 대화상자에서 Width와 Height에 크기를 입력하면 원하는 크기의 사각형을 만들 수 있습니다.

❶ **Width** : 가로 크기를 설정합니다.

❷ **Height** : 세로 크기를 설정합니다.

❸ **Constrain Width and Height Proportions** : Width와 Height의 비율이 연동합니다.

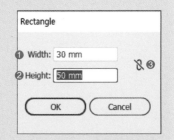

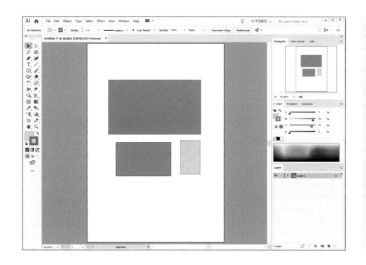

03 만들어진 사각형은 면의 색상과 선 색상을 Color 패널에서 지정하여 속성을 변경할 수 있습니다.

강의노트 🖍

오브젝트를 만들면 선택된 상태로 도큐먼트에 보이게 됩니다. 오브젝트의 선택을 해제하려면 Ctrl 을 눌러봅니다. 마우스 포인터가 선택 툴 모양으로 전환됩니다. 도큐먼트 빈 여백을 클릭하면 선택이 해제됩니다. 단축 기능으로 Ctrl + Shift + A 명령을 적용합니다.

직접 해보기 🔲 둥근 사각형 툴(Rounded Rectangl Tool)

둥근 사각형 툴은 모서리가 둥근 사각형 오브젝트를 그릴 때 사용하는 툴입니다.

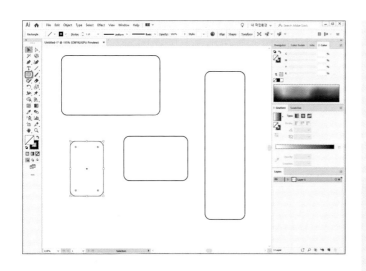

01 새 도큐먼트를 열고 툴 패널에서 둥근 사각형 툴(🔲)을 선택한 후 마우스로 드래그합니다. 드래그한 영역만큼 모서리가 둥근 사각형이 만들어집니다.

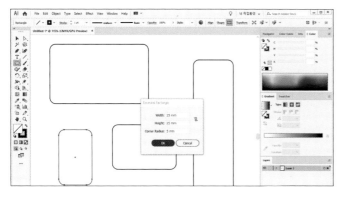

02 둥근 사각형 툴(🔲)을 빈 도큐먼트 공간에 클릭합니다. [Rounded Rectangle] 대화상자에서 원하는 수치 값을 입력하면 사용자가 지정한 크기로 둥근 사각형 모양을 만들 수 있습니다.

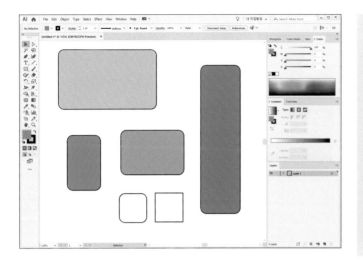

03 둥근 사각형의 모서리 곡률은 단축 기능으로 빠르게 조절할 수 있습니다. 둥근 사각형을 드래그한 상태에서 키보드 상하 방향키를 누르면 모서리의 둥근 정도가 변경됩니다.

강의노트

각종 툴의 옵션 대화상자에서 지정한 수치 값은 그대로 남게 됩니다. 예를 들어 둥근 모서리 사각형을 그릴 때는 마지막으로 설정한 대화상자의 Corner Radius의 크기가 그대로 적용되어 나타납니다.

보충수업 [Rounded Rectangle] 대화상자

사각형 툴을 선택하고 도큐먼트에서 클릭하면 [Rounded Rectangle] 대화상자가 열립니다. 대화상자에 가로와 세로의 크기를 입력하여 원하는 크기의 사각형을 만들 수 있습니다.

❶ Width : 가로 크기를 설정합니다.
❷ Height : 세로 크기를 설정합니다.
❸ Corner Radius : 모서리의 둥근 반경의 범위를 설정합니다.

```
Rounded Rectangle

❶ Width:   25 mm
❷ Height:  25 mm          ⊗
❸ Corner Radius: 5 mm

      OK          Cancel
```

[Rounded Rectangle] 대화상자에서 수치를 설정한 후 생성된 둥근 사각형은 선택 툴로 자유롭게 크기를 변경할 수 있습니다. 만약 이미 만들어진 둥근 사각형의 모퉁이 반경을 다시 변경하고 싶다면 해당 오브젝트를 선택한 후 상단 바에서 [Shape] 버튼을 누른 후 수치를 변경하면 됩니다.

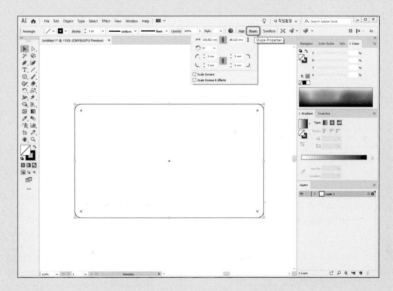

직접 해보기 🔘 원형 툴(Ellipse Tool)

원형 툴은 정원이나 타원 형태의 오브젝트를 그릴 때 사용하는 툴입니다.

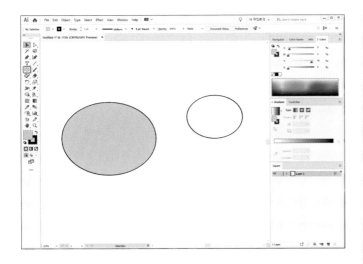

01 새 도큐먼트를 열고 툴 패널에서 원형 툴(🔘)을 선택한 후 도큐먼트에서 드래그하면 원 오브젝트가 만들어집니다. 오브젝트를 만들고 Color 패널에서 색상을 변경합니다.

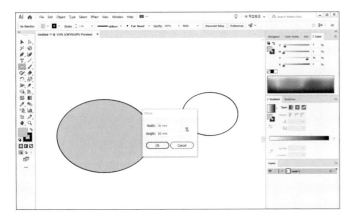

02 이번에는 원형 툴로 도큐먼트 빈 공간을 클릭하여 [Ellipse] 대화상자를 실행합니다. 대화상자의 Width와 Height 항목에 원하는 수치를 입력하면 원이 그려집니다.

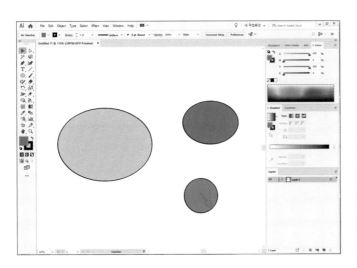

03 다른 도형 툴과 마찬가지로 Shift 를 누른 상태에서 드래그하면 정원을 만들 수 있으며 Alt 를 누르면 클릭한 지점을 중심으로 도형이 만들어집니다.

직접 해보기 다각형 툴(Polygon Tool)

다각형 툴은 사용자가 원하는 다각형 모양의 오브젝트를 그릴 때 사용하는 툴입니다.

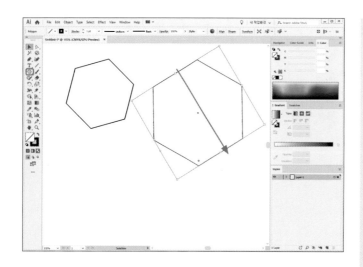

01 새로운 도큐먼트에서 다각형 툴( )로 드래그하여 다각형 오브젝트를 생성합니다.

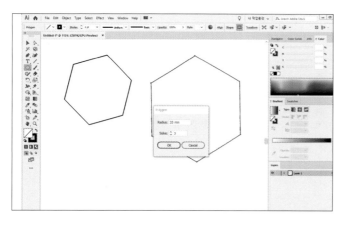

02 다각형 툴로 도큐먼트를 클릭하면 [Polygon] 대화상자가 열립니다. 대화상자에서 다각형 면의 반경(Radius)과 면의 개수(Sides)를 설정하여 원하는 형태의 다각형을 만들 수 있습니다. 대화상자에서 Sides에 "3"을 입력하고 [OK] 버튼을 클릭하면 삼각형 오브젝트가 만들어집니다.

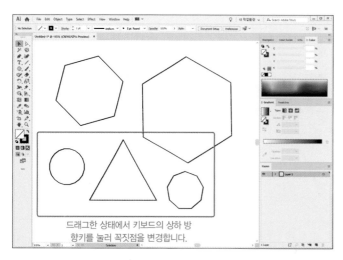

드래그한 상태에서 키보드의 상하 방
향키를 눌러 꼭짓점을 변경합니다.

03 다각형 면의 개수는 단축키로 조절할 수 있습니다. 다각형 툴을 드래그한 상태에서 키보드의 상하 방향키를 눌러 Sides를 추가하거나 줄여서 원하는 형태를 나타낼 수 있습니다.

직접 해보기 ☆ 별형 툴(Star Tool)

별형 툴은 별 모양의 오브젝트를 그릴 때 사용하는 툴입니다. 별형 툴로 도큐먼트에 드래그한 상태에서 키보드의 방향키 상, 하를 누르면 꼭짓점의 개수를 조절할 수 있습니다.

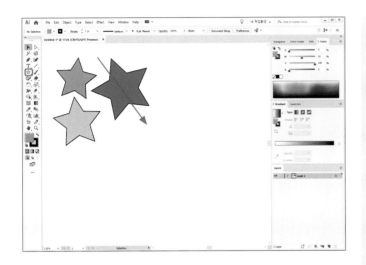

01 툴 패널에서 별형 툴(☆)을 선택하고 도큐먼트에서 드래그하면 별 모양 오브젝트가 만들어집니다.

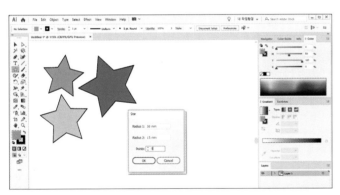

02 별형 툴을 도큐먼트에서 클릭하면 [Star] 대화상자가 나타납니다. Radius 1과 Radius 2에 숫자를 입력하고 Point에 꼭짓점의 개수를 입력하여 별 모양을 변경할 수 있습니다.

Ctrl 을 누르고 드래그하면 꼭짓점의 거리를 조정합니다.

03 별형 툴을 드래그한 상태에서 Ctrl 을 누르고 드래그하면 꼭짓점의 거리를 조정할 수 있습니다. Ctrl 을 누르고 바깥쪽으로 드래그하면 외곽 꼭짓점의 거리가 커지고 반대로 안쪽으로 드래그하면 거리가 짧아지게 됩니다. 즉 안쪽과 바깥쪽 꼭짓점의 거리를 조정하여 빠르게 변경할 수 있습니다.

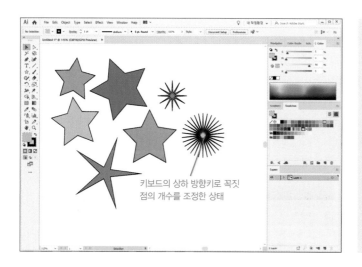

키보드의 상하 방향키로 꼭짓
점의 개수를 조정한 상태

04 별형 툴을 도큐먼트에 드래그한 상태에서 키보드의 상하 방향키를 누르면 꼭짓점의 개수를 조정할 수 있습니다.

보충수업 [Star] 대화상자

별형 툴을 이용하여 드래그하였을 경우 방향키를 이용하여 별의 꼭짓점 수를 조절할 수는 있지만 꼭짓점과의 거리는 지정할 수가 없습니다. 별의 꼭짓점과의 거리를 지정하기 위해서는 툴 패널에서 별형 툴을 선택하고 도큐먼트를 클릭하여 나타난 [Star] 대화상자를 이용해야 합니다.

❶ Radius 1 : 별의 중심에서 바깥쪽 꼭짓점과의 거리를 지정합니다.

❷ Radius 2 : 별의 중심에서 안쪽 꼭짓점과의 거리를 지정합니다.

❸ Points : 별의 바깥쪽 꼭짓점의 개수를 지정합니다.

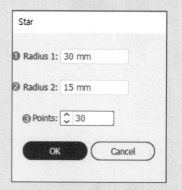

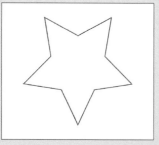

Radius 1 : 20, Radius 2 : 40, Points : 5

Radius 1 : 30, Radius 2 : 40, Points : 5

Radius 1 : 10, Radius 2 : 40, Points : 10

직접 해보기 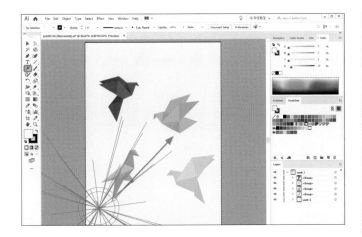 플레어 툴(Flare Tool)

플레어 툴은 렌즈 조명 효과를 줄 수 있는 툴입니다. 포토샵과 같은 비트맵 방식의 프로그램에서 사용하던 광선이나 빛 효과를 일러스트레이터에서 적용하여 다양한 특수 효과를 만들 수 있습니다.

01 'part02-06.ai' 파일을 열고 툴 패널에서 플레어 툴을 선택합니다. 플레어 툴(◉)로 도큐먼트 위를 드래그하여 광원의 크기를 지정합니다. 처음 클릭한 지점이 주 광원이 됩니다.

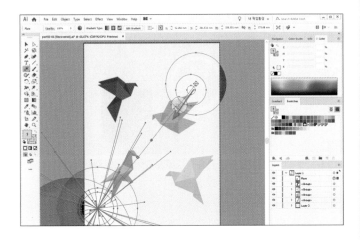

02 계속해서 두 번째 지점을 클릭하고 드래그하여 보조 광원의 위치를 지정합니다.

03 화면과 같이 원하는 위치에 광원이 삽입됩니다.

강의노트 ✏️

플레어 효과는 주광원 만으로는 만들 수 없으며, 반드시 보조 광원의 위치를 지정해야 도큐먼트 오브젝트로 나타나게 됩니다.

보충수업 패스파인더의 기능

패스파인더 기능을 이용하면 도형을 연결하여 새로운 모양의 오브젝트를 만들 수 있습니다. 하나 이상의 오브젝트들을 더하거나 빼거나, 겹쳐진 부분만 남겨서 새로운 오브젝트를 만드는 것입니다. 여러 개의 도형을 선택하고 Alt 를 누른 상태에서 Shape Modes를 클릭하면 컴파운드 패스가 적용되어 새로운 오브젝트가 만들어집니다. 컴파운드 패스가 적용된 오브젝트는 원본 오브젝트가 그대로 보존되면서 각각의 오브젝트를 선택하고 변형할 수 있습니다.

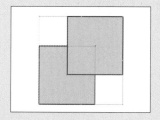

❶Unite : 겹쳐진 도형을 하나도 연결하여 새로운 모양을 만듭니다.

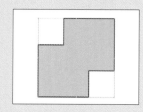

❷Minus Front : 위쪽인 놓인 오브젝트와 겹쳐진 부분을 제거합니다.

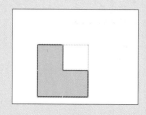

❸Intersect : 겹쳐진 부분을 제외한 나머지 부분을 제거합니다.

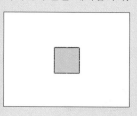

❹Exclude : 겹쳐진 부분만 제거합니다.

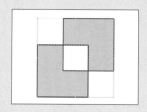

❺Divide : 겹쳐진 부분과 각 부분을 개별 분리합니다.

 실전문제

01. 도형 툴을 이용하여 압정 오브젝트를 만들어 보세요.

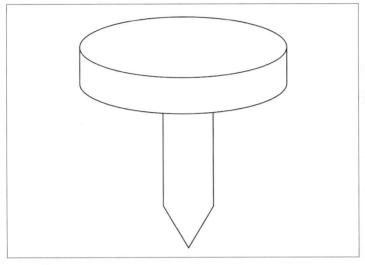

완성파일 | part02-07.ai

> **Hint** 타원 오브젝트와 사각형 오브젝트를 패스파인더의 합치기 기능을 적용하여 압정의 윗 부분을 만들고 세로로 긴
> 직사각형과 삼각형 오브젝트도 같은 방법으로 압정의 뾰족한 부분을 만듭니다.

02. 선택 툴을 이용하여 오브젝트를 완성시켜 보세요.

준비파일 | part02-08_reday.ai   **완성파일** | part02-08_complete.ai

> **Hint** 버튼 오브젝트를 모두 선택한 후 [Group] 명령을 실행한 후 그룹화된 오브젝트를 왼쪽으로 드래그하여 계산기
> 오브젝트 위로 한 번에 옮깁니다.

패스와 브러시 툴 익히기

이번 과정에서는 직접 오브젝트를 자유자재로 생성할 수 있는 펜 툴과 브러시 툴에 대해 알아봅니다. 일러스트레이터에서 펜 툴은 없어서는 안 될 핵심적인 기능 중에 하나입니다. 펜 툴을 이용하여 사용자의 디자인 의도에 따라 드로잉하며 새로운 디자인 결과물을 창조할 수 있습니다. 브러시 툴로는 회화적인 느낌의 이미지와 다양한 페인팅 효과를 적용할 수 있습니다. 펜 툴과 브러시 툴은 사용자의 능숙한 활용 능력과 경험을 바탕으로 창조적인 결과물을 만들 수 있는 만큼 각 툴의 사용법과 활용 능력을 익히고 많은 연습과 노력이 뒷받침되어야 합니다.

Zoom In
알찬 예제로 배우는
일러스트레이터
기본 드로잉

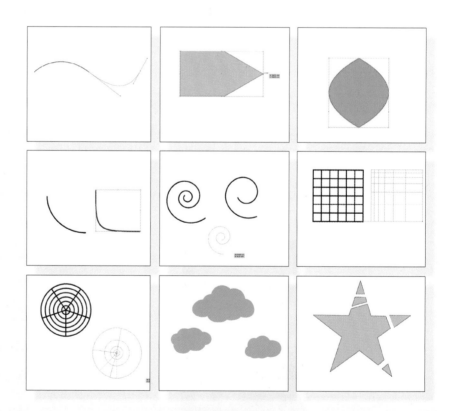

Keypoint Tool

_ **포인트 변환 툴** 포인터의 속성을 한 번에 변경할 수 있습니다.

_ **펜 툴** 자유롭게 오브젝트를 그릴 수 있습니다.

Knowhow

_ 매끄럽게 툴을 이용하면 울퉁불퉁한 선을 매끄럽게 표현할 수 있습니다.

_ Ctrl 로 정확히 45° 각도의 직선을 그릴 수 있습니다.

직접 해보기 펜 툴(Pen Tool)

드로잉 프로그램인 일러스트레이터에서 가장 많이 사용하는 툴로 직선과 곡선으로 된 패스를 그려 오브젝트를 만들 수 있는 가장 중요한 툴입니다.

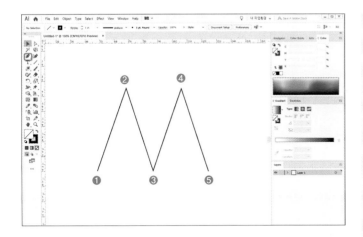

01 펜 툴()을 선택한 후 면 색상은 None으로 지정합니다. 도큐먼트를 클릭하면 포인트가 생성됩니다. 계속해서 다른 부분을 클릭하면 새로운 포인트가 만들어지며 두 조절점 사이에 세그먼트가 만들어집니다. 그림과 같은 M 모양의 패스를 만들어 봅니다. 패스로 구성된 오브젝트가 완성되었으면 Ctrl 을 누르고 빈 영역을 클릭하면 편집 상태가 해제됩니다.

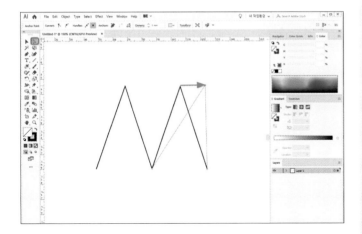

02 포인트와 세그먼트로 구성된 오브젝트는 직접 선택 툴()을 이용하여 모양을 조절할 수 있습니다. 직접 선택 툴로 포인트 위를 드래그하여 선택한 다음 위치를 이동시켜 봅니다.

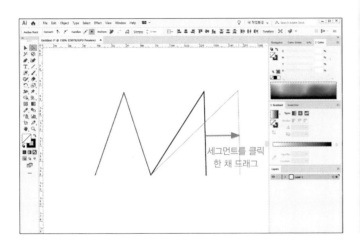

세그먼트를 클릭한 채 드래그

03 포인트와 조절점 사이의 세그먼트도 드래그하여 선택할 수 있습니다. 선택된 세그먼트를 이동시켜 모양을 변경할 수 있습니다.

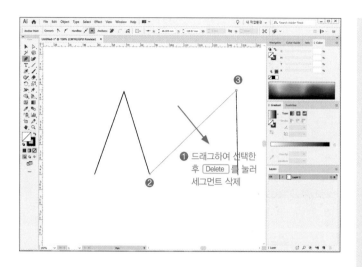

04 세그먼트를 드래그하여 선택한 다음 Delete 를 눌러 삭제하고 펜 툴을 이용하여 끊어진 포인트를 각각 클릭하여 다시 연결합니다.

❶ 드래그하여 선택한
후 Delete 를 눌러
세그먼트 삭제

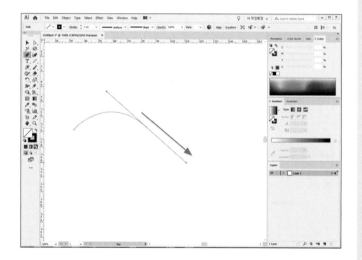

05 곡선을 만들 때는 첫 번째 클릭 후 두 번째 포인트를 클릭한 상태로 드래그합니다. 조절점에 방향선이 만들어지면서 드래그한 방향대로 곡선이 그려집니다.

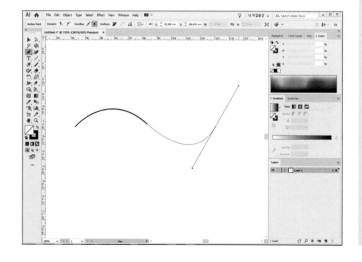

06 계속해서 다른 부분을 클릭하면 추가적으로 곡선을 그릴 수 있습니다.

강의노트 🖊

펜 툴을 이용하여 오브젝트를 그리다가 맨 처음 시작점을 클릭하면 도형 오브젝트가 완성됩니다.

보충수업 베지어 곡선

패스(Path)는 앵커 포인트와 앵커 포인트가 모여 세그먼트를 만들고 이 세그먼트가 이어져 패스를 이루며, 오브젝트가 형성됩니다.

❶ **앵커 포인트(Anchor Point)** : 펜 툴로 클릭했을 때 만들어지는 작은 사각형 모양의 점, 이 책에서는 포인트라고 함

❷ **세그먼트(Segment)** : 포인트와 조절점 사이를 연결하는 직선, 사선, 곡선

❸ **방향점(Direction Point)** : 곡선을 그릴 때 포인트를 중심으로 양쪽에 만들어지는 두 개의 점

❹ **방향선(Direction Line)** : 곡선을 그릴 때 포인트와 방향점을 이어주는 선으로 베지어 곡선의 형태를 조절하는 선

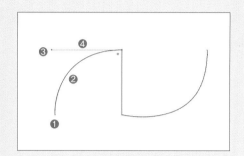

강의노트 ✎

패스 작업에서는 방향선에 영향을 받게 되어 방향선을 삭제하지 않고 포인트를 추가한다면 곡선이 그려지므로 각도가 다른 곡선이나 꺾인 직선을 그리려고 할 때는 반드시 앞쪽의 방향선을 삭제해야 합니다.

직접 해보기 🖋️**포인트 추가**/ 🖋️**삭제 툴(Add/Delete Anchor Point Tool)**

포인트 추가 툴은 오브젝트에 포인트를 추가하여 모양을 변경하거나 수정할 수 있는 툴입니다. 툴에서 포인트 추가 툴을 선택하지 않고 그려진 오브젝트의 세그먼트(패스)에 마우스를 위치시키면 자동으로 포인트 추가 툴이 활성화됩니다. 포인트 삭제 툴은 오브젝트의 포인트을 삭제할 때 사용하며 삭제하려는 포인트를 펜 툴로 클릭하면 자동으로 포인트 삭제 툴로 전환되어 포인트가 삭제됩니다.

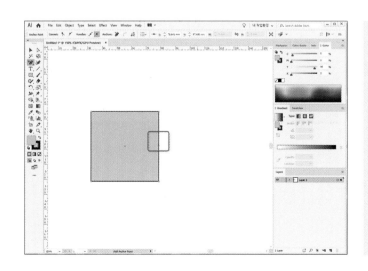

01 사각형 툴(▢)로 직사각형 오브젝트를 만듭니다. 포인트 추가 툴을 선택하고 우측면 중간 부분을 클릭합니다. 새로운 포인트가 세그먼트에 추가됩니다.

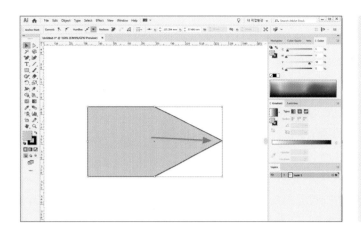

직접 선택 툴()로 추가된 앵 커 포인트를 선택한 다음 드래그 하여 모양을 변경합니다.

직접 해보기 **포인트 변환 툴(Convert Anchor Point Tool)**

포인트 변환 툴은 오브젝트의 포인트가 가지고 있는 방향 설정을 변환시키는 툴입니다. 포인트 변환 툴로 포인트를 클 릭하면 직선을 곡선으로, 곡선을 직선의 형태로 변경할 수 있습니다.

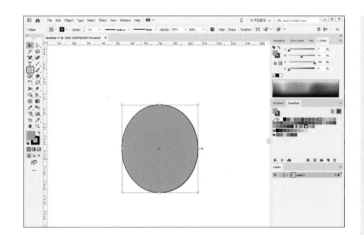

01 원형 툴(◯)로 타원 오브젝트를 만듭니다.

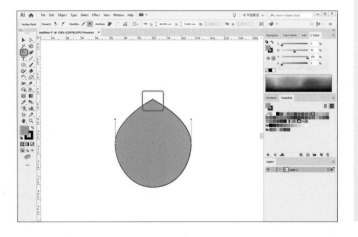

02 툴 패널에서 포인트 변환 툴(◣)을 선택하고 원 오브젝트의 위쪽 의 포인트를 클릭합니다. 곡선을 이루는 방향선과 방향선이 사라지면서 직선의 포인트로 변경되어 물방울 모양의 오브 젝트로 변형됩니다.

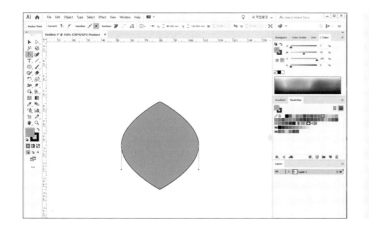

03 아래쪽 포인트도 클릭하여 나뭇잎 형태의 오브젝트로 변형해 봅니다.

직접 해보기 🖊️곡률 툴(Curvature Tool)

곡률 툴은 모든 선을 곡선으로 인식하여 자연스러운 굴곡과 곡체를 만들 때 사용하는 툴입니다.

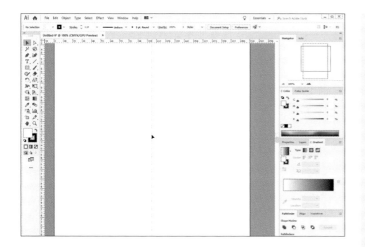

01 새로운 도큐먼트를 만들고 [View]-[Rulers]-[Show Rulers] 메뉴를 선택하여 도큐먼트 위와 왼쪽에 눈금자를 생성합니다. 왼쪽 눈금자를 클릭한 채로 도큐먼트의 정 중앙까지 드래그하여 가이드라인을 만듭니다.

강의노트 ✏️

단축키 Ctrl + R 을 눌러도 눈금자가 표시됩니다.

02 왼쪽의 화면과 같이 세로 가이드라인 3개와 가로 가이드라인 4개를 그려줍니다.

강의노트 ✏️

가이드라인이 표시되지 않으면 [View]-[Guides]-[Show Guides] 메뉴를 선택하거나 단축키 Ctrl + ; 을 누르면 됩니다.

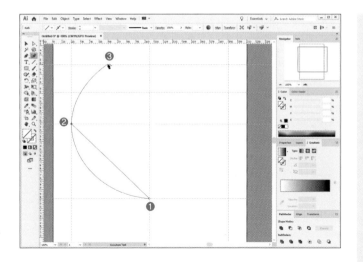

03 툴 패널에서 곡률 툴( )을 선택하고 그림과 같은 순서로 가이드라인이 교차되는 부분을 클릭하면 자동으로 자연스러운 곡선이 만들어지는 것을 확인할 수 있습니다.

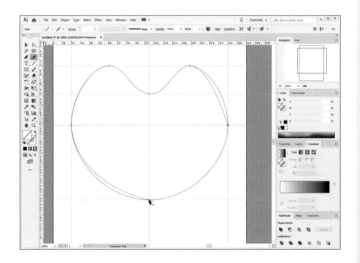

04 그림과 같이 가이드라인이 교차되는 부분을 클릭하여 처음에 시작점 부분을 클릭하여 하드 모양과 기븟한 오브젝트를 그립니다.

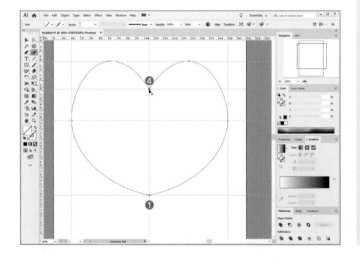

05 하트의 모양을 완벽히 만들기 위해서 그림과 같이 ❶번과 ❹번 부분을 곡률 툴( )로 클릭하면 포인트 변환 툴로 클릭한 것과 같이 곡선의 포인트가 직선의 포인트로 변환됩니다.

06 하트의 면색상을 붉은 색으로 변경한 후 이번에는 아래쪽의 선 위에서 클릭한 채로 안쪽으로 드래그해 봅니다. 아래쪽의 선부분을 안쪽으로 드래그하면서 위쪽의 곡선을 넓혀주면서 자연스러운 곡선으로 변경됩니다..

직접 해보기 ✏️ **직선 툴(Line Tool)**

직선 툴은 직선, 수평, 수직, 사선 등을 정확하게 그릴 때 사용하는 툴입니다.

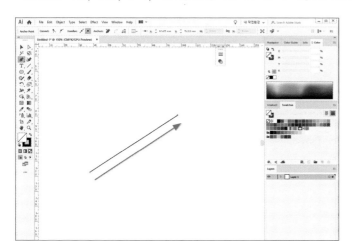

01 직선 툴(✏️)을 선택하고 도큐먼트를 클릭한 상태에서 드래그합니다. 드래그한 길이만큼 직선이 만들어집니다.

강의노트 ✏️

직선 툴을 사용하여 정확하게 수직, 수평, 45° 방향으로 직선 오브젝트를 그리고 싶다면 Shift 를 누르고 드래그하여 그리면 됩니다.

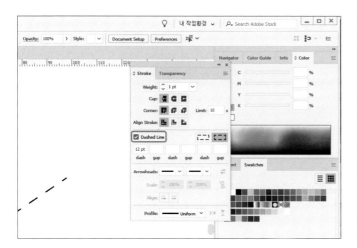

02 [Window]-[Stroke]을 실행하여 나타난 [Stroke] 패널에서 선의 두께와 스타일을 설정할 수 있습니다. [Dashed Line] 항목을 선택하여 점선을 만들어봅니다.

강의노트 ✏️

Stroke 패널은 선의 다양한 모양, 두께 등의 속성을 설정할 수 있습니다. Stroke 패널에서 세부 사항을 설정하고 싶으면 우측 상단의 메뉴 버튼을 클릭해 [Show Options]을 실행합니다.

직접 해보기 ┌─ 호 툴(Arc Tool)

호 툴은 원호 모양을 다양하고 쉽게 그릴 수 있는 툴입니다.

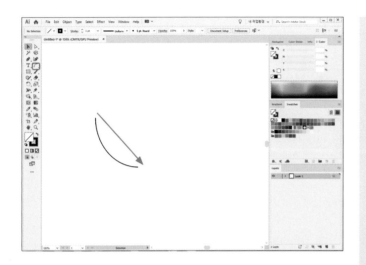

01 툴 패널에서 호 툴(┌─)을 선택하고 도큐먼트를 클릭한 상태에서 드래그합니다. 드래그한 길이만큼 원호가 만들어집니다.

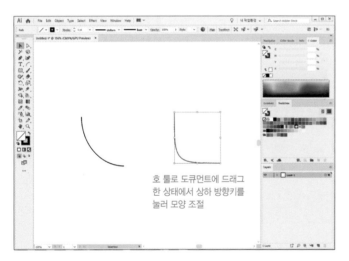

호 툴로 도큐먼트에 드래그한 상태에서 상하 방향키를 눌러 모양 조절

02 원호의 모양은 방향키를 이용하여 변경할 수 있습니다. 호 툴로 도큐먼트에 드래그한 상태에서 상, 하 방향키를 누르면 원호의 구부러진 정도를 조절할 수 있습니다.

강의노트 🖊

호 툴을 사용할 때 [Shift]를 누르면 정원의 1/4에 해당하는 원호를 정확히 그릴 수 있습니다.

📍 **보충수업** [Line Segment Tool Options] 대화상자

❶ **Length** : 선의 길이를 입력합니다.

❷ **Angle** : 선의 기울기를 조절합니다.

❸ **Fill Line** : 그려지는 선에 지정된 색상이 채워집니다.

보충수업 [Arc Segment Tool Options] 대화상자

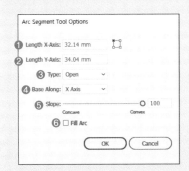

❶ Length X-Axis : X축 방향의 길이를 입력합니다.

❷ Length Y-Axis : Y축 방향의 길이를 입력합니다.

❸ Type : 그려지는 원호의 유형을 지정합니다. 열림 속성은 열린 호를 그리고 닫힘 속성은 닫힌 호를 그립니다.

❹ Bade Along : 기준이 되는 축을 지정합니다.

❺ Slope : 호의 경사도를 조절하는 옵션입니다.

❻ Fill Arc : 그려지는 호에 지정된 면 색상이 채워집니다.

직접 해보기 🌀 나선형 툴(Spiral Tool)

나선형 툴은 소용돌이 모양의 도형을 그릴 수 있는 툴입니다. 열린 패스로 나타나게 되며, 드래그를 통하여 쉽게 그릴 수 있습니다.

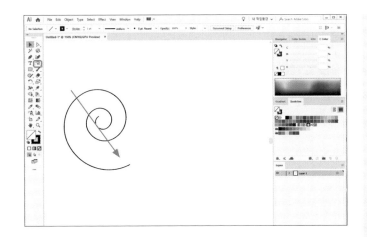

01 툴 패널에서 나선형 툴(🌀)을 선택하고 도큐먼트를 클릭한 상태에서 드래그합니다. 드래그한 길이만큼 나선 모양이 만들어집니다.

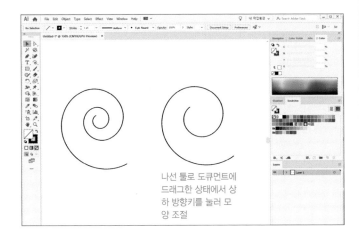

나선 툴로 도큐먼트에 드래그한 상태에서 상 하 방향키를 눌러 모 양 조절

02 나선을 구성하는 세그먼트의 개수는 단축 기능으로 빠르게 조절할 수 있습니다. 나선형 툴을 드래그한 상태에서 키보드의 상, 하 방향키를 누르면 세그먼트의 개수가 자동으로 조절됩니다.

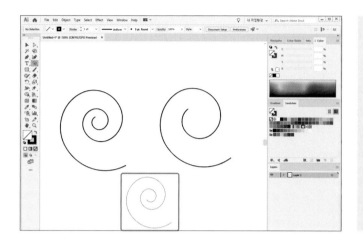

03 **Alt**를 누른 상태에서 안쪽 또는 바깥쪽으로 드래그하면 나선형이 회전하면서 커져가는 간격을 조절할 수 있습니다.

직접 해보기 ▦ 사각형 격자 툴(Rectangular Grid Tool)

사각형 형태의 격자(표)를 만들 수 있는 툴입니다.

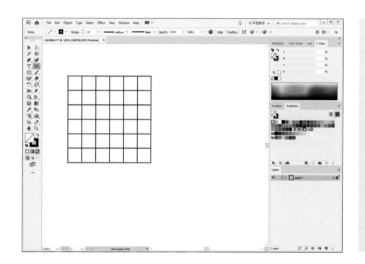

01 툴 패널에서 사각형 격자 툴(▦)을 선택하고 도큐먼트에 드래그하여 격자 형태를 만듭니다.

강의노트 ✐

격자 툴은 키보드의 단축키를 이용하여 쉽고 빠르게 표를 그릴 수 있습니다. 단축키로 사용되는 것은 X, C, F, V와 상하좌우 방향키입니다. X, C, F, V를 누르면 상하좌우의 폭을 조절할 수 있으며, 이동키를 누르면 가로와 세로 칸의 개수를 조절할 수 있습니다.

📍 보충수업 [Spiral] 대화상자

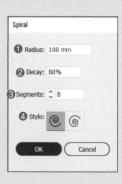

❶ **Radius** : 중심에서 바깥쪽 끝점까지의 거리를 입력합니다.

❷ **Decay** : 회전하면서 퍼져나가는 정도를 조절합니다.

❸ **Segments** : 나선을 구성하는 세그먼트의 개수를 조절합니다.

❹ **Style** : 회전하는 방향을 지정합니다.

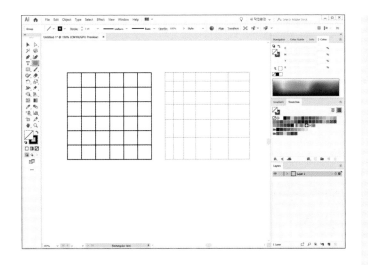

02 격자의 상하좌우 폭은 단축 기능으로 빠르게 조절할 수 있습니다. 드래그한 상태에서 X, C, F, V 를 각각 눌러봅니다. 상하좌우로 격자의 간격이 조정됩니다.

강의노트 ✏️

사각형 격자 툴 옵션 대화상자의 [Use Outside Rectangle As Frame] 항목을 체크하지 않고 사각형 격자를 그리게 되면 모두 선으로 구성되어 표에 면 색상을 적용할 수 없고, 체크한 상태에서 그리면 외각 부분이 사각형으로 만들어져서 면 색상을 적용할 수 있습니다.

보충수업 [Rectangular Grid Tool Options] 대화상자

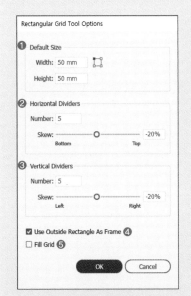

❶ **Default Size** : 가로 방향, 세로 방향의 크기를 입력합니다.

❷ **Horizontal Dividers** : 가로 방향의 분할 개수와 위치를 조절합니다.

❸ **Vertical Dividers** : 세로 방향의 분할 개수와 위치를 조절합니다.

❹ **Use Outside Rectangle As Frame** : 외각의 라인이 사각형 도형으로 그려지게 됩니다.

❺ **Fill Grid** : 그려지는 격자에 지정된 색상이 채워집니다.

'Use Outside Rectangle As Frame' 항목에 체크하지 않으면 생성 후 직접 선택 툴로 외곽선을 선택하고 이동시켰을 때 개별적인 선 오브젝트로 분리됩니다. 해당 항목에 체크하면 외곽선을 이동시키면 분리되지 않고 사각형 오브젝트의 크기가 변형됩니다.

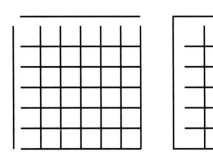
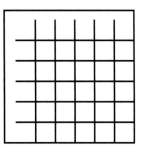

직접 해보기 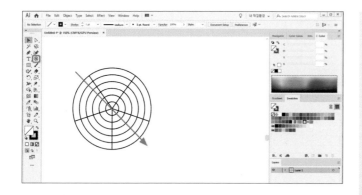 극좌표 격자 툴(Polar Grid Tool)

극좌표 격자 툴은 동심원을 그리거나 방사선 형태의 격자를 그릴 수 있습니다. 작업 시에는 마우스로 직접 드래그하거나 도큐먼트를 클릭한 다음 대화상자에서 수치를 입력하여 만들 수 있습니다.

01 툴 패널에서 극좌표 격자 툴(⊛)을 선택하고 도큐먼트에 드래그하면 방사선 형태의 격자가 만들어집니다.

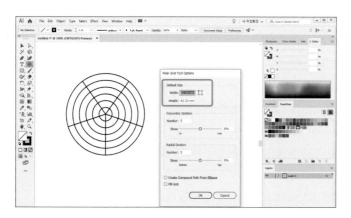

02 극좌표 격자 툴(⊛)을 더블클릭하여 [Polar Grid Tool Options]를 나타낸 후 수치를 입력하여 [OK] 버튼을 누르는 방법으로도 생성할 수 있습니다.

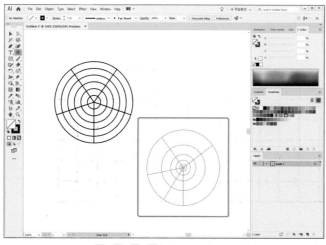

03 사각형 격자 툴과 마찬가지로 단축키 X, C, F, V를 눌러 상하좌우의 폭을 조절할 수 있으며, 방향키를 누르면 가로와 세로 칸의 개수를 조절할 수 있습니다.

X, C, F, V(상하좌우의 폭)와 이동키(가로, 세로 칸의 개수)를 눌러 형태를 조정합니다.

강의노트 ✏️

[Polar Grid Tool Options] 대화상자의 'Create Compound Path From Ellipses' 항목을 체크하면 서로 겹쳐있는 동심원들을 컴파운드 패스하여 뚫어주며, 그룹을 해제한 후에도 분리되지 않습니다. 항목을 체크하지 않으면 동심원들은 서로 겹쳐져 있게 되므로 그룹을 해제하면 분리가 가능합니다.

보충수업 [Polar Grid Tool Options] 대화상자

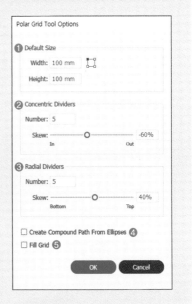

❶ **Default Size** : 가로 방향, 세로 방향의 크기를 입력합니다.

❷ **Concentric Dividers** : 동심원의 분할 개수와 동심원의 내부/외부 선들의 위치를 조절합니다.

• **Number** : 동심으로부터 외곽원까지 분할할 수를 설정합니다.

• **Skew** : 수치 값이 높을수록 외곽 부분으로 분할 선들이 치우쳐서 생성됩니다.

❸ **Radial Dividers** : 방사형 분할 개수와 선의 위치를 조절합니다.

• **Number** : 원을 케이크 모양으로 분할할 수를 설정합니다.

• **Skew** : 수치 값이 높을수록 좌측 하단쪽으로 분할 선들이 치우쳐서 생성됩니다.

❹ **Create Compound Path From Ellipses** : 항목을 체크하면 서로 겹쳐 있는 동심원들의 겹쳐있는 부분이 투명하게 뚫리게 되며 서로 분리되지 않는다.

❺ **Fill Grid** : 이 항목을 체크하면 그려지는 격자에 지정된 색상이 채워집니다.

직접 해보기 🖌️**페인트 브러시 툴(Paintbrush Tool),** ✏️**물방울 브러시 툴(Blob Brush Tool)**

페인트 브러시 툴은 브러시 패널에서 브러시의 종류를 지정한 다음 마우스로 드래그하여 외곽선을 그릴 수 있는 툴입니다. 물방울 브러시 툴은 사용자가 채색한 부분을 오브젝트로 만들 수 있습니다. 동일한 색상일 경우에는 기존 오브젝트와 합쳐져 브러시 기능이 적용되며, 개별적인 오브젝트로 나타낼 수도 있습니다.

01 페인트 브러시 툴(🖌️)을 선택하고 [Brushes] 패널에서 브러시의 모양을 선택한 다음 도큐먼트에 하트 모양을 그려봅니다.

강의노트 ✏️

[Brushes] 패널이 화면에 표시되지 않을 경우에는 [Window]-[Brushes] 메뉴를 클릭하거나 F5 를 누르면 표시하거나 숨길 수 있습니다.

02 [Brushes] 패널에서 [Charcoal -Feather] 스타일을 선택한 다음 Love 글자를 그려봅니다. 이 후 Swatches 패널에서 색상을 변경하여 완성합니다.

강의노트

작업을 진행하면서 브러시의 크기를 빠르게 조정하면서 작업을 진행할 수 있습니다. 키보드의 `]`를 누르면 일정 비율로 브러시 크기가 확대되며, `[`를 누르면 일정 비율로 축소됩니다.

03 이번에는 물방울 브러시 툴( )을 선택하고 둥글게 드래그하면서 구름 모양을 만들어 봅니다. 모양이 부드럽게 표현되어 자연스러운 형태를 나타낼 수 있습니다.

강의노트

물방울 브러시 툴을 채색하듯이 자유롭게 드래그하여 면 속성의 오브젝트를 나타낼 수 있습니다. 마우스로 드래그하면 부드러운 곡선 형태의 오브젝트를 만들 수 있습니다.

보충수업 [Paintbrush Tool Options] 대화상자

❶ **Fidelity** : 마우스 또는 타블렛의 펜 마우스 감도를 조절할 수 있는 항목으로 수치가 낮을수록 감도가 높아지게 됩니다.

❷ **Fill new brush strokes** : 이 항목을 체크하면 브러시로 그려지는 오브젝트의 내부에 색상을 적용하게 됩니다.

❸ **Keep Selected** : 이 항목을 체크하면 드로잉이 끝난 오브젝트가 선택된 상태로 표시됩니다.

❹ **Edit Selected Paths** : 이 항목을 체크하면 열린 패스를 그렸을 때 시작점과 끝점을 브러시 툴을 사용하여 연결할 수 있게 됩니다.

❺ **Within** : Edit Selected Paths 항목이 체크되었을 때 활성화되는 옵션으로 연결할 수 있는 거리를 조절합니다.

직접 해보기　🖊️ 모양 툴(Shaper Tool)

모양 툴은 삐뚤삐뚤하게 원이나 사각형을 그리더라도 직선 또는 곡선으로 표현하여 도형으로 변환시켜 줍니다.

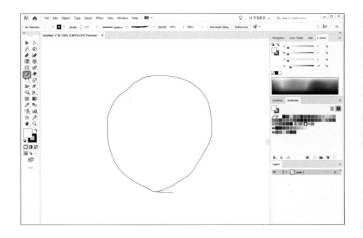

01 툴 패널에서 모양 툴(🖊️)을 선택하고 원하는대로 원을 그려봅니다.

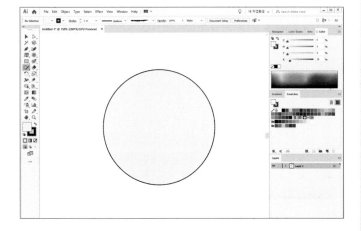

02 자동으로 변형되어 매끈한 원 오브젝트가 생성됩니다.

강의노트 ✏️

모양 툴은 펜 툴의 단점을 보완하여 쉽고 간편하게 도형을 만들 수 있도록 도와줍니다.

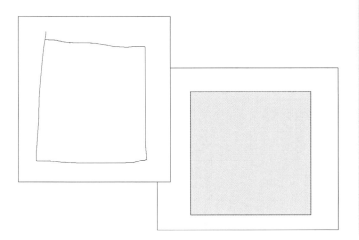

03 이번에는 사각형을 그려봅니다. 자동으로 매끈한 직사각형 오브젝트로 변형됩니다.

직접 해보기 ✏️ 연필 툴(Pencil Tool), ✏️ 매끄럽게 툴(Smooth Tool), ✏️ 패스 지우개 툴(Path Erase Tool)

연필 툴은 마우스로 드래그하여 자유로운 형태의 패스를 그릴 수 있는 툴입니다. 연필 툴로 오브젝트를 그리면 선 속성으로 나타납니다. 매끄럽게 툴은 펜, 연필 툴로 그려진 거친 패스를 부드럽게 표현하는 툴입니다. 패스 지우개 툴은 펜 툴이나 연필 툴로 그려진 패스를 부분적으로 삭제할 수 있습니다. 삭제된 후에는 오브젝트가 연결되지 않고 끊어지게 됩니다.

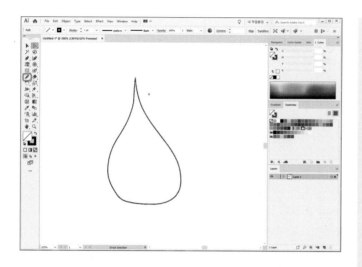

01 툴 패널에서 연필 툴(✏️)을 도큐먼트 빈 공간을 드래그하여 물방울 모양을 그려봅니다.

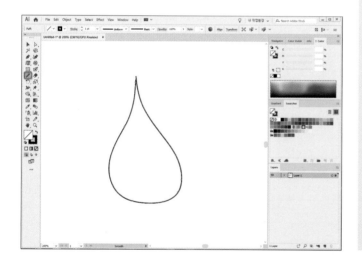

02 연필 툴로 그려진 거친 선들을 매끈하게 표현하기 위해 툴 패널에서 매끄럽게 툴(✏️)을 선택하고 패스를 따라 드래그합니다.

강의노트 ✏️

연필 툴이 선택된 상태에서 Alt 를 누르면 임시적으로 매끄럽게 툴로 전환됩니다. 직접 툴을 선택하지 않고도 빠르게 전환하여 작업을 진행할 수 있습니다.

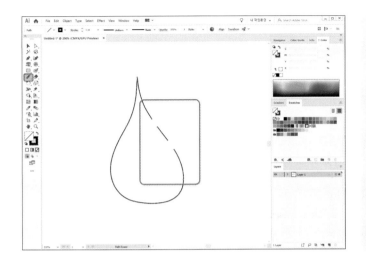

03 이번에는 패스 지우개 툴( )로 패스 일부분을 드래그하여 삭제해 봅니다.

강의노트 🖉

일러스트레이터는 벡터 방식의 프로그램으로 포토샵과 같은 비트맵 방식의 프로그램보다 매우 적은 용량을 차지합니다. 하지만 많은 양의 포인트, 블렌드, 그라데이션 등의 효과를 과도하게 적용하면 용량이 매우 커지게 됩니다. 따라서 오브젝트를 만들 때는 불필요한 포인트들은 삭제하는 것이 좋습니다.

보충수업 [Smooth Tool Options] 대화상자

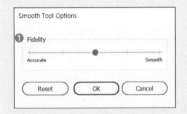

❶ **Fidelity** : 마우스 또는 타블렛의 펜 마우스 감도를 조절할 수 있습니다. 수치가 낮을수록 감도가 높아집니다.

보충수업 [Pencil Tool Options] 대화상자

❶ **Fidelity** : 마우스 또는 타블렛의 펜 마우스 감도를 조절할 수 있는 항목으로 수치가 낮을수록 감도가 높아집니다.

❷ **Fill new pencil strokes** : 연필 툴로 그린 선에 색상을 적용합니다.

❸ **Keep selected** : 드로잉이 끝난 오브젝트는 선택 상태로 표시됩니다.

❹ **Alt key toggles to Smooth Tool** : 단축키 [Alt]로 매끄럽게 툴을 사용/미사용을 설정합니다.

❺ **Close paths when ends are within** : 입력된 수치 값(픽셀)내 크기로 만들어진 경우 패스를 자동으로 닫습니다.

❻ **Edit selected paths** : 열린 패스를 그렸을 때 시작점과 끝점을 브러시 툴로 연결할 수 있습니다.

❼ **Within** : 선택 패스 편집 항목이 활성화되었을 때 연결할 수 있는 거리를 조절합니다.

직접 해보기 🧽 지우개 툴(Eraser Tool), ✂️ 가위 툴(Scissors Tool), 🔪 칼 툴(Knife Tool)

지우개 툴은 오브젝트의 면과 선에 관계없이 지울 수 있습니다. 가위 툴은 오브젝트를 자르는 툴로 오브젝트에 포인트를 추가하여 연결되지 않는 열린 패스로 잘라줍니다. 칼 툴은 가위 툴과 비슷하지만 열린 패스가 아닌 닫힌 패스로 오브젝트를 분할합니다.

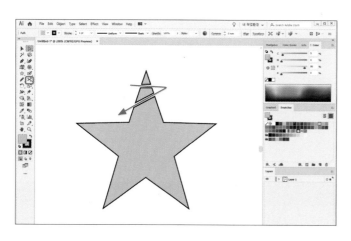

01 새로운 도큐먼트를 만들고 별형 툴(☆)로 별 오브젝트를 생성합니다. 툴 패널의 지우개 툴(🧽)을 선택한 후 별 오브젝트 위를 드래그하여 일부분을 지워봅니다.

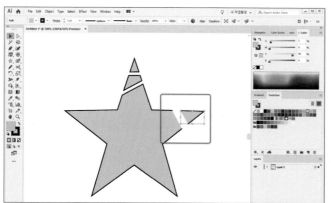

02 이번에는 툴 패널의 가위 툴(✂️)을 선택하고 별 오브젝트의 오른쪽 꼭지 부분의 패스 위를 클릭하고 반대쪽 패스 위를 클릭해 봅니다. 선택 툴로 잘려진 꼭지를 드래그하여 이동해 보면 별 오브젝트가 열린 패스로 분할된 것을 확인할 수 있습니다.

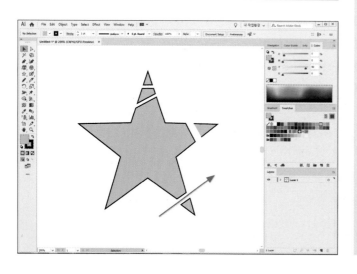

03 별 몸통 오브젝트를 선택한 상태에서 툴 패널의 칼 툴(🔪)을 선택하고 별 오브젝트의 아래쪽 부분을 가로질러 드래그합니다. 별 오브젝트가 닫힌 패스로 분할됩니다.

강의노트 ✏️

칼 툴을 이용하여 직선 방향으로 정확하게 오브젝트를 분리하려면 Alt 를 함께 누릅니다. 이때 Shift 를 함께 누르면 수직, 수평, 45°를 기준으로 정확히 분리할 수 있습니다.

 실전문제

01. 주어진 선을 따라서 펜 툴로 선을 만들어 보세요.

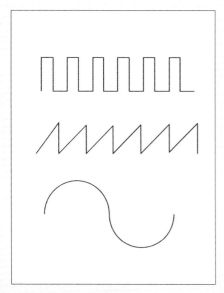

준비파일 : part02-10_ready.ai
완성파일 : part02-10_complete.ai

Hint 펜 툴을 이용하여 직선을 그릴 때는 Shift 를 누른 상태에서 모서리 꼭짓점 부분을 클릭해가면서 선을 그립니다. 펜 툴로 곡선형 형태를 그리기 위해서는 모서리를 클릭한 상태로 드래그하여 곡선의 모양과 일치하도록 만듭니다.

02. 주어진 오브젝트를 분할한 다음 색상을 변경하여 포스터 느낌으로 표현해 보세요.

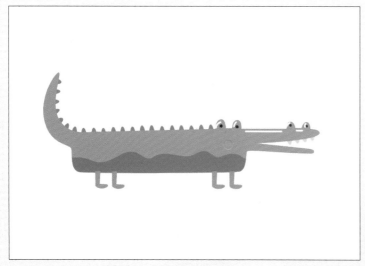

준비파일 : part02-11_ready.ai　　　　**완성파일** : part02-11_complete.ai

Hint 'part02-11_ready.ai' 파일을 불러온 후 칼 툴을 선택하고 악어 오브젝트를 몸통을 가로로 분할합니다. 직접 선택 툴로 아래쪽 오브젝트를 선택하고 면 색상을 변경합니다. 툴 패널에서 선 속성을 흰 색상으로 변경한 다음 물방울 브러시 툴로 드래그하여 빛이 반사되는 모양의 하이라이트를 그립니다.

문자와 오브젝트 변형 툴 익히기

일러스트레이터는 오브젝트를 생성하는 것 뿐만 아니라 다양하게 변형할 수 있으면 문자를 입력하고 편집할 수 있는 기능을 제공합니다. 오브젝트를 변형하는 툴과 대화상자를 이용하여 정확한 수치로 변형이 가능하며 오브젝트에 적용된 패턴, 특수 효과를 조절할 수 있습니다. 또한 문자 툴을 이용하여 타이포 디자인과 전문 DTP 프로그램 못지않은 다양한 효과를 낼 수 있습니다.

Zoom In
알찬 예제로 배우는
다양한 변형 툴로
작업하기

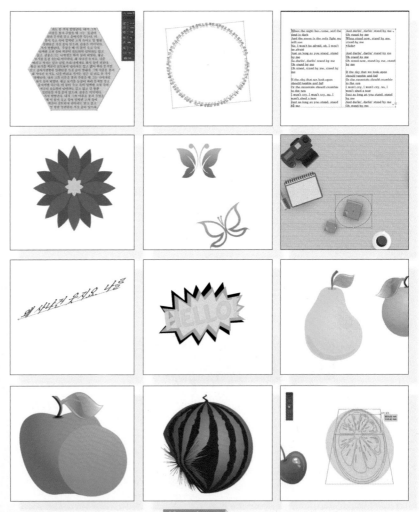

Keypoint Tool

_ 문자 툴 다양한 방향으로 문자를 입력할 수 있습니다.

_ 변형 툴 포토샵처럼 다양한 효과를 적용할 수 있습니다.

Knowhow

_ 도형 외곽선을 따라 문자를 입력하면 다양하게 표현할 수 있습니다.

직접 해보기   T 문자 툴(Type Tool)

문자 툴은 도큐먼트에 텍스트를 입력하는 툴입니다.

01 새로운 도큐먼트를 만들고 문자 툴(T)로 도큐먼트 빈 공간을 클릭하면 예시 문장이 입력됩니다. Delete 나 Backspace 로 예시 문장을 삭제하고 원하는 문자를 입력한 후 Enter 를 누르면 줄이 변경되며 계속해서 문자를 입력할 수 있습니다.

02 입력된 문자를 수정하려면 문자 툴(T)로 해당 부분을 드래그하여 블록을 지정한 다음 변경할 문자를 입력합니다.

03 문자의 글꼴을 변경할 때는 Ctrl + A 를 눌러 문자 전체에 블록을 지정한 다음, 옵션 바에서 원하는 글꼴을 지정하거나 [Character] 패널은 단축키 Ctrl + T 를 눌러 나타낼 수 있습니다.

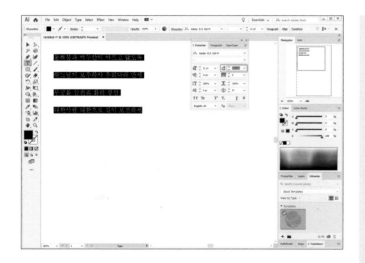

04 블록이 지정된 상태에서 문자 패널의 'Set the leading' 항목의 수치를 조절하여 행간을 조정할 수 있습니다. 행간은 **Alt** +상, 하 방향키로 넓히거나 좁힐 수 있습니다.

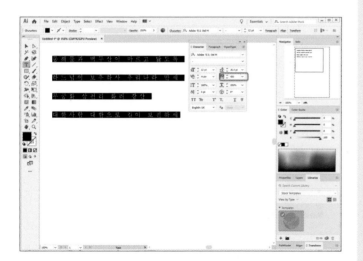

05 자간은 [Character] 패널의 'Set the tracking for selected characters' 항목의 수치를 조절하여 좁히거나 넓힐 수 있습니다. **Alt** +좌, 우 방향키를 눌러 조절할 수 있습니다.

강의노트 ✏

입력된 문자의 크기는 문자 툴 옵션 패널의 'Set the font size' 항목의 수치를 조절하여 적용하거나 단축 기능으로 문자에 블록이 지정된 상태에서 **Ctrl** + **Shift** + **[** , **]** 를 눌러 일정 비율로 축소하거나 키울 수 있습니다.

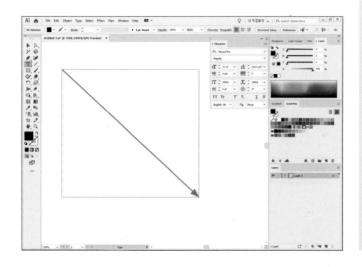

06 문자가 입력되었으면 **Ctrl** + **Enter** 를 눌러 편집 상태를 해제합니다. 이번에는 문자 툴로 문자를 입력할 영역을 드래그합니다.

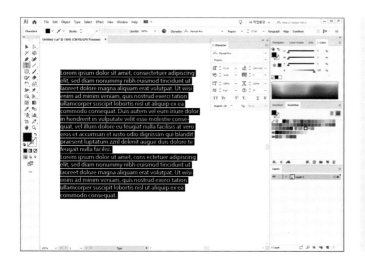

07 문자 박스가 만들어지면서 커서가 예제 글이 자동 입력되어 나타납니다. 문자를 입력하면 설정된 영역 안으로만 입력됩니다.

강의노트 🖉

일정 영역이나 특정 오브젝트 안쪽 영역에 문자를 입력할 때 문자가 영역을 넘치면 + 모양의 아이콘이 표시됩니다. 이 때는 오브젝트나 문자의 영역을 넓혀주어야 합니다.

직접 해보기 ⊤ 영역 문자 툴(Area Type Tool), ↖ 패스 문자 툴(Type on a Path Tool)

영역 문자 툴은 오브젝트 내부에 텍스트를 입력하여 채워넣는 툴입니다. 패스 문자 툴은 오브젝트의 외곽선을 따라 문자를 입력할 수 있는 툴입니다. 곡선을 따라 흐르는 문자를 표현할 때 유용합니다.

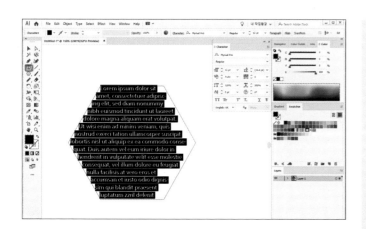

01 문자를 입력하기 위한 다각형 도형을 그립니다. 영역 문자 툴(⊤)을 선택하고 오브젝트의 외곽선을 클릭하면 외곽선 안쪽으로 글이 입력되면서 내부가 채워집니다.

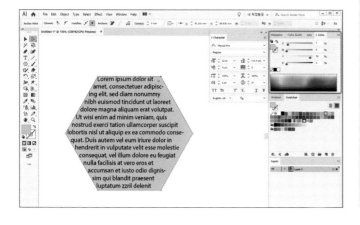

02 다각형 오브젝트에 배경색을 적용하려면 직접 선택 툴(↖)로 오브젝트의 꼭짓점을 선택한 다음 색상을 적용할 수 있습니다.

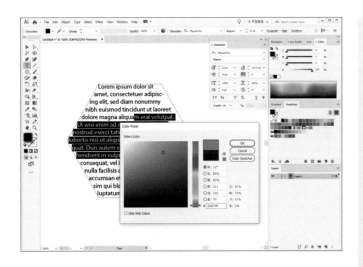

03 문자의 색상은 블록을 지정하여 툴 패널의 면 색상을 더블클릭하여 색상을 변경합니다.

강의노트 🖋

문자 툴로 드래그하여 원하는 부분만을 선택할 수 있으며 Ctrl + A 를 눌러 문자 전체를 한 번에 선택할 수 있습니다.

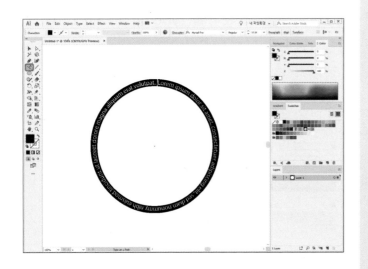

04 이번에는 원형 오브젝트를 생성하고 패스 문자 툴( )로 오브젝트의 외곽선 부분을 클릭하면 예제 문장이 외곽선을 따라 문자가 입력됩니다.

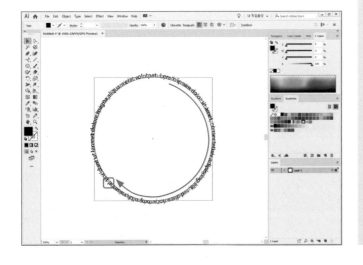

05 문자의 시작점은 포인트를 드래그하여 위치를 조절할 수 있습니다. Ctrl + Enter 를 눌러 편집 상태를 해제한 후 끝점을 나타내는 조절선 가운데를 드래그하여 위치를 변경해 봅니다.

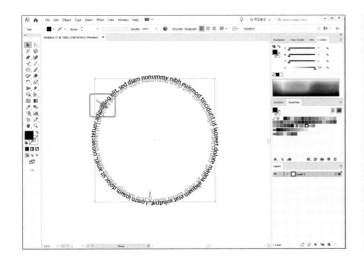

06 문자의 입력 방향을 수정하려면 끝점 조절선을 안쪽으로 드래그합니다. 그 결과 원 안쪽으로 문자 입력 방향이 변경되며 수정이 끝났으면 Ctrl 을 누른 상태에서 빈 공간을 클릭하여 문자 선택을 해제합니다.

보충수업 텍스트의 단과 행 설정하기

❶ 일러스트레이터에서 단과 행의 설정은 영역 문자 옵션으로 편리하게 적용할 수 있습니다. 새 도큐먼트를 열고 [File]-[Place] 명령으로 '영문텍스트.txt' 파일을 선택하고 [Place]를 클릭합니다.

❷ [Text Import Options] 대화상자가 표시되면 기본 설정을 적용하고 [OK] 버튼을 클릭한 후 도큐먼트의 빈 공간을 클릭하면 텍스트가 배치됩니다.

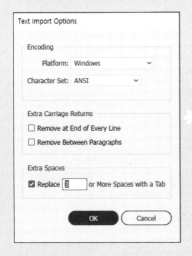

강의노트 ✏️

[Character Set]에서 ANSI는 미국에서 만든 표준입니다. 보통 알파벳 문자를 위해 정리된 문자 집합이고, Unicode는 2바이트 계열의 표준입니다. 알파벳 이외의 문자들을 위해서 정리된 문자 집합입니다.

❸ 선택 툴( )로 문자 영역의 바운딩 박스를 드래그하여 문자 영역 크기를 줄이면 문자 영역 우측 하단의 빨간색 더하기 표시가 나타납니다. 이는 문자 영역에서 텍스트가 넘친다는 것을 나타냅니다.

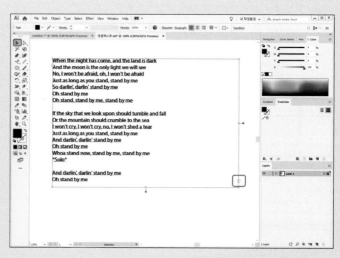

❹ [Type]-[Area Type Option]을 클릭하고 대화상자가 나타나면 [Preview]를 선택하고 [Columns]의 [Number] 항목에 "2"를 입력한 다음 [OK]을 클릭합니다.

❺ 문자 영역에 단이 2개로 나뉘어 자동으로 정렬됩니다.

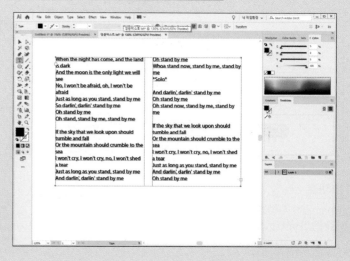

보충수업 [Area Type Options] 대화상자

❶ Number : 분할할 행과 단의 수치를 설정합니다.

❷ Span : 행과 단의 넓이를 조절합니다.

❸ Fixed : 문자 영역의 크기를 변경할 때 행과 단의 넓이를 고정시킬 것 인지를 결정합니다. 이 옵션을 선택하면 문자 영역의 크기를 변경할 때 행과 단의 수는 바뀌지만 너비는 변경되지 않는다.

❹ Gutter : 행 또는 단 사이의 거리를 설정합니다.

❺ Inset Spacing : 문자와 박스 사이의 여백을 조절합니다.

❻ First Baseline : 상단 문자의 첫 번째 줄 들여쓰기를 조절합니다.

❼ Text Flow : 행과 단 사이에서 문자의 흐름을 설정합니다.

직접 해보기　회전 툴(Rotate Tool)

회전 툴은 선택한 오브젝트를 기준점을 중심으로 회전시킬 수 있는 툴입니다.

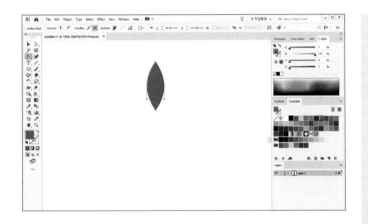

01 새 도큐먼트를 열고 툴 패널에서 원형 툴(　)을 선택한 후 상하 긴 타원 오브젝트를 만들고, 포인트 변환 툴(　)로 상단과 하단의 포인트를 각각 클릭하여 꽃잎의 잎 하나를 만듭니다.

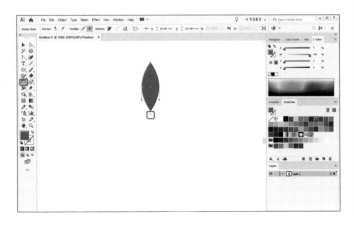

02 만든 꽃잎을 선택하고 툴 패널에서 회전 툴(　)을 선택하고 Alt 를 누른 상태에서 잎 모양 오브젝트의 아래의 빈 공간을 클릭하여 회전 중심점을 변경합니다.

03 [Rotate] 대화상자가 나타나면 Angle에 45°를 설정하고 [Copy] 버튼을 클릭합니다.

04 회전된 잎 오브젝트를 복사하여 생성된 것을 확인합니다.

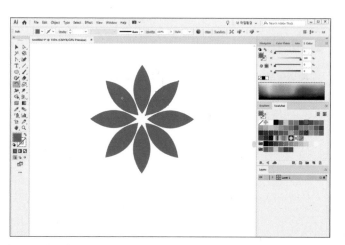

05 Ctrl + D 를 반복해서 누르면 앞에서 적용한 회전 및 복사 기능이 동일하게 적용되어 꽃잎 오브젝트를 쉽게 만들 수 있습니다.

보충수업 변형 반복 수행하기

변형 반복 (Ctrl + D)기능은 전 단계에서 적용한 변형 기능을 반복하여 적용합니다. 즉 일정한 간격이나 각도로 오브젝트를 복사할 때 유용하게 사용할 수 있습니다. [Object]-[Transform]-[Transform Again] 메뉴를 선택합니다. 여러 번 반복해서 적용할 경우가 많으므로 단축키로 지정하여 사용하는 것이 편리합니다.

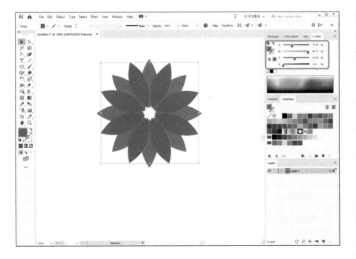

06 꽃잎 오브젝트들을 선택 툴(▶)로 모두 선택한 후 Ctrl + G를 눌러 그룹화하고 Ctrl + C, Ctrl + V를 차례대로 눌러 복사합니다. 복사된 꽃잎 오브젝트를 첫 번째 꽃잎 오브젝트와 위치를 맞추고 회전시킨 후 색상을 변경합니다.

07 두 번째로 만들었던 꽃잎 오브젝트는 [Object]-[Arrange]-[Send to Back] 기능으로 첫 번째 꽃잎 오브젝트의 뒤로 위치를 변경합니다. 같은 방법으로 노란색 작은 꽃잎 오브젝트를 만들어 그림과 같이 완성합니다.

강의노트 🖉

오브젝트를 회전하거나 크기를 조절할 경우에는 각각의 툴을 더블클릭하여 대화상자를 입력하는 방법 외에 선택 툴로 바운딩 박스를 클릭 및 드래그하여 회전, 크기 조절을 할 수 있습니다.

📍 보충수업 [Rotate] 대화상자

❶ **Angle** : 회전할 각도를 입력합니다.

❷ **Transform Objects** : 오브젝트만을 회전시킵니다.

❸ **Transform Patterns** : 오브젝트에 적용된 패턴을 회전시킵니다.

❹ **Preview** : 결과를 미리보기할 수 있습니다.

❺ **Copy** : 원본을 그대로 두고 오브젝트를 하나 더 복사하여 회전시킵니다.

직접 해보기 반사 툴(Reflect Tool)

반사 툴은 선택한 오브젝트를 반사시키는 툴로서 마우스로 드래그하거나 대화상자에서 각도를 입력하여 반사시킬 수 있습니다.

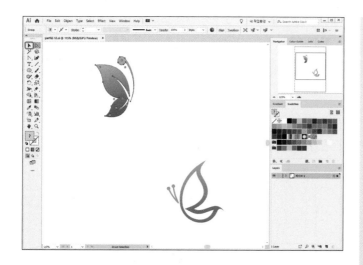

01 'part02-12.ai' 파일을 열고 오브젝트를 반사시키기 위해 선택 툴( )로 상단 나비 오브젝트를 클릭합니다.

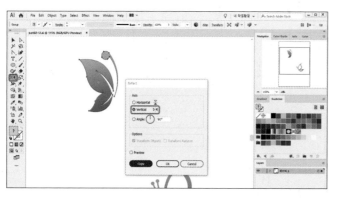

02 툴 패널에서 반사 툴( )을 더블클릭하여 [Reflect] 대화상자가 나타나면 'Axis'를 'Vertical'로 설정하고 [Copy] 버튼을 클릭하여 반사된 복사 오브젝트를 생성합니다.

03 복사된 오브젝트를 선택 툴로 이동하여 나비 오브젝트를 완성합니다.

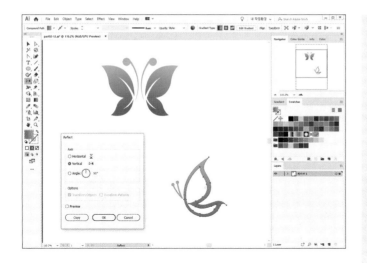

04 이번에는 선택 툴( )로 아래 나비 오브젝트를 선택하고 툴 패널에서 반사 툴( )을 더블클릭한 다음 [Reflect] 대화상자에서 'Axis'를 'Vertical' 기준을 세로로 설정한 후 [Copy] 버튼을 클릭합니다.

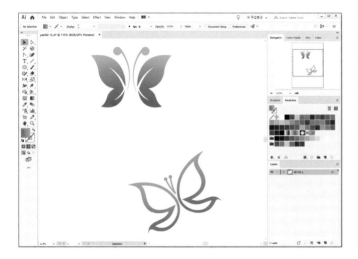

05 반사되어 복제된 날개 오브젝트를 선택 툴로 이동 및 각도를 조절하여 완성합니다.

보충수업 [Reflect] 대화상자

❶ Horizontal : 가로축을 중심으로 반사시킵니다.

❷ Vertical : 세로축을 중심으로 반사시킵니다.

❸ Angle : 반사시킬 각도를 입력합니다.

❹ Transform Objects : 오브젝트를 반사시킵니다.

❺ Transform Patterns : 오브젝트 내의 패턴만을 반사시킵니다. 오브젝트에 패턴이 적용되어있지 않은 경우 'Transform Objects' 항목이 필수로 선택되고 변경할 수 없도록 옵션 항목이 비활성화됩니다.

직접 해보기 크기 조절 툴(Scale Tool)

크기 조절 툴은 선택한 오브젝트를 확대/축소하는 툴로 일정한 크기로 확대/축소하려고 할 때 사용합니다.

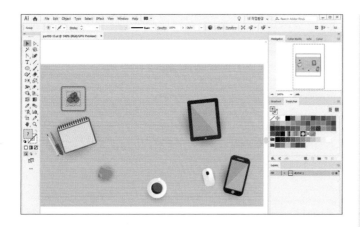

01 'part02-13.ai' 파일을 열고 왼쪽 상단의 카메라 오브젝트를 선택합니다.

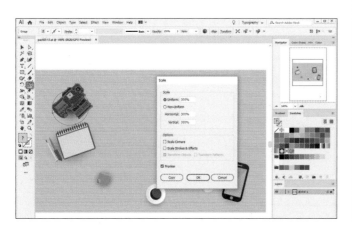

02 카메라 오브젝트가 선택된 상태에서 툴 패널의 크기 조절 툴( )을 더블클릭합니다. [Scale] 대화상자에서 'Uniform'의 값을 "300%"로 입력하고 [OK] 버튼을 클릭합니다. 3배로 확대된 카메라 오브젝트를 확인할 수 있습니다.

보충수업 [Scale] 대화상자

❶ **Uniform** : 가로, 세로의 비율을 동일하게 조절합니다.

❷ **Non-Uniform** : 가로, 세로의 비율을 각각 다르게 조절합니다.

❸ **Horizontal** : 가로의 비율을 조절합니다.

❹ **Vertical** : 세로의 비율을 조절합니다.

❺ **Scale Corners** : 크기 조절을 할 때 모서리의 크기도 함께 조절합니다.

❻ **Scale Strokes & Effects** : 크기 조절을 할 때 외곽선의 두께와 효과도 함께 조절합니다.

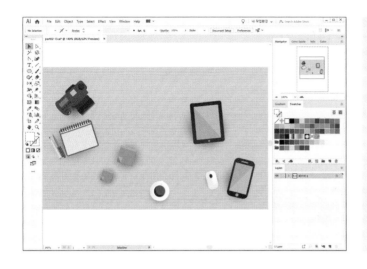

03 이번에는 왼쪽 하단의 포스트잇 오브젝트를 선택하고 크기 조절 툴( )을 더블클릭하여 나타나는 [Scale] 대화상자에서 'Uniform'의 값을 "150%"로 입력하고 [Copy] 버튼을 클릭합니다. 겹쳐져있는 복사된 포스트잇 오브젝트를 이동시켜 원본 포스트잇 오브젝트와 비교해 봅니다.

📍 보충수업 오브젝트 라인의 두께 조절

오브젝트가 면과 선으로 구성된 상태에서 크기 조절 툴을 사용할 때는 테두리 라인의 두께를 고려해야 합니다. 'Scale Strokes & Effects' 항목을 체크하고 조절하면 오브젝트의 크기와 함께 테두리의 두께도 함께 조절되며, 항목을 체크하지 않으면 테두리의 두께는 오브젝트의 크기 변형과 관계없이 그대로 유지됩니다.

❶ 'Scale Strokes & Effects' 항목을 체크하고 확대하게 되면 테두리 굵기가 확대됩니다.

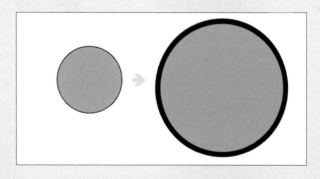

❷ 'Scale Strokes & Effects' 항목을 체크하지 않고 확대하게 되면 테두리 굵기가 확대되지 않고 유지됩니다.

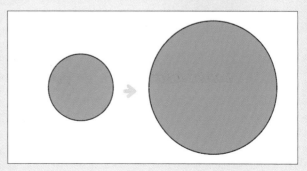

직접 해보기 기울기 툴(Shear Tool)

기울기 툴은 오브젝트를 자유롭게 기울일 수 있는 툴입니다.

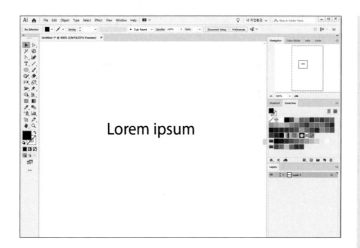

01 새 도큐먼트를 열고 문자 툴로 도큐먼트 빈 공간을 클릭합니다. 예제 문구가 자동으로 입력되면 Ctrl 을 누른 상태에서 빈 공간을 클릭하고 선택을 해제합니다.

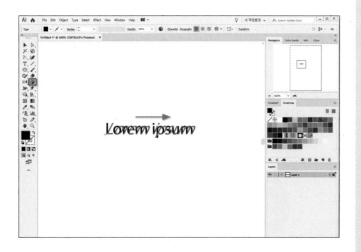

02 선택 툴로 다시 문자 오브젝트를 선택한 후 툴 패널에서 기울기 툴( )을 선택하고 문자 오브젝트를 좌측에서 우측으로 드래그합니다.

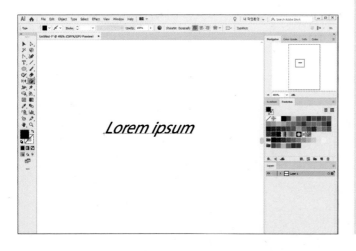

03 드래그한 방향으로 문자가 기울어집니다.

04 이번에는 기울기 툴( )로 아래에서 위쪽으로 드래그합니다.

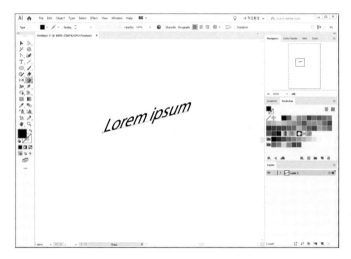

05 드래그 한 만큼 문자의 방향이 기울어집니다.

강의노트

기울이기 툴은 문자를 좌·우측으로 기울이기도 하고 수평 또는 수직으로 작성된 문자의 방향을 대각선 방향이나 원하는 방향으로도 기울일 수 있습니다.

보충수업 [Shear] 대화상자

❶ **Shear Angle :** 기울이고자 하는 각도를 입력합니다.

❷ **Axls :** 기울기를 적용할 기준 축을 지정합니다.

직접 해보기 모양 변경 툴(Reshape Tool)

모양 변경 툴은 오브젝트에 부분적으로 포인트를 추가하여 변형시키는 툴입니다. 직접 선택 툴로 변형시키는 방법보다 부드러운 효과를 줄 수 있습니다.

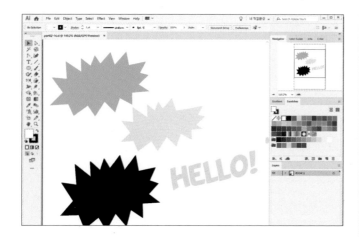

01 'part02-14.ai' 파일을 불러옵니다.

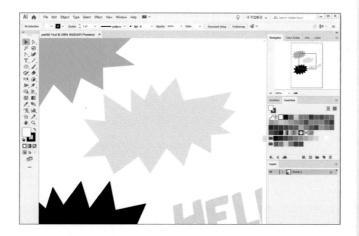

02 중앙의 하늘색 강조 오브젝트가 잘 보이도록 화면을 확대합니다.

03 직접 선택 툴( )로 드래그하여 모양을 변형할 부분의 패스를 선택합니다.

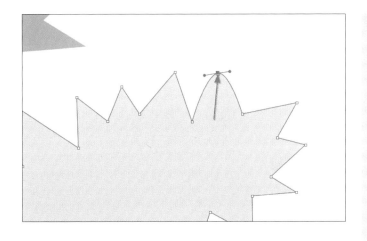

04 툴 패널에서 모양 변경 툴( )을 선택하고 선택된 패스 중간 부분을 클릭하여 드래그합니다. 패스에 포인트가 추가되면서 형태가 변경됩니다.

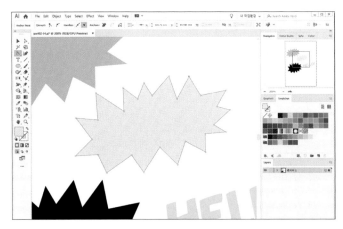

05 포인트 변환 툴( )을 선택하여 생성된 포인트를 클릭하여 그림과 같이 변경합니다.

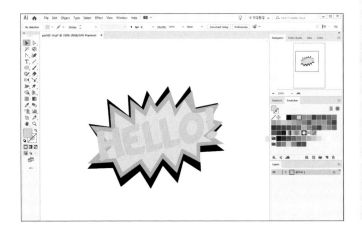

06 선택 툴( )로 흩어져있던 강조 오브젝트들을 겹쳐 완성합니다.

📍 **보충수업** 모양 변경 툴

닫힌 패스로 구성된 오브젝트는 직접 선택 툴로 선택한 다음 모양 변경 툴을 적용할 수 있지만 열린 패스로 구성된 오브젝트는 선택 툴로 선택한 다음 모양 변경 툴을 사용할 수 있습니다.

직접 해보기 넓이 툴(Width Tool)

넓이 툴은 선 속성으로 두께가 적용된 선 스타일을 나타낼 수 있습니다.

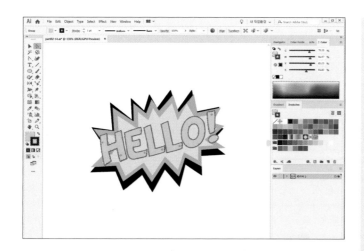

01 앞에서 작업한 파일에서 "HELLO!" 오브젝트를 선택합니다. 툴 패널에서 선 속성을 나타내는 버튼을 클릭한 다음 검은색을 지정합니다.

02 넓이 툴()을 선택한 다음 패스 위쪽에서 드래그하면 두께가 적용됩니다.

03 다른 부분도 넓이 툴()로 드래그하여 선 두께를 굵게 적용합니다.

직접 해보기 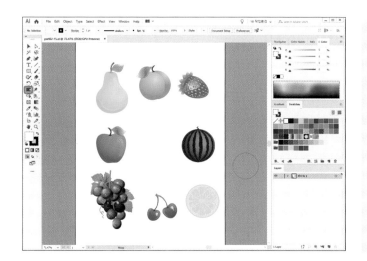워프 툴(Warp Tool)

워프 툴은 오브젝트에 변형을 주는 유동화(Liquify) 툴입니다. 오브젝트를 구부리거나 휘는 효과를 줄 수 있습니다.

01 'part02-15.ai' 파일을 열고 툴 패널에서 워프 툴()을 선택합니다.

보충수업 [Warp Tool Option] 대화상자

❶ **Width** : 브러시의 가로 크기를 입력합니다.

❷ **Height** : 브러시의 세로 크기를 입력합니다.

❸ **Angle** : 브러시의 방향을 지정합니다.

❹ **Intensity** : 브러시의 강도를 조절합니다.

❺ **Detail** : 마우스가 적용되는 범위를 조절합니다.

❻ **Simplify** : 마우스를 드래그할 때의 조절점의 개수를 조절합니다.

❼ **Show Brush Size** : 툴을 사용할 때 브러시의 모양을 표시합니다.

Width : 5mm, Height : 5mm

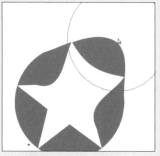

Width : 15mm, Height : 15mm

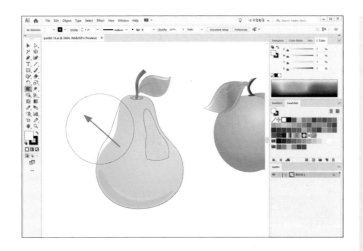

02 배 오브젝트의 외곽 부분을 바깥쪽으로 드래그합니다.

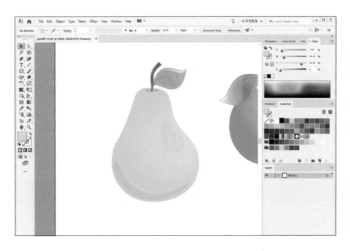

03 드래그한 만큼 오브젝트가 변경됩니다.

강의노트 ✏️

워프 툴의 브러시 크기는 단축키를 이용하면 쉽게 조절할 수 있습니다. Alt 를 누른 채로 드래그하면 크기와 형태를 조절할 수 있으며 Shift 를 함께 누르면 원래의 브러시 모양을 유지하면서 조절할 수 있습니다.

직접 해보기 🌀트윌 툴(Twiri Tool), ✳️퍼커 툴(Puker Tool), 🔅블롯 툴(Bloat Tool)

트윌 툴은 오브젝트를 돌려 비틀어 주는 효과를 만들며 퍼커 툴은 오브젝트의 클릭한 부분을 모아주는 효과를 만듭니다. 블롯 툴은 오브젝트의 특정 부분을 부풀리거나 팽창시키는 효과를 나타냅니다.

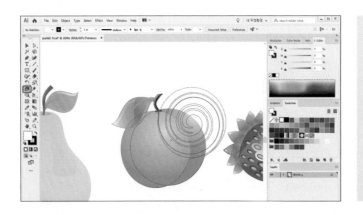

01 툴 패널에서 트윌 툴(🌀)을 선택하고 오렌지 오브젝트의 외곽 부분을 클릭한 채 2~3초간 눌렀다가 뗍니다.

02 누르고 있는 시간만큼 클릭한 부분이 나선 형태로 비틀어 집니다.

보충수업 [Twirl Tool Options] 대화상자

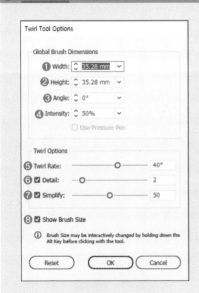

❶ Width : 브러시의 가로 크기를 입력합니다.

❷ Height : 브러시의 세로 크기를 입력합니다.

❸ Angle : 브러시의 방향을 지정합니다.

❹ Intensity : 브러시의 강도를 조절합니다.

❺ Twirl Rate : 적용 범위의 브러시 각도를 조절합니다.

❻ Detail : 마우스가 적용되는 범위를 조절합니다.

❼ Simplify : 마우스를 드래그할 때의 조절점의 개수를 조절합니다.

❽ Show Brush Size : 툴을 사용할 때 브러시의 모양을 표시합니다.

Width : 5mm, Height : 5mm

Width : 15mm, Height : 15mm

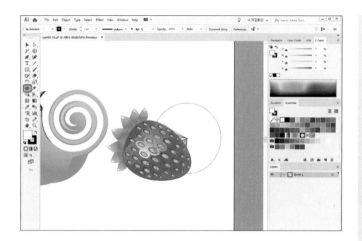

03 이번에는 퍼커 툴( )을 선택하고 딸기 오브젝트의 외곽 부분을 클릭한 채 2~3초간 눌렀다가 뗍니다.

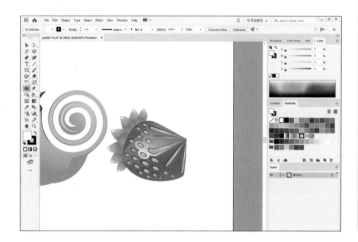

04 누르고 있는 시간만큼 클릭한 부분으로 오브젝트가 모이는 효과를 나타냅니다.

보충수업 [Pucker Tool Options] 대화상자

❶ **Width** : 브러시의 가로 크기를 입력합니다.

❷ **Height** : 브러시의 세로 크기를 입력합니다.

❸ **Angle** : 브러시의 방향을 지정합니다.

❹ **Intensity** : 브러시의 강도를 조절합니다.

❺ **Detail** : 마우스가 적용되는 범위를 조절합니다.

❻ **Simplify** : 마우스를 드래그할 때의 조절점의 개수를 조절합니다.

Width : 5mm, Height : 5mm

Width : 15mm, Height : 15mm

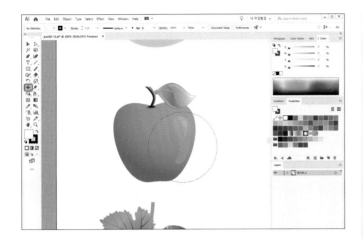

05 툴 패널에서 블롯 툴()을 선택하고 사과 오브젝트의 외곽 부분을 클릭한 채 2~3초간 유지했다가 뗍니다.

강의노트 ✏️

블롯 툴로 오브젝트를 클릭한 채 누르고 있는 시간이 길수록 클릭한 부분의 중심을 기준으로 점점 더 볼록해집니다.

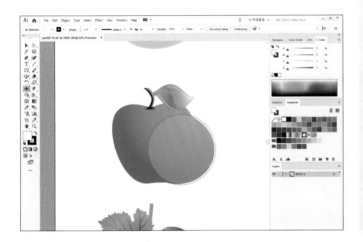

06 클릭한 부분이 볼록하게 팽창합니다.

📍 **보충수업** [Bloat Tool Options] 대화상자

❶ **Width** : 브러시의 가로 크기를 입력합니다.

❷ **Height** : 브러시의 세로 크기를 입력합니다.

❸ **Angle** : 브러시의 방향을 지정합니다.

❹ **Intensity** : 브러시의 강도를 조절합니다.

❺ **Detail** : 마우스가 적용되는 범위를 조절합니다.

❻ **Simplify** : 마우스를 드래그할 때의 조절점의 개수를 조절합니다.

Width : 5mm, Height : 5mm

Width : 15mm, Height : 15mm

직접 해보기 | 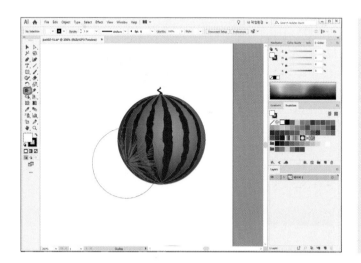스캘럽 툴(Scallop Tool), 크리스털라이즈 툴(Crystallize Tool), 링클 툴(Wrinkle Tool)

스캘럽 툴은 오브젝트에 클릭한 부분을 조가비나 물결 모양으로 변경시키며 크리스털라이즈 툴은 수정의 결정 형태로 변경합니다. 링클 툴은 오브젝트에 주름 효과를 나타냅니다.

01 툴 패널에서 스캘럽 툴()를 선택하고 수박 오브젝트의 외곽 부분을 클릭한 채 2~3초간 유지한 후 뗍니다.

보충수업 [Scallop Tool Options] 대화상자

❶ **Complexity** : 오브젝트에 적용되는 복잡성을 조절합니다.

❷ **Brush Affects Anchor Points** : 브러시가 조절점에 영향을 줍니다.

❸ **Brush Affects In Tangent Handles** : 브러시가 조절점 핸들 안쪽에 영향을 줍니다.

❹ **Brush Affects Out Tangent Handles** : 브러시가 조절점 핸들 바깥 쪽에 영향을 줍니다.

Width : 5mm, Height : 5mm

Width : 15mm, Height : 15mm

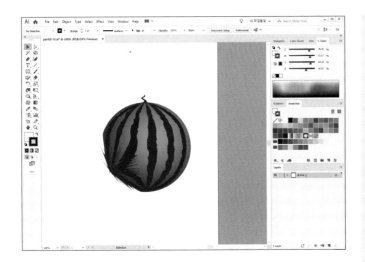

02 누르고 있는 시간만큼 클릭한 부분이 조개 모양으로 변형됩니다.

03 이번에는 크리스털라이즈 툴(■)을 선택하고 포도 오브젝트의 외곽 부분을 클릭한 채 2~3초간 눌렀다가 뗍니다.

04 누르고 있는 시간만큼 클릭한 부분이 날카롭게 변형됩니다.

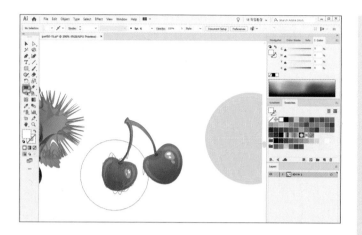

05 툴 패널에서 링클 툴(🖌️)을 선택하고 체리 오브젝트의 외곽부분을 클릭한 채 2~3초간 유지했다가 뗍니다.

06 클릭한 부분에 주름 효과가 적용됩니다.

보충수업 [Crystallize Tool Options] 대화상자

❶ Complexity : 오브젝트에 적용되는 복잡성을 조절합니다.

❷ Brush Affects Anchor Points : 브러시가 조절점에 영향을 줍니다.

❸ Brush Affects In Tangent Handles : 브러시가 조절점 핸들 안쪽에 영향을 줍니다.

❹ Brush Affects Out Tangent Handles : 브러시가 조절점 핸들 바깥쪽에 영향을 줍니다.

Width : 5mm, Height : 5mm

Width : 15mm, Height : 15mm

직접 해보기 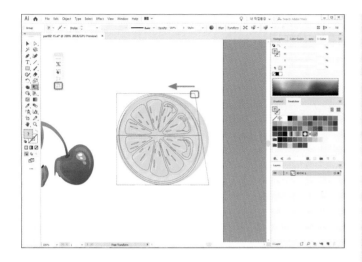자유 변형 툴(Free Transform Tool)

자유 변형 툴은 오브젝트의 바운딩 박스를 조절하여 크기, 회전, 형태의 변형 등 바운딩 박스의 기능 뿐만 아니라 포인트를 개별적으로 드래그하여 자유롭게 변형할 수 있는 툴입니다.

01 앞서 작업한 파일에서 우측 하단의 오렌지 오브젝트를 선택합니다. 툴 패널에서 자유 변형 툴()을 선택하여 나타나는 보조 툴 패널에서 Free Distort()를 클릭하고 오브젝트의 바운딩 박스 모서리의 포인트를 드래그하여 자유롭게 변경해 봅니다.

강의노트

선택 툴과 직접 선택 툴로는 오브젝트의 전체 모양을 자유롭게 변형할 수 없습니다. 이때 자유 변형 툴을 활용하면 한 번에 찌그러뜨리거나 한 부분을 늘리는 등 자유롭게 변형할 수 있습니다.

보충수업 [Winkle Tool Options] 대화상자

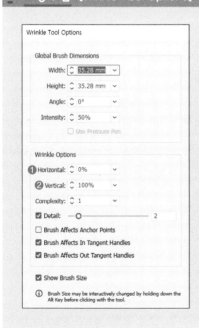

❶ **Horizontal** : 가로 방향으로 생기는 주름의 정도를 조절합니다.

❷ **Vertical** : 세로 방향으로 생기는 주름의 정도를 조절합니다.

Width : 5mm, Height : 5mm

Width : 15mm, Height : 15mm

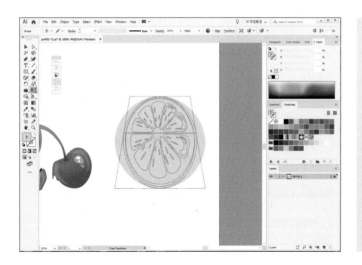

직접 해보기 🔲 셰이프 빌더 툴(Shape Builder Tool)

셰이프 빌더 툴은 패스파인더 기능으로 적용 가능한 오브젝트의 편집 기능을 직관적으로 적용할 수 있습니다. 오브젝트의 겹쳐진 부분을 삭제하거나 더하고 분리하는 기능을 빠르게 적용할 수 있습니다.

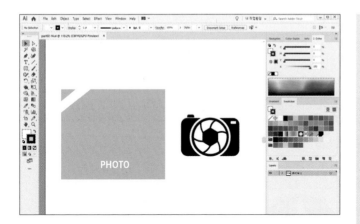

01 'part02-16.ai' 파일을 엽니다.

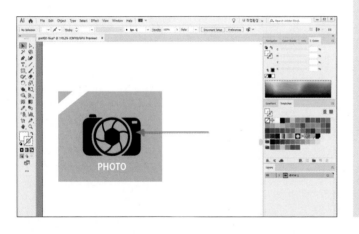

02 우측 카메라 오브젝트를 왼쪽 사각형 오브젝트 위로 겹치도록 이동합니다.

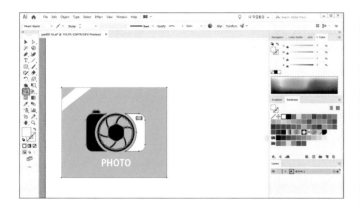

03 선택 툴로 사각형 오브젝트와 카메라 오브젝트를 모두 선택한 다음 툴 패널에서 셰이프 빌더 툴(🖱)을 선택합니다. 카메라 오브젝트의 오른쪽 손잡이 부분을 클릭하여 겹쳐진 부분을 삭제합니다.

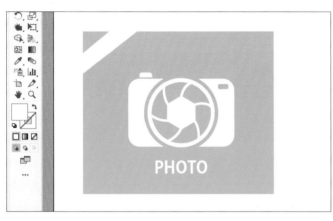

04 나머지 카메라 오브젝트의 검은색 부분을 각각 클릭하여 겹쳐진 부분을 삭제합니다.

📍 **보충수업** [Shape Builder Tool Options] 대화상자

❶ **Gap Detection** : 간격 길이 목록을 사용하여 간격을 설정합니다. Small (3포인트), Midium(6 포인트), Large(12 포인트) 중에 선택할 수 있으며 정확한 간격은 사용자 정의를 선택한 후 직접 간격을 입력하여 사용합니다.

❷ **Options :**

- Consider Open Filled Path as Closed : 열린 패스는 가장자리를 만들어 영역을 만듭니다.

- In Merge Mode, Clicking Stroke Splits the Path : 상위 패스를 둘로 분할할 수 있습니다.

❸ **Highlight** : 선택한 패스 위에 마우스를 올려놓았을 때 병합 가능한 패스 또는 영역을 회색으로 표시해 주거나 편집할 수 있는 선을 강조합니다.

직접 해보기 라이브 페인트 통 툴(Live Paint Bucket)

라이브 페인트 통 툴은 오브젝트의 색상을 빠르게 변경할 수 있으며, 겹쳐진 오브젝트의 경계를 자동으로 인식하여 빠르게 페인팅 작업을 적용할 수도 있습니다.

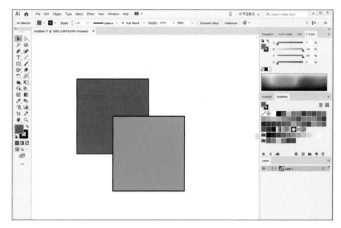

01 새 도큐먼트를 열고 사각형 툴(▢)로 두 개의 사각형 오브젝트를 만든 다음 일부가 겹치도록 합니다. 각 사각형 오브젝트는 다른 면 색상을 지정합니다.

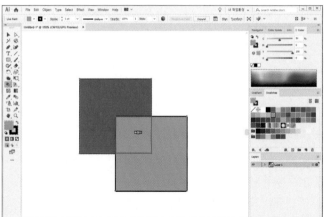

02 삽입된 두 도형을 모두 선택한 후 라이브 페인트 통 툴(🐞)을 선택하고 마우스 포인터를 오브젝트의 겹쳐진 부분에 올려놓고 클릭하면 겹쳐진 부분에만 색상을 넣을 수 있습니다.

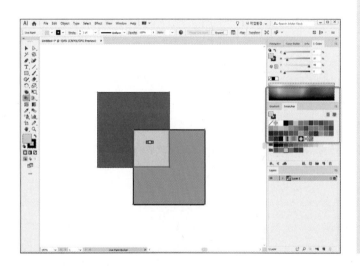

03 겹쳐진 부분만 클릭한 후 겹쳐진 부분의 색상은 [Swatches] 패널로 변경할 수 있습니다. 겹쳐진 부분에 마우스 포인터를 올려 놓고 ↓, ↑, ←, → 키를 누르면 [Swatches] 패널의 색상을 변경하여 적용할 수 있습니다.

직접 해보기 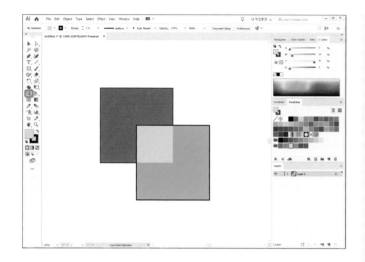 라이브 페인트 선택 툴(Live Paint Selection Tool)

라이브 페인트 기능으로 적용된 개체의 분한 면을 개별적으로 선택할 수 있습니다.

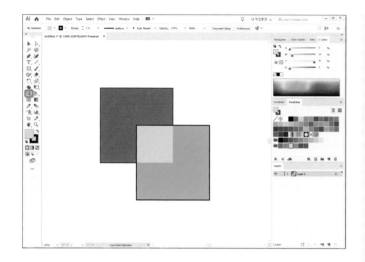

01 앞에서 작업했던 파일처럼 겹쳐진 사각형 오브젝트를 생성하고 툴 패널에서 라이브 페인트 선택 툴(▣)을 선택합니다.

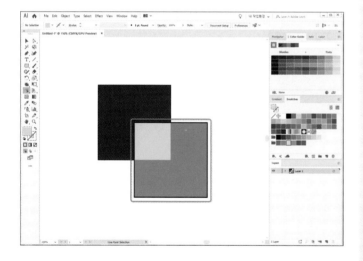

02 겹쳐지지 않은 부분을 클릭하고 [Color Guide] 패널에서 원하는 색상으로 지정해 봅니다.

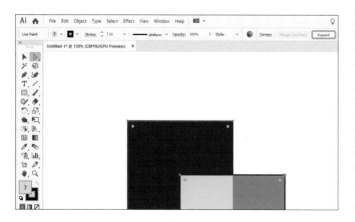

03 선택 툴(▶)로 오브젝트를 클릭하면 그룹 속성의 개체로 인식됩니다. 분할 면을 개별적인 오브젝트로 분리하기 위해서는 그룹 개체를 확장해야 합니다. 옵션 바에서 [Expand] 버튼을 클릭합니다.

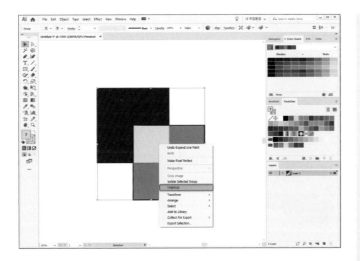

04 오브젝트가 확장되었으면 마우스 오른쪽 버튼을 클릭하여 [Ungroup]을 실행합니다.

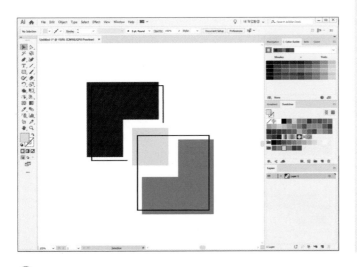

05 선택 툴(▶)로 분할 면을 이동시켜 봅니다. 선과 면들이 각각 분리된 것을 확인할 수 있습니다. 모두 분리를 원할 경우 원하는 분리가 될 때까지 [Ungroup]을 실행하면 됩니다.

보충수업 라이브 페인트 툴

라이브 페인트로 색상 적용이 가능한 부분을 가장자리 및 면이라고 합니다. 가장자리는 패스가 다른 패스와 교차하는 지점 사이에 있는 패스의 일부입니다. 면은 하나 이상의 가장자리로 둘러싸인 영역으로 가장자리를 그리고 면을 칠할 수 있습니다. 예를 들어, 원과 그 원을 가로지르는 선을 그립니다. 라이브 페인트 툴로 원을 분할하는 선(가장자리)과 선으로 나누어진 2개의 각 면에 색상을 적용할 수 있습니다.

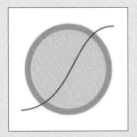 

직접 해보기 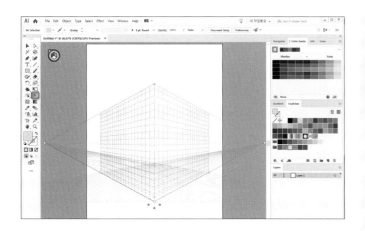 원근감 격자 툴(Perspective Grid Tool)

원근감 격자 툴은 원근감으로 표현되는 드로잉 개체를 편리하게 그릴 수 있도록 투시 그리드를 표시하고, 안내선에 맞추어 오브젝트를 변형하는 기능을 합니다. 건축 디자인 드로잉이나 투시법을 이용한 오브젝트를 만들 때 편리하게 사용할 수 있습니다.

01 새 도큐먼트를 열고 툴 패널에서 원근감 격자 툴(▣)을 선택합니다. 도큐먼트에 투시 형태로 좌,우측에 소실점이 보이는 그리드가 표시됩니다. 그리드 좌측 상단 부분에는 투시된 박스 면의 선택과 그리드를 숨길 수 있는 아이콘이 표시됩니다.

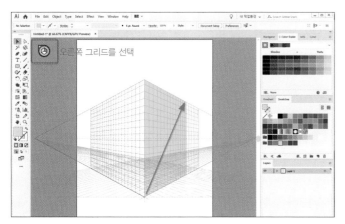

02 아이콘에서 오른쪽 그리드를 선택하고 사각형 툴(▢)로 가운데 모서리 그리드에서 우측으로 드래그하여 사각형 오브젝트를 생성합니다. 그러면 그리드에 맞추어 투시된 모양으로 오브젝트가 그려집니다.

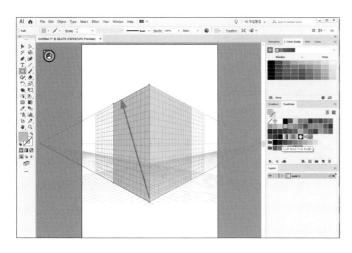

03 이번에는 좌측 그리드를 지정하고 면 색상을 어두운 톤으로 설정한 다음 왼쪽 그리드에 맞추어 드래그하여 사각형 오브젝트를 생성합니다.

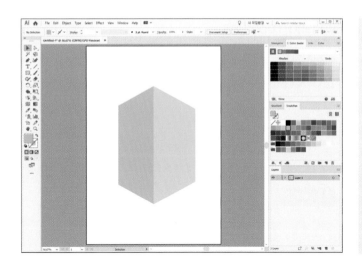

04 박스 모양이 완성되었으면 그리드 아이콘에서 [닫기] 버튼을 클릭합니다. 정확한 원근법에 의한 박스 모양을 편리하게 만들 수 있습니다.

직접 해보기 원근감 선택 툴(Perspective Selection Tool)

투시 안내선에 맞추어 자동으로 투시된 오브젝트를 선택한 다음 안내선에 맞추어 이동하거나 모양을 조절할 수 있습니다.

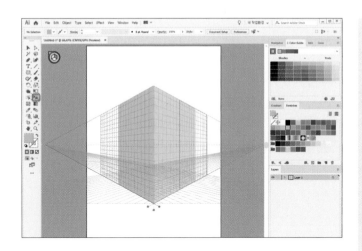

01 원근감 격자 툴( )을 선택하면 투시된 그리드가 다시 나타납니다. 원근감 선택 툴을 지정하고 우측 오브젝트를 선택한 다음 드래그하여 이동해 봅니다.

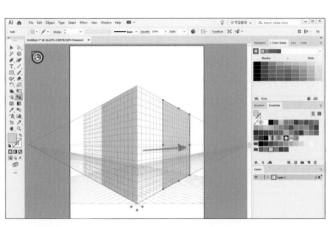

02 투시 그리드에 맞추어 자동으로 모양이 조절됩니다.

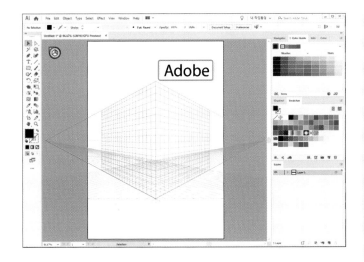

03 사각형 오브젝트들을 모두 삭제하고 툴 패널에서 문자 툴(T)을 지정한 다음 "Adobe" 문구를 입력하고 글꼴과 크기를 변경합니다.

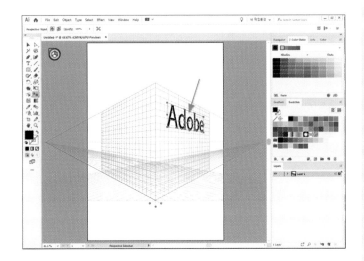

04 원근감 선택 툴(　)을 선택하고 입력된 문구를 그리드 위로 드래그하면 그리드에 맞추어 자동으로 원근감이 적용됩니다. 문자 외곽에는 바운딩 박스가 표시되고 모서리 포인트를 드래그해서 크기를 조절할 수 있습니다.

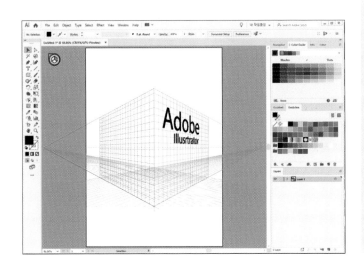

05 다시 문자 툴로 "Illustrator" 문구를 입력하고 앞서 했던 방법으로 원근감을 적용해 봅니다.

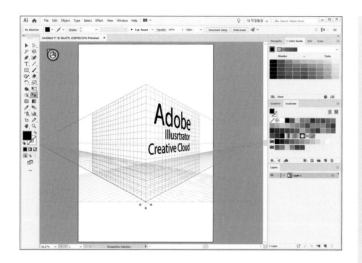

06 계속해서 "Creative Cloud" 문구를 입력하고 원근감을 적용하여 타이포 디자인 레이아웃을 구성합니다.

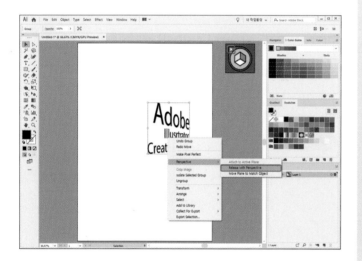

07 모양이 완성되었으면 투시 그리드 [닫기] 버튼을 클릭하여 그리드를 숨깁니다. 원근감 격자 기능으로 조정된 오브젝트들을 개별적으로 편집하기 위해서는 원근감 격자 기능을 해제해야 합니다. 오브젝트들을 모두 선택한 다음 마우스 우측 버튼을 클릭해 [Perspective]-[Release with Perspective]를 실행합니다.

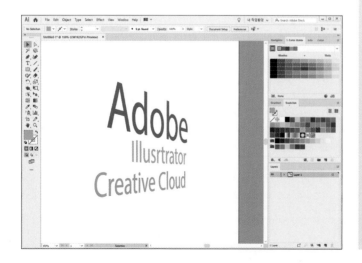

08 원근감 격자 오브젝트가 일반 오브젝트로 변경되었으면 선택 툴로 각 문자를 선택하고 색상을 변경하여 완성합니다.

 실전문제

01. 도형과 패스 문자 툴을 이용하여 엠블럼을 만들어 보세요.

준비파일 | part02-17_ready.ai   **완성파일** | part02-17_complete.ai

Hint 원형 툴로 마크 오브젝트 가운데 두 개의 원을 만들고 큰 원의 외곽선 부분을 패스 문자 툴로 클릭한 후 "SINCE 1993" 문구를 입력합니다. 포인트를 안쪽으로 드래그하여 각각 위치를 조정합니다.

02. 도형과 기울이기 툴을 이용하여 문자 아이콘을 디자인해 보세요.

완성파일 | part02-18.ai

Hint 문자 툴로 "e"를 입력하고 글꼴과 크기, 색상을 흰색으로 지정한 다음 기울기 툴로 문자를 우측으로 드래그하여 기울여 완성합니다.

색상 및 효과 툴 익히기

앞에서는 오브젝트를 생성하고 변형하는 방법을 알아보았다면 이번 과정에서는 색상과 관련한 효과들을 적용하는 법을 알아봅니다. 그레이디언트 툴을 이용하면 두 가지 이상의 색상을 부드럽게 연결하여 사실감 있게 표현하는 작업을 가능하게 합니다. 오브젝트의 색상과 형태를 자동으로 만들어 주는 블렌드 기능 역시 자연스러운 색상과 특수한 효과를 표현할 수 있으며 라이브 페인트 툴들은 보다 손쉬운 채색 작업을 도와줍니다.

Zoom In
알찬 예제로 배우는
일러스트레이터
색상 사용

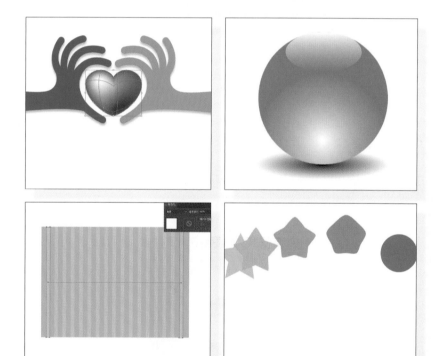

Keypoint Tool

_ **망 툴** 볼륨감있고 입체감 있는 색상 적용이 가능합니다.

_ **그라디언트 툴** 두 개 이상의 색상이 자연스럽게 이어지 도록 적용합니다.

Knowhow

_ 직접 선택 툴을 이용하면 세밀한 작업이 가능합니다.

_ 색상의 음영을 조절하여 3D 효과를 낼 수 있습니다.

직접 해보기   메쉬 툴(Mesh Tool)

메쉬 툴은 오브젝트에 그물 모양의 메쉬 포인트를 추가하여 색상을 자연스럽게 연결할 수 있는 툴입니다. 메쉬 툴을 선택하고 오브젝트를 클릭하면 클릭한 지점에 메쉬 포인트가 생성되며 면 색상이 적용됩니다.

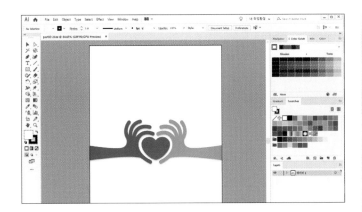

01 'part02-20.ai' 파일을 불러옵니다.

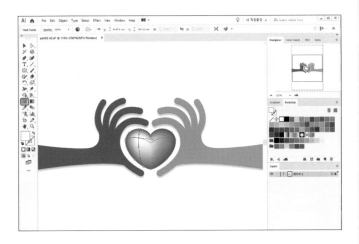

02 면 색상으로 흰색을 지정하고 툴 패널에서 망 툴(   )로 하트 오브젝트 내 왼쪽 윗부분을 클릭합니다. 클릭한 지점에 메쉬포인트가 만들어지며 흰색이 적용됩니다.

강의노트 ✏

그라디언트 망 툴을 사용하면 인체, 식물 등의 오브젝트를 사실적으로 표현할 수 있습니다. 하지만 정밀한 작업을 요구하므로 오랜 시간과 노하우가 필요합니다.

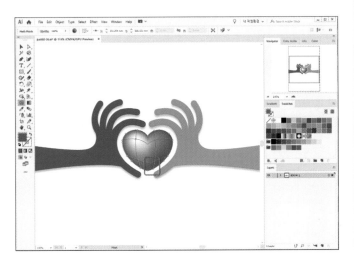

03 Ctrl 을 누른 상태에서 도큐먼트의 빈 공간을 클릭하여 선택 해제합니다. 면 색상을 어두운 색상으로 지정하고 다시 하트의 하단 부분을 클릭하여 메쉬 포인트를 추가해봅니다.

강의노트 ✏

메쉬 포인트는 직접 선택 툴로 위치를 변경하거나, 방향선을 드래그하여 세그먼트의 형태를 바꾼다. 메쉬 포인트 삭제는 Alt 를 누른 상태에서 망 툴로 삭제할 포인트를 클릭합니다.

직접 해보기 ▦그라디언트 툴(Gradient Tool)

그라디언트 툴은 두 가지 이상의 색이 연속적으로 이어지는 효과를 적용할 수 있는 툴입니다. [Gradient] 패널에서 직선형(Linear)과 방사형(Radial) 형태의 그라디언트를 적용할 수 있으며 오브젝트에 그라디언트 포인트를 이용하여 빠르게 편집할 수 있습니다.

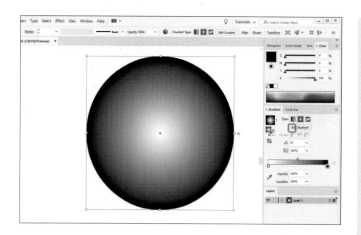

01 새 도큐먼트를 열고 선 색상을 투명으로 지정한 다음 Shift 와 Alt 를 누른 상태에서 원형 툴(○)로 정원 오브젝트를 만들고 [Gradient] 패널에서 Radial Gradient(▦)를 클릭하면 흰색에서 검은색으로 연결되는 그라디언트 색상이 적용됩니다.

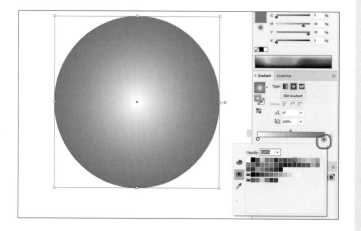

02 [Gradient] 패널의 색상 슬라이드 하단 오른쪽의 검은색 정지점을 더블클릭하여 [Color] 패널이 표시되면 왼쪽에서 [Swatches] 패널을 클릭하여 패널의 색상들을 표시합니다. 원하는 색상을 골라 적용합니다.

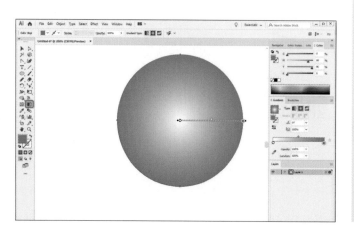

03 그라디언트를 편집하기 위해서 그라디언트 툴(▦)을 선택합니다. 그라디언트의 적용 방향과 위치 영역 등을 조절할 수 있는 포인트가 나타납니다.

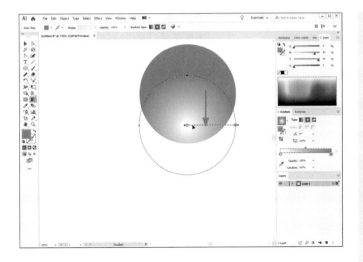

04 조절점 바를 아래로 이동하면 그 라디언트 위치를 조절할 수 있 습니다.

강의노트 ✎

오브젝트에 방사형 그라디언트를 적용하면 오브 젝트의 중심에서 외곽으로 퍼져나가는 그라데이 션이 적용됩니다. 이때 그라디언트 중심점을 드 래그하여 위치를 변경하면 변경된 위치를 중심 으로 퍼져나가는 그라디언트로 변경됩니다.

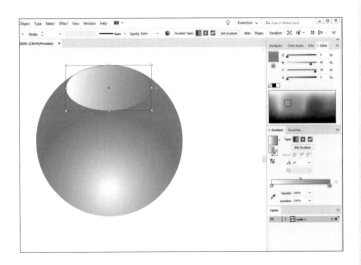

05 빛이 반사되는 하이라이트 효과 를 나타내기 위해 겹쳐지도록 작 은 정원 오브젝트를 만들고 그라디언트 패널에서 선형 그라디언트를 적용합니 다.

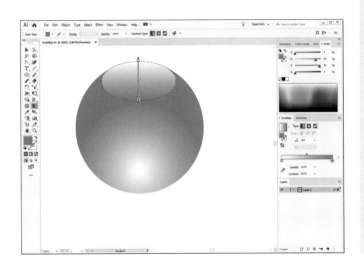

06 그라디언트 적용 방향을 변경합 니다. 그라디언트 툴(■)을 선 택하여 포인트를 표시하고 오브젝트 위 쪽에서 아래쪽으로 드래그하여 적용방 향을 수직으로 변경합니다.

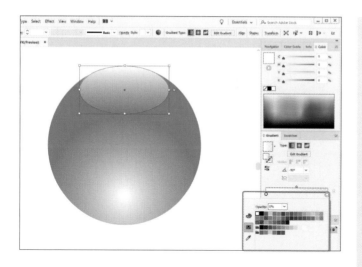

07 밝은 빛 효과를 나타내기 위해 그 라디언트 패널의 슬라이드에서 우측 붉은색 색상을 더블클릭하여 흰색 으로 변경하고, Opacity 항목의 수치 값 을 0%로 적용하여 투명하게 만듭니다.

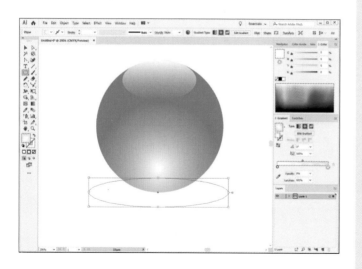

08 반짝이는 구슬 오브젝트 아래쪽 에는 그림자를 추가합니다. 원형 툴로 가로로 긴 타원 오브젝트를 만든 다 음 Ctrl + shift + [명령으로 구슬 오 브젝트 뒤로 이동시킵니다. 이후 그라디 언트 패널을 열고 방사형 그라디언트를 적용합니다.

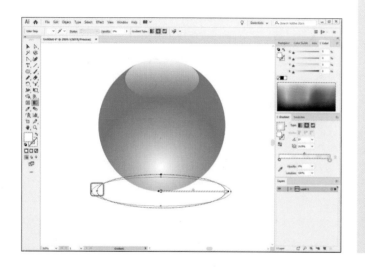

09 그라디언트 영역을 타원에 맞추 어 조절해야 합니다. 그라디언트 툴(■)을 선택하고 포인트가 나타나면 좌측의 영역 포인트를 타원 폭에 맞추어 드래그합니다.

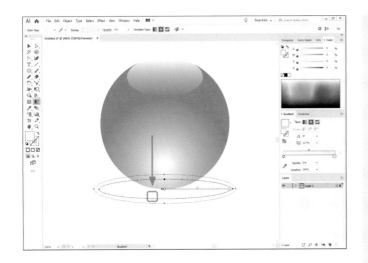

10 위쪽 폭을 맞추기 위해 상단의 모양 포인트를 타원 위쪽 면에 맞추어 드래그합니다.

강의노트 ✐

방사형 그라디언트는 정원 모양으로 색상이 적용되기 때문에 오브젝트가 타원형일 경우 그에 맞춰 그라디언트 영역을 변경하면 좀 더 자연스러운 그라데이션을 만들 수 있습니다.

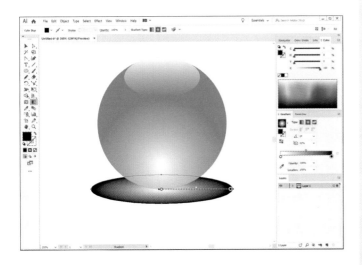

11 그림자 색상은 중심에 어두운 색상이 적용되고 외곽으로 갈수록 밝게 이어져야 합니다.

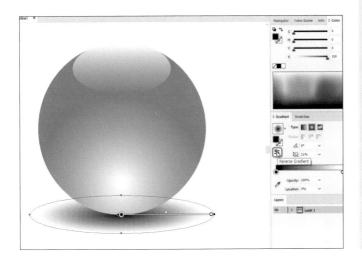

12 그라디언트 패널에서 슬라이드의 오른쪽 정지점 색상을 검은색, 불투명도를 100%으로 설정한 후 [Reverse Gradient] 버튼을 클릭하여 완성합니다.

강의노트 ✐

일러스트레이터에서 오브젝트는 만들어진 순서에 따라 쌓이게 됩니다. 즉 가장 나중에 만들어진 오브젝트가 위쪽에 놓이게 됩니다. 오브젝트의 계층 순서를 변경할 때는 Arrange 명령을 사용합니다. [Object]-[Arrange] 명령을 이용해서 계층 순서를 변경할 수 있습니다.

 보충수업 그레이디언트 조절점

그레이디언트 툴을 선택하면 적용 위치와 방향 각 슬라이드의 색상과 위치를 세밀하게 조절할 수 있는 포인트가 나타납니다.

[Linear Gradient]

❶ 좌측의 원형 포인트를 드래그하여 우측으로 옮기면 그레이디언트 적용 위치를 조절할 수 있습니다.

 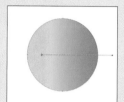

❷ 우측 포인트 옆에 마우스를 가져가면 회전 앵커 포인트가 나타납니다. 이때 드래그하면 드래그한 방향으로 그레이디언트 각도가 조절됩니다.

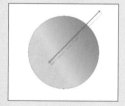

❸ 포인트 위에 마우스를 놓으면 색상 슬라이드가 표시됩니다. 슬라이드의 색상과 위치를 조절할 수 있습니다.

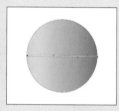 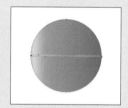

[Radial Gradient]

❶ Radial Gradient를 적용하고 그레이디언트 툴을 선택하면 원형 포인트가 나타납니다. 포인트를 드래그하여 위치와 적용 범위를 조절할 수 있습니다. 좌측 원형 포인트를 드래그하면 적용 범위를 정비례로 조절할 수 있습니다.

❷ 상단 포인트를 드래그하면 타원 형태로 그라디언트 범위를 조절할 수 있습니다.

직접 해보기 블렌드 툴(Blend Tool)

블렌드 툴은 형태나 색상이 다른 두 오브젝트 사이에 변화되는 과정을 자동으로 만들어주는 툴입니다.

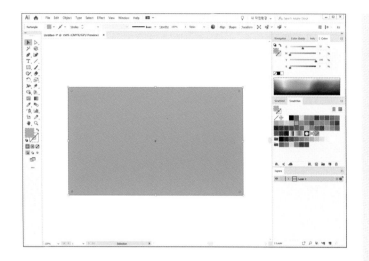

01 블렌드 기능을 이용하여 스트라이프 문양을 만들어 봅니다. 새 도큐먼트를 열고 사각형 툴( )로 직사각형 오브젝트를 만든 후 선 색상은 None, 면 색상은 원하는 색으로 지정합니다.

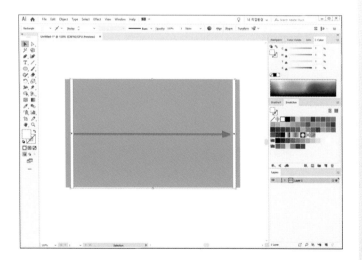

02 Ctrl 을 누른 상태에서 빈 공간을 클릭하여 선택 해제하고 면 색상을 흰색으로 지정한 다음 그림과 같이 흰색 직사각형을 만듭니다. Alt + shift 를 누른 상태에서 선택 툴( )로 드래그하여 오른쪽에 복사본을 만듭니다.

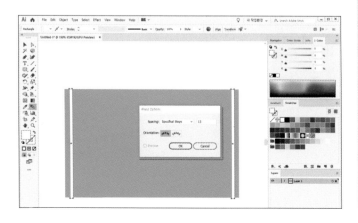

03 블렌드 툴( )을 더블클릭하여 [Blend Options] 대화상자가 나타나면 오브젝트의 간격을 설정하는 'Spacing' 항목을 'Specified steps'로 변경하고 값을 '15'로 입력한 후 [OK] 버튼을 클릭합니다.

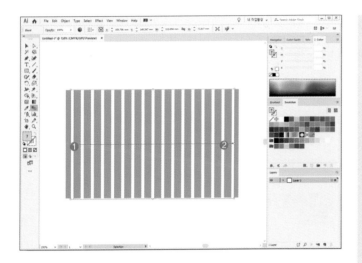

04 왼쪽 흰색 사각형을 한 번 클릭한 후 오른쪽 흰색 사각형을 각각 클릭합니다. 그 결과 오브젝트 사이에 지정된 수치만큼 중간 단계의 오브젝트들이 추가됩니다.

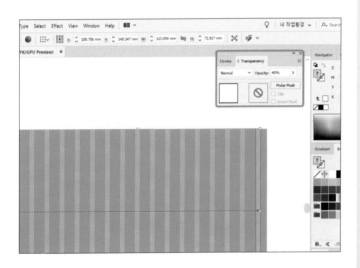

05 자연스러운 스트라이프 문양으로 만들기 위해 [Window]-[Transparency] 메뉴를 선택하여 패널이 나타나면 투명도를 적용합니다.

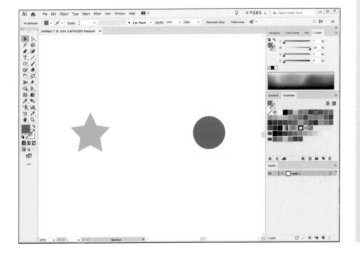

06 새 도큐먼트를 열고 별형 툴과 원형 툴을 이용하여 별과 정원 오브젝트를 만듭니다. 각각 면 색상을 다르게 지정하고 선 색상은 None으로 지정합니다.

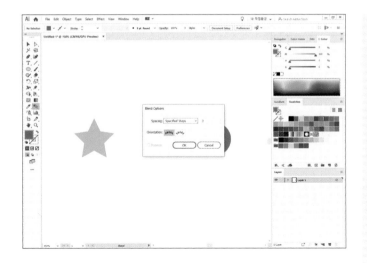

07 툴 패널에서 블렌드 툴( )을 더블클릭하여 [Blend Options] 대화상자가 나타나면 'Spacing' 항목을 'Specified Steps'로 설정하고 항목 값에 '3'을 입력합니다.

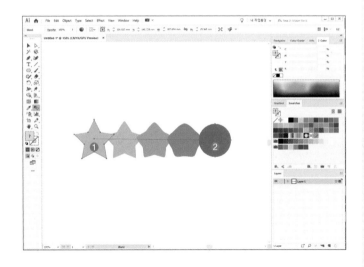

08 이제 두 오브젝트를 각각 클릭하면 두 오브젝트 사이에 중간 단계를 나타내는 오브젝트가 생성됩니다. 직접 선택 툴로 원본 오브젝트를 편집하면 중간 단계도 자동으로 조정됩니다.

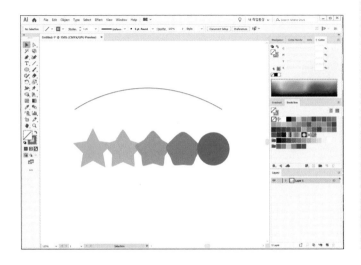

09 툴 패널에서 펜 툴( )을 선택하고 생성한 오브젝트의 상단에 곡선을 그립니다.

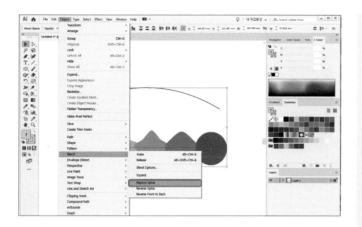

10 곡선과 오브젝트를 모두 선택한 후 [Object]-[Blend]-[Replace Spine] 메뉴를 선택합니다.

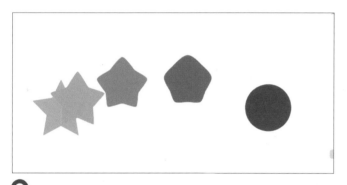

11 블렌드 효과가 곡선의 패스를 따라 적용됩니다.

보충수업 [Blend Options] 대화상자

❶ Spacing

두 오브젝트가 블렌드될 때의 중간에 생성되는 간격을 지정하는 방식입니다.

- Smooth Color : 자연스러운 색상의 변화를 만듭니다.
- Specified Steps : 두 오브젝트 사이에 만들어지는 오브젝트의 개수를 지정합니다.
- Specified Distance : 두 오브젝트 사이에 만들어지는 오브젝트의 간격을 지정할 수 있습니다.

❷ Orientation : 두 오브젝트를 블렌드한 후 두 오브젝트 사이에 연결된 패스를 곡선 형태로 변형시켰을 경우 사용하는 옵션입니다.

 실전문제

01. 블렌드 기능과 패스 문자 툴을 이용하여 엠블럼 디자인을 만들어 보세요.

준비파일 | part02-21_ready.ai   **완성파일** | part02-21_complete.ai

Hint 블렌드 기능으로 반복된 형태의 나뭇잎 오브젝트를 선택하고 [Object]-[Expand] 명령을 적용해서 블렌드로 적용된 반복된 문양을 오브젝트로 만듭니다. [Effect]-[Warp]-[Arc] 명령을 실행하여 원의 외곽선을 따라 흐르도록 모양을 변경합니다.

02. 도형 툴과 그레이디언트 툴을 이용하여 입체적인 오브젝트를 만들어 보세요.

완성파일 | part02-22.ai

Hint 원 오브젝트의 면 색상을 [Gradient]] 패널에서 방사형 모양의 시작과 끝 색상을 각각 주황색, 노란색으로 지정하고 슬라이더의 포인트를 드래그하여 입체감을 적용합니다.

심볼 툴 익히기

일러스트레이터의 심볼은 오브젝트를 반복해서 사용해도 파일의 크기가 유지된다는 점에서 큰 장점이 있습니다. 또한 기능적인 면에서도 디자이너의 독창성을 표현하기 좋습니다. 이번 과정에서는 다양한 창작 작업이 가능한 심볼 툴에 대해 알아보도록 합니다.

Zoom In
알찬 예제로 배우는
일러스트레이터
심볼 툴 활용

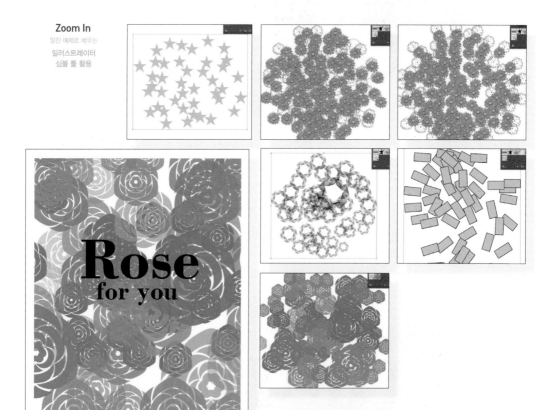

Keypoint Tool

_ **심볼 분무기 툴** 심볼을 흩뿌리는 효과를 만듭니다.

_ **심볼 염색 툴** 흩뿌려진 심볼의 색상을 다양하게 변경합니다.

Knowhow

_ Shift + [,] 를 누르면 심볼이 뿌려지는 양을 조절할 수 있습니다.

직접 해보기 | 심볼 분무기 툴(Symbol Sprayer Tool)

심볼 분무기 툴은 심볼을 뿌려주는 툴로 [Symbols] 패널에서 심볼을 선택하거나 사용자가 제작한 심볼을 등록하여 사용할 수 있습니다.

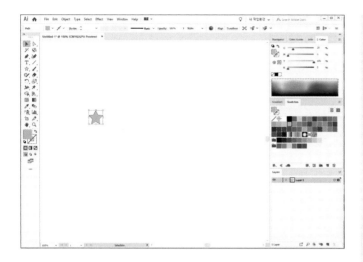

01 새로운 도큐먼트를 열고 별형 툴로 별 오브젝트를 만듭니다. 면 색상은 노란색 계열, 선 색상은 None으로 설정합니다.

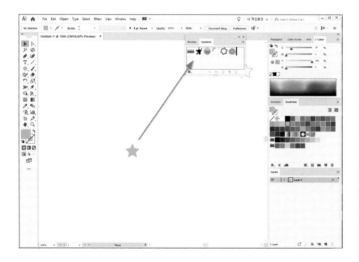

02 [Symbols] 패널을 열고 오브젝트를 [Symbols] 패널로 드래그 앤 드롭 합니다.

03 [Symbol Option] 대화상자가 나타나면 심볼의 이름을 입력하고 [OK] 버튼을 클릭하여 [Symbols] 패널에 별 오브젝트를 등록합니다.

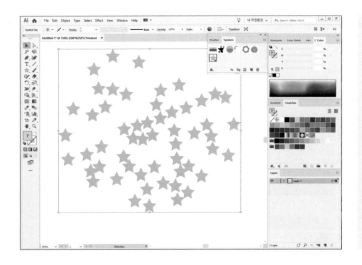

04 툴 패널에서 심볼 분무기 툴( )을 선택하고 [,] 키를 눌러 브러시 크기를 조정하면서 드래그하여 심볼을 뿌려봅니다.

보충수업 심볼 툴 옵션 조절

심볼 툴을 사용하면서 브러시의 크기 조절이나 뿌려지는 양 조절은 대화상자를 열어 수치를 바꾸기 보다는 키보드 단축키를 사용하면 더욱 편리하고 빠르게 작업할 수 있습니다.

❶ [를 누르면 브러시의 크기가 축소됩니다.

❷] 를 누르면 브러시의 크기가 확대됩니다.

❸ Shift + [를 누르면 심볼의 뿌려지는 양이 적어집니다

❹ Shift +] 를 누르면 심볼의 뿌려지는 양이 늘어납니다.

보충수업 [Symbol Options] 대화상자

❶ Name : 새로이 등록할 심볼의 이름을 설정합니다.

❷ Export Type : 등록할 새 심볼을 이후에 외부로 내보낼 때의 유형을 설정합니다. 동영상 클립과 그래픽 유형 모두 일러스트레이터에서 는 차이가 없으나 Flash에서 활용할 때의 차이가 있습니다.

❸ Symbol Type
• Dynamic Symbol : 심볼을 만들 때의 기본 값으로 설정되며 심볼 이 동적으로 움직이는 유형으로 설정합니다.
• Static Symbol : 심볼의 유형을 정적으로 설정하여 등록합니다.

❹ Enable Guides for 9-Slice Scaling : Flash에서 9-분할 영역 크 기 조절 기능을 사용할 수 있도록 설정합니다.

직접 해보기 심볼 이동 툴(Symbol Shifter Tool)

심볼 이동 툴은 심볼을 드래그하여 이동시킬 수 있는 툴입니다. 마우스로 드래그하면 드래그한 방향으로 화살표가 나타나고 심볼이 이동하게 됩니다.

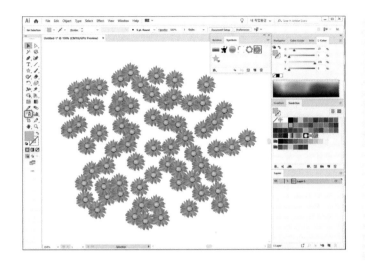

01 새 도큐먼트를 열고 [Symbols] 패널에서 꽃 심볼을 선택한 후 심볼 분무기 툴()로 드래그하여 꽃 심볼을 뿌립니다.

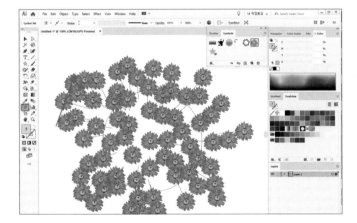

02 툴 패널에서 심볼 이동 툴() 을 선택하고 심볼 위를 드래그하면 드래그한 방향으로 화살표가 나타나고 심볼이 이동하게 됩니다.

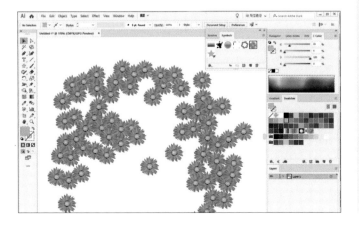

03 화면과 같이 심볼들이 드래그한 방향으로 이동한 것을 확인할 수 있습니다.

직접 해보기 심볼 스크런처 툴(Symbol Scruncher Tool)

심볼 스크런처 툴은 집합 툴로서 도큐먼트에 그려진 심볼을 집중시키거나 분산시킵니다. 겹쳐진 심볼 사이를 클릭하고 있으면 심볼들이 모아지게 되며 Alt 와 함께 누르고 있으면 심볼들이 분산됩니다.

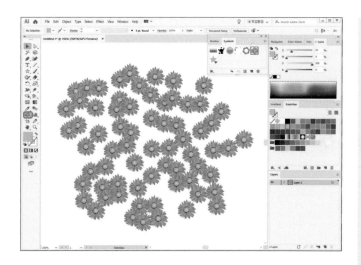

01 툴 패널에서 심볼 스크런처 툴 ( )을 선택하고 심볼 위를 한 곳을 누르고 있으면 누른 곳으로 심볼이 모입니다.

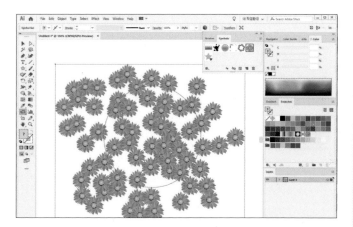

02 이번에는 Alt 를 누른 상태에서 심볼 위를 누르고 있어봅니다. 누르는 시간만큼 심볼들이 분산됩니다.

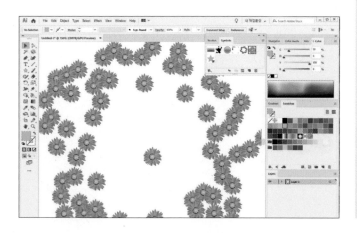

03 화면과 같이 심볼들이 외곽쪽으로 분산된 것을 확인할 수 있습니다.

직접 해보기 🔘심볼 사이즈 툴(Symbol Sizer Tool)

심볼 사이즈 툴은 심볼의 크기를 확대 및 축소하는 툴입니다.

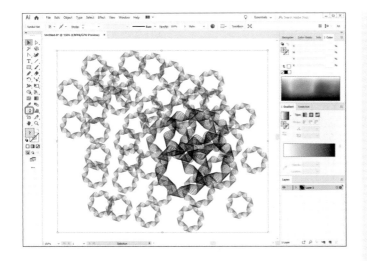

01 [Symbols] 패널에서 Ribbon 심볼을 선택하고 심볼 분무기 툴(🔘)로 드래그하여 심볼을 뿌려봅니다. 툴 패널에서 심볼 사이즈 툴(🔘)을 선택하고 심볼 위를 누르고 있으면 일정한 비율로 확대됩니다.

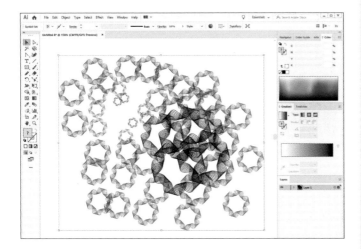

02 이번에는 Alt 를 누른 채 심볼 위를 누르고 드래그하여 축소시켜봅니다. 화면과 같이 심볼의 크기가 줄어든 것을 확인할 수 있습니다.

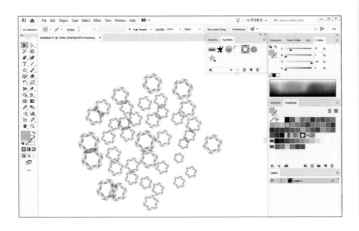

03 브러시의 크기를 조절하며 심볼의 크기를 줄여 봅니다.

직접 해보기 심볼 회전 툴(Symbol Spinner Tool)

심볼 회전기 툴은 심볼을 회전시키는 툴입니다.

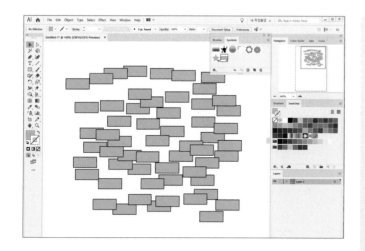

01 새 도큐먼트를 열고 직사각형 오브젝트를 만든 다음 [Symbols] 패널로 드래그하여 심볼로 등록합니다. 심볼 분무기 툴( )로 드래그하여 심볼을 뿌립니다.

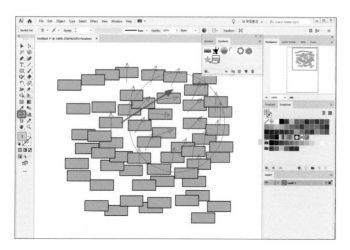

02 심볼 회전 툴( )을 선택하고 뿌려진 심볼 위를 드래그합니다.

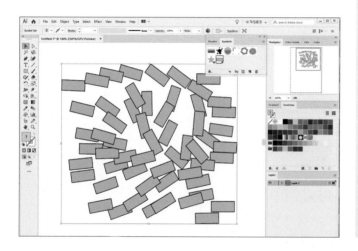

03 드래그한 방향으로 화살표가 표시되면서 심볼이 회전합니다.

직접 해보기 심볼 염색 툴(Symbol Stainer Tool)

심볼 염색 툴은 채색 툴로서 심볼에 색상을 적용합니다.

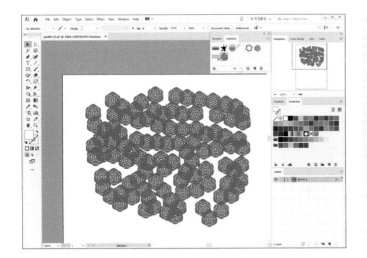

01 'part02-23.ai' 파일을 열고 장미 오브젝트를 [Symbols] 패널로 드래그하여 새 심볼을 등록합니다. 그리고 심볼 분무기 툴( )로 드래그하여 심볼을 뿌리고 심볼 사이즈 툴( )로 드래그앤 드롭하여 각 심볼의 크기를 키우거나 줄입니다.

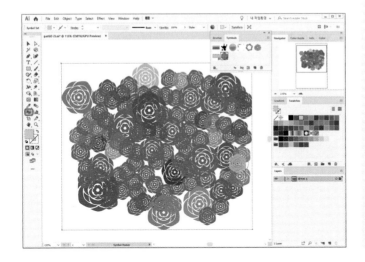

02 툴 패널에서 심볼 염색 툴( )을 선택하고 면 색상으로 노란색을 지정합니다. 심볼 위를 부분적으로 드래그하면 색상이 혼합되면서 화려하게 변경됩니다.

강의노트

심볼 염색 툴을 활용할 때는 브러시의 강도에 따라 적용되는 색상이 달라집니다. Alt 를 누른 상태에서 다시 드래그하면 원래 색상으로 되돌릴 수 있습니다.

직접 해보기 심볼 투명도 툴(Symbol Screener Tool)

심볼 투명도 툴은 심볼에 투명도를 적용할 수 있습니다. `Alt`를 누른 상태에서 드래그하면 투명해진 심볼을 원래 상태로 되돌릴 수 있습니다.

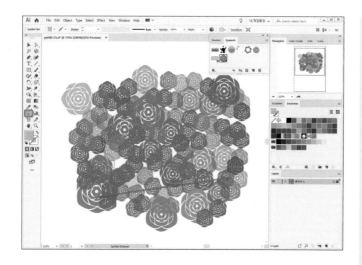

01 앞서 작업한 파일에서 심볼 투명도 툴( )을 선택하고 심볼 위를 드래그하여 투명도를 적용해 봅니다.

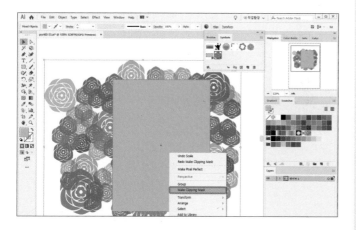

02 흩뿌려져 있는 심볼을 정리하기 위해 사각형 툴( )로 심볼 위에 사각형을 만듭니다. 모든 오브젝트를 선택하고 마우스 오른쪽 버튼을 클릭해 [Make Clipping Mask] 명령을 적용합니다.

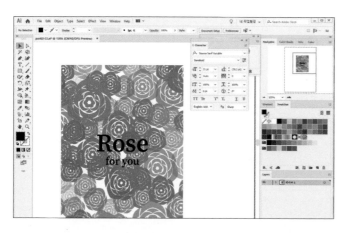

03 정리된 심볼 위로 문자를 입력하여 포스터를 완성합니다. 심볼 툴의 다양한 기능을 이용하면 독특한 패턴이 적용된 포장지, 쇼핑백, 패키지 등의 디자인 작업에 효율적으로 사용될 수 있습니다.

보충수업 [Symbolism Tools Options] 대화상자

❶ Diameter : 브러시의 크기를 조절합니다.

❷ Method : 툴 사용을 정의할 수 있습니다.

❸ Intensity : 브러시를 드래그할 때 뿌려지는 심볼의 양을 조절합니다.

❹ Symbol Set Density : 뿌려지는 심볼의 밀도를 조절합니다.

❺ Show Brush Size and Intensity : 심볼을 적용할 때 심볼이 생성 및 변형되는 것을 미리보기합니다.

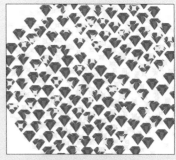

[Symbolism Tools Options] 대화상자에서 Intensity 항목의 값이 각각 1, 5, 10일 때

[Symbolism Tools Options] 대화상자에서 Symbol Set Density 항목의 값이 각각 1, 5, 10일 때

직접 해보기　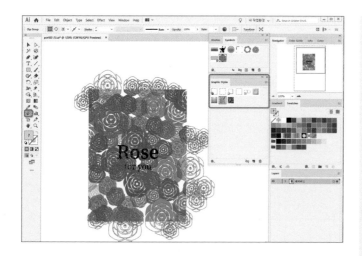 심볼 스타일 툴(Symbol Styler Tool)

심볼 스타일 툴은 도큐먼트에 그려진 심볼들에 스타일 패널에서 선택한 스타일을 적용시킬 수 있는 툴입니다.

01 앞에서 만든 포스터를 선택하고 [Window]-[Graphic Style]을 실행하여 [Graphic Style] 패널을 열고 스타일 중 하나를 선택합니다. 심볼 스타일 툴(　)을 선택하고 심볼 위를 드래그합니다.

02 선택한 그래픽스타일이 심볼에 적용됩니다. 다른 스타일을 선택하고 계속 적용하여 한층 세련된 문양을 완성합니다.

보충수업　심볼 툴을 활용하여 애니메이션 만들기

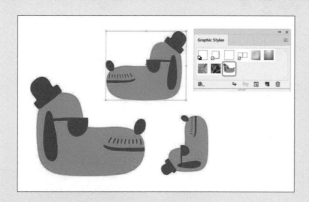

일러스트레이터를 이용하면 동적인 형태의 애니메이션을 만들 수 있습니다. 가장 대표적인 예로 심볼 툴을 이용하는 것입니다. 오브젝트를 만들어 심볼로 등록할 때 동적 심볼로 설정하고 이후 심볼 패널의 [Place Symbol Istance]를 실행하여 심볼을 복제한 다음 자유롭게 크기나 회전을 변형하면 변형한 모양따라 애니메이션이 만들어집니다.

 실전문제

01. 심볼 툴을 이용하여 우산 포스터를 만들어 보세요.

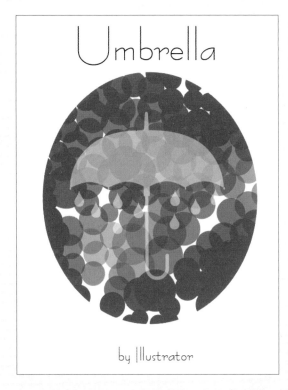

준비파일 | part02-24_ready.ai
완성파일 | part02-24_complete.ai

Hint 원 오브젝트를 심볼로 등록하고 흩뿌린 후 심볼 투명기 툴로 투명도를 적용한 다음 세로로 긴 타원 오브젝트를 겹치게 만들고 [Make Clipping Mask]를 적용합니다.

02. 심볼 툴을 활용하여 아래와 같은 글자를 만들어 보세요.

준비파일 | part02-24_추가_ready.ai   완성파일 | part02-24_추가_complete.ai

Hint 심볼 분무기 툴로 글자 오브젝트 위에 겹치도록 뿌린 다음 심볼의 다양한 툴로 심볼의 속성을 변경합니다. [Arrange]-[Send To Back]을 실행하여 정돈한 후 문자 오브젝트와 함께 선택하고 [Make Clipping Mask]를 실행합니다.

효율성 툴 익히기

시각적인 데이터의 표현은 복잡한 정보를 빠르고 알기 쉽게 전달할 수 있는 효과를 가지고 있습니다. 그래프는 복잡한 수치들을 한 눈에 파악할 수 있기 때문에 시각적으로 데이터를 표현하는 방법 중 하나로 가장 많이 사용되고 있습니다. 일러스트레이터의 그래프 툴은 기능적인 면과 미적인 면을 동시에 완벽히 수행할 수 있도록 도와줍니다. 이번 과정에서는 이러한 그래프 툴의 기능과 활용법을 알아봅니다.

Zoom In
알찬 예제로 배우는
인포그래픽은
효율성 툴

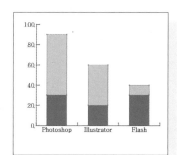

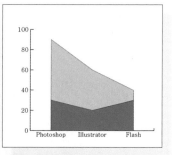

직접 해보기 📊 그래프 툴(Graph Tool)

그래프 툴은 데이터를 이용하여 그래프를 만들어주는 기능을 제공합니다. 다양한 그래프 종류와 그 밖의 시각적인 효과도 자유롭게 적용할 수 있습니다.

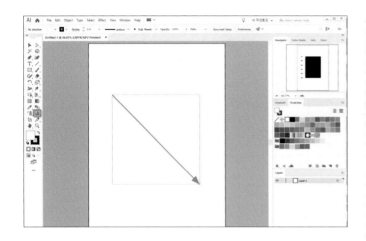

01 새 도큐먼트를 열고 툴 패널에서 컬럼 그래프 툴(📊)을 선택한 후 도큐먼트에 그래프 영역을 드래그합니다.

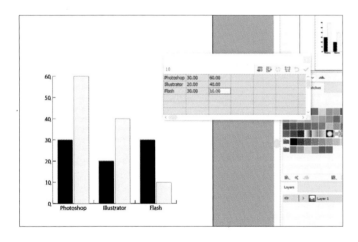

02 데이터를 입력할 수 있는 셀 상자가 나타나면 그림과 같이 데이터 값을 입력하여 적용하고 ☒ 버튼을 클릭합니다.

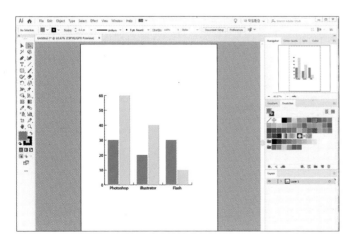

03 입력된 데이터 수치가 흑백 오브젝트의 형태로 만들어지면 직접 선택 툴(▷)로 각 막대 그래프를 선택하여 면 색상을 변경합니다.

04 이번에는 그래프 형태를 바꿔봅니다. 그래프를 선택한 상태에서 툴 패널의 컬럼 그래프 툴(📊)을 더블 클릭하여 [Graph Type] 대화상자를 엽니다. Type 항목에서 Stacked Column 를 선택하고 [OK] 버튼을 클릭합니다.

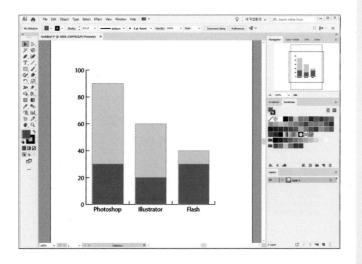

05 입력된 데이터가 누적 막대 그래프로 표현됩니다.

강의노트 🖉

비교할 데이터가 많은 경우 이를 늘어놓아 비교하면 시각적으로 혼란을 야기할 수 있습니다. 이 때 누적 막대 그래프를 활용하면 한눈에 비교할 수 있어 유용합니다.

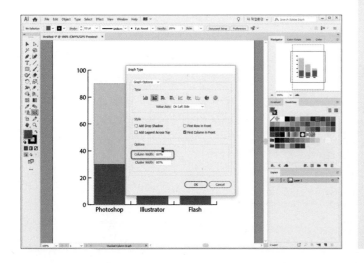

06 그래프 막대의 크기를 조절해 봅니다. 컬럼 그래프 툴(📊)을 더블클릭하여 [Graph Type] 대화상자를 나타내고 [Column Width] 항목에 60%를 입력하고 [OK] 버튼을 클릭합니다.

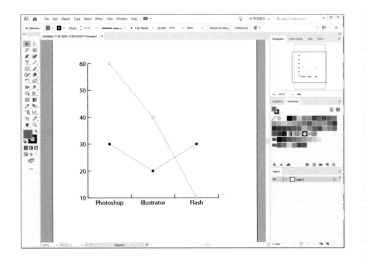

07 그래프는 여러 가지 형태로 쉽게 변경할 수 있습니다. 그래프 툴 (📊)을 더블클릭하여 [Graph Type] 대화상자를 나타내고 꺾은선 그래프로 변경해 봅니다.

강의노트 ✏️

그래프 유형 대화상자에서는 기존에 만들었던 그래프의 유형을 바꾸거나 크기 및 스타일을 쉽게 변경할 수 있습니다.

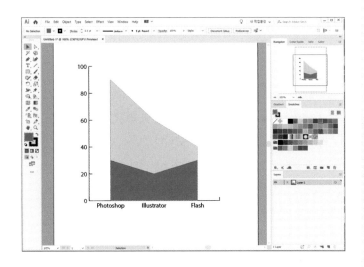

08 영역 그래프는 데이터의 수치를 영역으로 나타내어 줍니다.

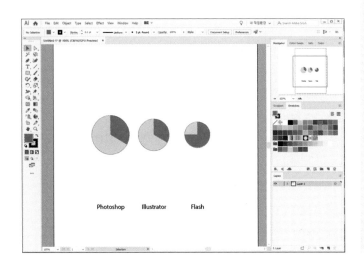

09 실무에서 사용 빈도가 높은 파이 형태의 그래프로 나타냅니다. 파이 형태의 그래프는 각 값들이 차지하는 비율을 나타낼 때 유용합니다.

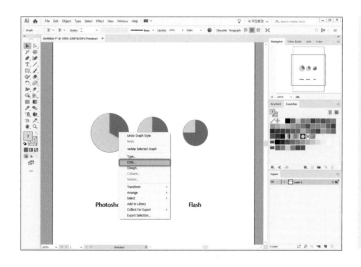

10 데이터를 편집하려면 그래프를 선택하고 마우스 우측 버튼을 클릭해 단축 메뉴 중에서 [Data]를 선택합니다.

보충수업 그래프 툴 옵션 대화상자

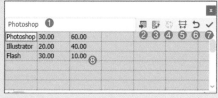

❶ **데이터 입력 창** : 데이터를 입력합니다.

❷ **Import Data** : 텍스트 파일로 저장된 데이터를 불러옵니다.

❸ **Transpose row/column** : 열과 행을 바꿉니다.

❹ **Switch X/Y** : X축과 Y축을 바꿉니다.

❺ **Cell style** : 셀의 간격, 개수를 조절합니다.

❻ **Revert** : 변경된 모든 내용을 복구시킵니다.

❼ **Apply** : 입력한 데이터를 그래프로 적용합니다.

❽ **Cell** : 데이터를 입력할 수 있는 각각의 입력 창을 말합니다.

❾ **Graph Options** : 그래프 디자인이나 축에 대한 옵션입니다.

❿ **Type** : 제작한 그래프의 형태를 다른 그래프 형태로 바꿀 수 있습니다.

⓫ **Value Axis** : 차트의 축을 화면의 왼쪽에 둘 것인지 오른쪽에 둘 것인지를 지정합니다.

⓬ **Add Drop Shadow** : 그래프에 그림자를 생성시켜 줍니다.

⓭ **First Row in Front** : 행을 앞에 둡니다.

⓮ **Add Legend Across Top** : 차트에 대한 표식을 상단에 표시합니다.

⓯ **First Column in Front** : 열을 앞에 둡니다.

⓰ **Column Width** : 각각의 막대그래프의 폭을 조절합니다.

⓱ **Cluster Width** : 막대 그래프의 전체 폭을 조절합니다.

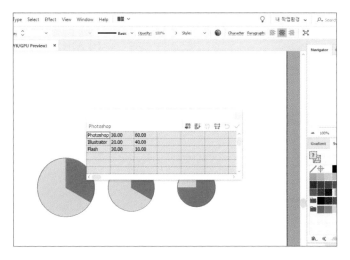

11 데이터 셀 편집 대화상자가 열리면 데이터를 수정할 수 있습니다.

직접 해보기 🖐️ 손 툴(Hand Tool)

손 툴은 일러스트레이터 화면을 원하는 방향으로 이동시키는 툴입니다. 도큐먼트를 클릭하고 드래그하면 원하는 방향으로 이동됩니다.

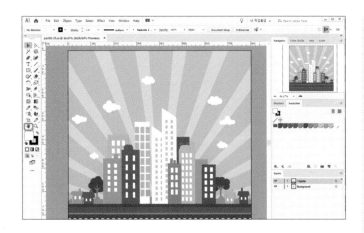

01 'part02-25.ai' 파일을 불러와 툴 패널에서 손 툴(🖐️)을 선택합니다.

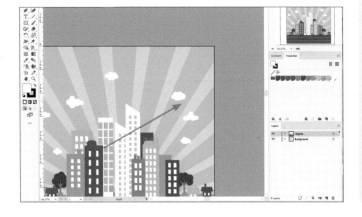

02 도큐먼트를 클릭한 상태에서 드래그하면 작업 화면을 이동시킬 수 있습니다.

강의노트 ✏️

일러스트레이터 작업을 할 때 화면을 이동하는 경우가 많이 있습니다. 이때는 Spacebar 를 누르면 손 툴로 전환되며 Spacebar 를 누른 상태에서 드래그하면 화면을 손쉽게 이동할 수 있습니다.

직접 해보기 🔍 돋보기 툴(Zoom Tool)

돋보기 툴은 화면을 확대하거나 축소하는 기능입니다.

01 툴 패널에서 돋보기 툴(🔍)을 선택하고 확대할 부분을 클릭합니다. 클릭한 부분이 일정 비율로 확대됩니다.

강의노트 ✏️

툴 패널의 돋보기 툴을 더블클릭하면 도큐먼트를 100% 확대 화면으로 되돌릴 수 있습니다.

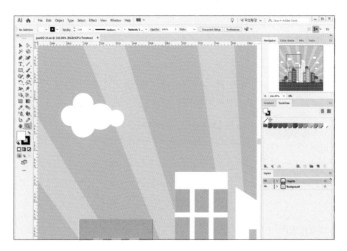

02 확대할 부분을 클릭한 상태에서 아래쪽으로 드래그하면 드래그한 만큼 도큐먼트가 확대됩니다.

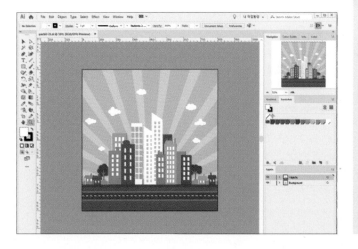

03 도큐먼트를 축소하기 위해 Alt 를 누른 상태에서 도큐먼트를 클릭합니다.

강의노트 ✏️

단축키 Ctrl + Spacebar 를 누르면 마우스 포인터가 +모양으로 바뀌면서 확대되는 돋보기로 전환되고, Ctrl + Alt + Spacebar 를 누르면 마우스 포인터가 −모양으로 바뀌면서 화면을 축소하는 돋보기 툴로 변경됩니다.

직접 해보기 🔲 아트보드 툴(Artboard Tool)

아트보드 선은 작업 문서의 점선 영역으로 보여지며 프린트 영역을 나타냅니다. 아트보드 툴로 프린트 영역의 위치를
조정할 수 있습니다.

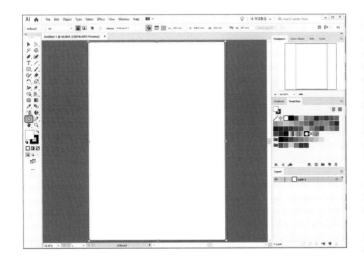

01 새 도큐먼트를 열고 툴 패널에서
아트보드 툴(🔲)을 선택합니
다. 도큐먼트의 외곽 부분에 프린트 영
역을 의미하는 점선이 나타납니다.

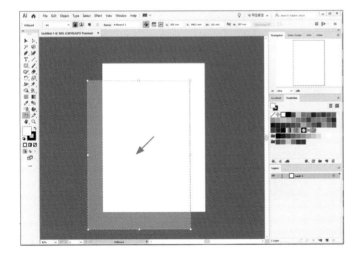

02 포인트를 드래그하여 크기를 조
절하거나 위치를 조절할 수 있습
니다. 프린트 할때는 조절된 영역만이
인쇄됩니다.

직접 해보기   분할 툴(Slice Tool),   분할 선택 툴(Slice Selection Tool)

분할 툴은 웹용 이미지를 만들기 위해 오브젝트에 분할 영역을 만들고, 분할 영역의 이미지를 개별적으로 저장할 수 있습니다. 분할된 영역은 분할 선택 툴로 선택할 수 있습니다.

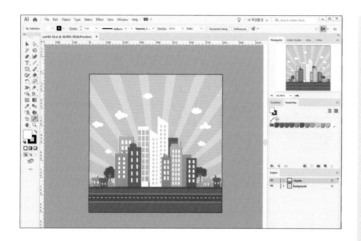

01 'part02-25.ai' 파일을 불러옵니다. 원하는 영역을 분할하기 위해 툴 패널에서 분할 툴(   )을 선택합니다.

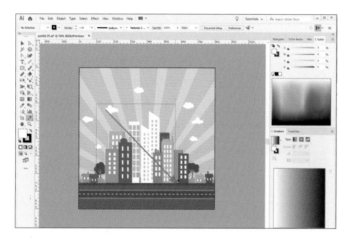

02 좌측 중앙에서 우측 하단으로 드래그합니다.

03 드래그한 선을 기준으로 분할 영역이 만들어집니다. 한 번 더 드래그하여 세분화합니다.

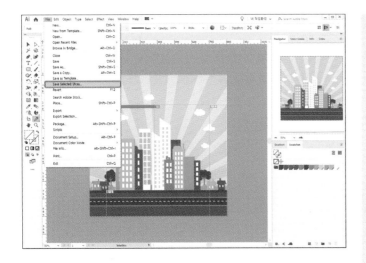

04 분할된 오브젝트를 개별적으로 저장할 수 있습니다. [File]-[Save Selected Slices]를 실행합니다. 원하는 저장 위치와 이름을 설정하고 저장을 완료합니다.

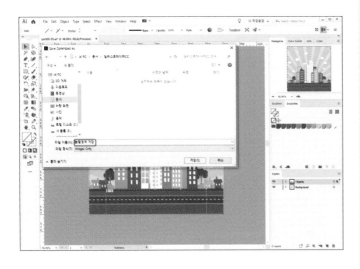

05 [Save Optimized As] 대화상자가 나타나면 저장할 위치를 지정하고 파일 이름에 "분할영역 저장"을 입력하고 [저장] 버튼을 클릭합니다.

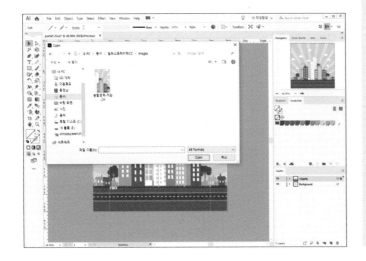

06 [File]-[Open] 실행한 다음 앞서 파일을 저장했던 위치를 선택하면 분할된 영역만 저장된 파일을 확인할 수 있습니다.

직접 해보기 레이어 패널(Layer Panel)

레이어는 오브젝트가 그려져 있는 종이라고 생각할 수 있습니다. 레이어를 여러 개 생성하여 각 레이어마다 오브젝트를 생성하고 관리하면 보다 유용하게 작업할 수 있습니다. 여러 장의 투명 필름 위에 그림을 그려서 겹쳐서 보는 것과 같아 레이어가 겹쳐진 순서에 따라 오브젝트의 겹쳐진 순서를 확인할 수 있습니다.

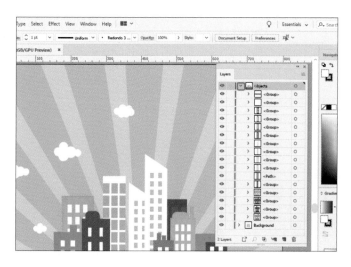

01 'part02-25.ai' 파일을 불러 옵니다. [Layers] 패널을 열고 레이어들을 확인해 봅니다. 상위 레이어 2개가 나타나며 〉 버튼을 클릭하면 상위 레이어 안에 포함된 하위 레이어들을 확인할 수 있습니다.

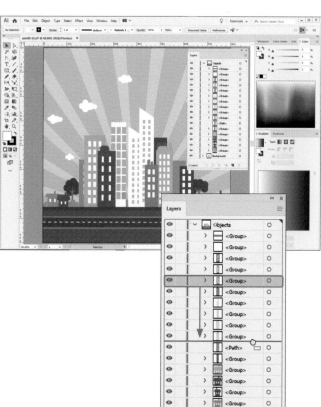

02 하위 레이어 중의 하나를 드래그하여 순서를 변경해 봅니다. 변경된 순서에 따라 각 오브젝트의 겹쳐지는 순서가 변경됩니다.

강의노트 ✏️

레이어는 포개져있는 이미지들을 관리할 때 매우 유용합니다. 레이어의 순서를 변경하면 오브젝트가 겹쳐있는 순서를 변경할 수 있으며, 보이기/숨김 기능을 통해 레이어에 있는 이미지들을 숨기거나 나타낼 수 있습니다. 오브젝트들이 많은 복잡한 작업에서는 레이어를 잘 활용하면 작업 효율을 매우 높일 수 있습니다.

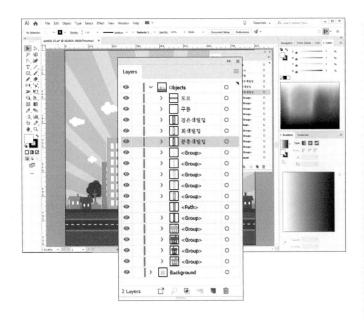

03 이번에는 레이어 이름을 더블클릭하여 이름을 변경해 봅니다. 각 레이어의 이름을 오브젝트에 맞게 입력하면 레이어가 많고 복잡한 일러스트를 작업할 때 유용합니다.

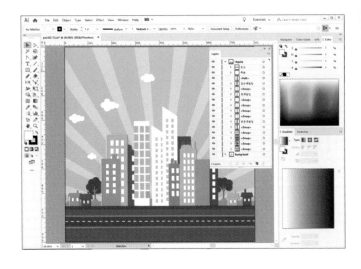

04 원하는 순서로 레이어의 순서를 변경하여 변경한 후 결과를 확인합니다. 레이어의 순서만 바꿔도 작업한 결과물에 많은 변화를 만들 수 있습니다.

보충수업 [Layer] 패널

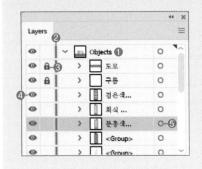

❶ **이름** : 레이어의 이름을 설정합니다.

❷ **색상** : 각 레이어들 간의 이미지들을 구분하기 위한 것으로 해당 레이어에 있는 이미지들을 선택했을 때 나타나는 패스의 색을 지정합니다.

❸ **잠금** : 레이어의 잠금 상태를 설정합니다.

❹ **보이기** : 레이어의 표시/숨김 상태를 설정합니다.

❺ **오브젝트 선택** : 복잡한 파일에서 해당 레이어의 오브젝트를 선택할 수 있습니다.

직접 해보기 이미지 추적(Image Trace)

비트맵 이미지를 벡터 이미지로 전환하면 확대해도 깨지지 않아 자유롭게 활용이 가능합니다. 또 스케치를 벡터 이미지로 바꾸어 다양한 작업이 가능하며 이미지 추적 기능으로 이미지를 변환하는 방법을 알아봅니다.

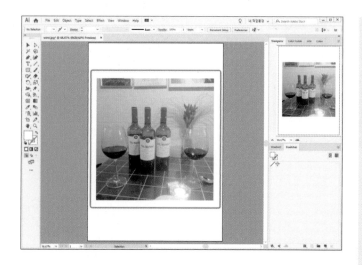

01 먼저 비트맵 이미지를 벡터 이미지로 바꿔봅니다. [File]-[Open] 메뉴를 선택하여 'wine.jpg' 파일을 불러온 다음 크기를 알맞게 조절합니다.

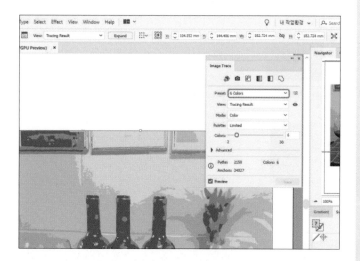

02 [Window]-[Image Trace]를 실행하여 [Image Trace] 패널이 나타나면 'Preset' 항목을 '6 Colors'로 변경하면 비트맵 이미지가 6색으로 변경됩니다.

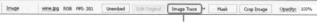

[Image Trace] 버튼 클릭

03 이번에는 사진을 벡터 이미지로 변경해 봅니다. Ctrl + Z 를 눌러 앞 작업을 취소한 후 사진이 선택된 상태에서 옵션 바의 [Image Trace] 버튼을 클릭합니다.

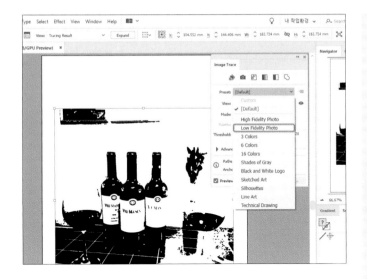

04 흑백으로 단순화된 벡터 이미지를 확인한 [Image Trace] 패널에서 'Preset' 항목을 'Low Fidelity Photo'로 변경합니다.

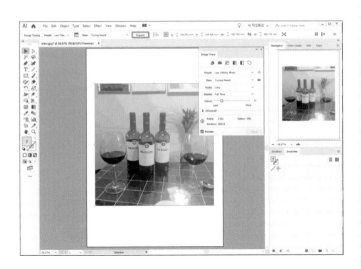

05 이미지 색상 수가 적어지면서 단순화된 일러스트를 확인할 수 있습니다. 상단 옵션 바에서 [Expand] 버튼을 클릭합니다.

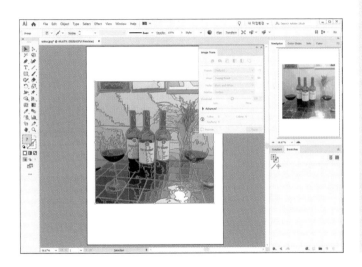

06 단순화된 일러스트가 벡터 이미지로 변경됩니다.

오른쪽 버튼을 클릭해
[Ungroup]을 실행

06 변환된 벡터 이미지 위에서 마우스 오른쪽 버튼을 클릭해 [Ungroup]을 실행합니다. 선택 툴(▶)로 필요없는 부분을 선택하여 지우고 원하는 부분만 남깁니다.

보충수업　일러스트레이터에서 바운딩 박스의 기능과 역할

일러스트레이터에서 그려진 그림을 클릭하여 선택하면 크기와 모양, 각도를 변경 및 수정할 수 있는 8개의 포인트와 점선으로 이루어진 바운딩 박스가 나타납니다. 바운딩 박스의 8개의 조절점을 이용하면 회전및 크기를 변경할 수 있습니다. 바운딩 박스는 [View] 메뉴에서 표시 또는 숨길 수 있습니다. 오브젝트를 클릭했는데 바운딩 박스가 표시되지 않고 오브젝트의 포인트만 표시된다면 바운딩 박스가 숨겨져 있다는 것입니다. 이럴 때에는 [View] – [Show Bounding Box] 메뉴를 선택하면 확인할 수 있습니다.

❶ 바운딩 박스의 모서리 조절점을 Shift 와 함께 드래그하면 정비례로 크기를 확대/축소 시킬 수 있습니다.

❷ 바운딩 박스 조절점 외곽에 마우스를 놓으면 회전 표시자가 나타납니다. 마우스를 드래그하면 오브젝트가 회전됩니다. 오브젝트를 45° 방향으로 정확히 회전시킬 때에는 Shift 와 함께 드래그합니다.

❸ 가운데 조절점을 드래그하면 모양을 변경할 수 있습니다. 가로 또는 세로 폭을 넓이거나 좁힐 수 있습니다.

❹ 바운딩 박스로 오브젝트의 크기를 조절할 때에 Alt 를 누르고 드래그하면 오브젝트의 중심축을 기준으로 모양이 변경됩니다.

실전문제

01. 그래프 툴을 이용하여 원형 그래프를 만들어 보세요.

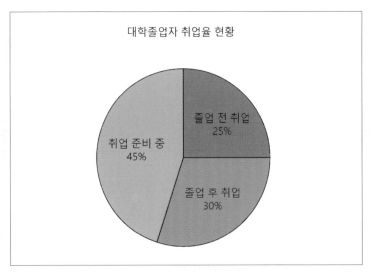

대학졸업자 취업률 현황

졸업 전 취업
25%

취업 준비 중
45%

졸업 후 취업
30%

완성파일 | part02-26_추가.ai

Hint 원형 그래프 툴로 드래그한 다음 대화상자에서 가로로 25, 30, 45 수치를 입력하고 문자 툴과 직접 선택 툴로 그래프를 완성합니다.

02. 펜 툴과 레이어 패널을 이용하여 만화책 화면을 완성해 보세요.

준비파일 | part02-26_ready.a   **완성파일** | part02-26_complete.ai

Hint 레이어 패널에서 Background 레이어를 선택하고 하위 레이어 만들기 버튼을 클릭하고 새로 생성된 레이어를 드래그하여 가장 아래로 순서를 변경하고 해당 레이어에 배경 모양의 사각형 오브젝트를 만듭니다.

ㅗ
ㄴ
ㄹ
ㅈ
ㄴ
ㅜ

ILLUSTRATOR CC

L

ST

RATOR

CC

유용한 것이 아름다운 것이란 말은 사실이 아니다.
오히려 아름다운 것이 유용한 것입니다.

—인노센치에리—

Part **03**

일러스트레이터 CC
디자인 실무

일러스트레이터 CC는 창작 활동은 적극적으로 도와줍니다.
상상하던 것들을 그대로 표현할 수 있도록 다양한 기능과 툴은 제공할 뿐만 아니라
상상력에 생기를 불어넣는 효과들을 제공합니다. 일러스트레이터 CC를 다룰 수 있게 되었다면
이제는 이를 활용하여 나만의 일러스트를 직접 만들어보고 효율적으로 사용할 수 있도록 노력해 봅시다.
단축키 등을 활용하면 작업 시간이 절반 이상 단축될 수 있으며 레이어를 잘 활용하면 같은
그림이라도 전혀 다른 방법으로 간편하게 제작할 수 있습니다. 실제 일러스트를 그리면서
일러스트레이터 CC의 숨겨져 있는 빛나는 기능들을 잘 찾아보기 바랍니다.

기본 도형을 응용한 새로운 오브젝트 만들기

앞에서는 일러스트레이터가 제공하는 다양한 툴과 패널들의 사용법을 알아보았다면 이번에는 이러한 툴과 패널을 이용해서 창의적인 오브젝트들을 만들어 봅니다. 일러스트레이터에서 제공하는 기본 도형을 변형하여 오브젝트를 제작하는 과정을 알아보면서 기본 도형의 수정 편집 방법에 대해 학습해 봅니다.

Zoom In
알찬 예제로 배우는
도형의 이해와
응용

완성 파일 part03-01.ai

Keypoint Tool

_ **둥근 사각형 툴** 둥근 사각형 툴로 만든 오브젝트는 모서리 반지름을 조정하여 세밀하게 조정할 수 있습니다.

_ **블렌드 툴** 두 오브젝트 사이 모양 및 속성이 자연스럽게 이어지도록 할 수 있습니다.

Knowhow

_ 반사 기능을 이용하면 동일한 오브젝트를 복제함과 동시에 방향을 반대로 전환할 수 있습니다.

_ [Pathfinder] 패널에서 2개 이상의 오브젝트를 결합하거나 다양하게 변형할 수 있습니다.

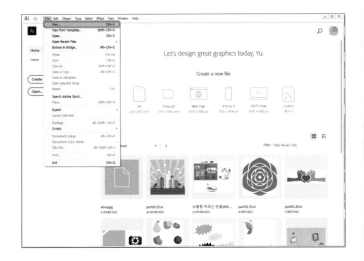

01 기본 도형들을 조합하고 편집하여 새로운 모양의 오브젝트를 만들어봅니다. [File]-[New]를 실행합니다.

강의노트 ✏️

[File]-[New] 명령으로 새로운 도큐먼트를 만들 수 있습니다. 단축키로 Ctrl + N 명령을 실행합니다.

02 [New Document] 대화상자가 열리면 [Print] 탭의 A4 크기의 도큐먼트를 선택하고 [Create] 버튼을 클릭합니다.

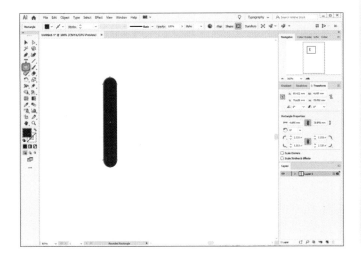

03 툴 패널에서 둥근 사각형 툴(▢)을 선택하고 세로로 긴 직사각형을 만듭니다. 선 색상은 None, 면 색상은 짙은 회색으로 설정합니다.

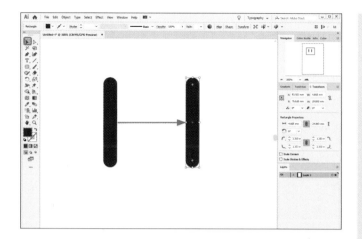

04 Shift + Alt 를 누른 상태에서 선택 툴(▶)로 둥근 직사각형 오브젝트를 오른쪽으로 드래그하여 복사합니다.

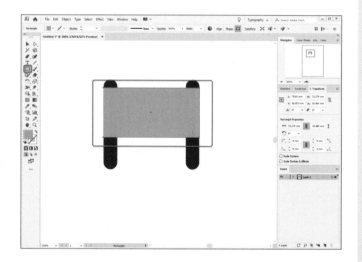

05 이번에는 사각형 툴(□)로 앞서 그린 둥근 직사각형들과 겹쳐지도록 가로로 긴 직사각형을 만듭니다. 선 색상은 None, 면 색상은 주황색 계열로 설정합니다.

강의노트 ✎

오브젝트를 생성하는 순서에 따라 오브젝트간 겹쳐지는 순서가 정해집니다. 생성 후 [Align] 패널을 이용해 재정렬할 수 있지만 오브젝트 생성 전에 겹쳐지는 순서를 미리 고려하여 순서대로 진행하면 작업량을 줄일 수 있습니다.

보충수업 도큐먼트 확대 축소하고 이동하기

도큐먼트를 확대하거나 축소할 때는 툴 패널의 돋보기 툴을 사용합니다. 일러스트레이터 작업 도중 도큐먼트 크기를 조절하여 세밀한 작업을 진행해야 할 경우가 많이 발생합니다. 따라서 단축 기능을 이용하여 도큐먼트를 빠르게 확대/축소할 수 있어야 합니다.

❶ **도큐먼트 확대하기** : 작업 도중 도큐먼트를 확대하려면 Ctrl + Spacebar 를 누릅니다. 마우스 포인터가 임시적으로 확대 돋보기 툴로 전환되어 도큐먼트를 확대시킬 수 있습니다. 또는 Ctrl + + 를 누르면 일정한 비율로 도큐먼트가 확대됩니다.

❷ **도큐먼트 축소하기** : 도큐먼트를 축소하려면 Ctrl + Alt + Spacebar 를 누릅니다. 마우스 포인터가 임시적으로 축소 돋보기 툴로 전환되어 도큐먼트를 축소시킬 수 있습니다. 또는 Ctrl + - 를 누르면 일정한 비율로 도큐먼트가 축소됩니다.

❸ **도큐먼트 이동하기** : 도큐먼트를 이동시키기 위해서는 손바닥 툴은 이용합니다. 단축 기능으로 Spacebar 를 누르면 마우스 포인터가 손바닥 툴로 전환되어 쉽게 이동시킬 수 있습니다.

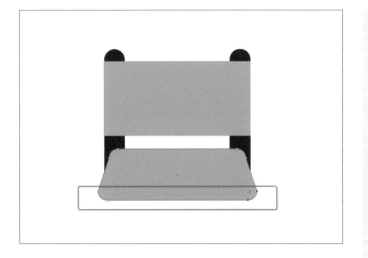

06 둥근 사각형 툴(▢)로 오브젝트 아래가 살짝 겹치도록 둥근 사각형 오브젝트를 만듭니다. 직접 선택 툴(▷)로 왼쪽 하단 둥근 모서리 부분을 왼쪽으로, 오른쪽 하단 둥근 모서리 부분을 오른쪽으로 이동시켜 사다리꼴 모양으로 변형합니다.

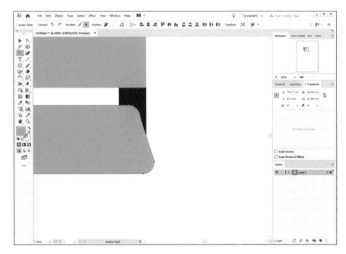

07 툴 패널에서 포인트 변환 툴(⊿)을 선택한 다음 사다리꼴 오브젝트의 어색한 포인트를 클릭하여 부드럽게 이어지도록 합니다.

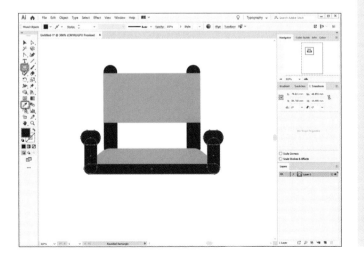

08 Ctrl 을 누른 상태에서 빈 공간을 클릭하여 선택 상태를 해제합니다. 툴 패널에서 스포이드 툴(✐)을 선택하고 회색 오브젝트를 클릭하여 면 색상을 같은 색상으로 지정한 후 둥근 사각형 툴(▢)로 그림과 같이 5개의 둥근 직사각형 오브젝트를 만들고 위치시킵니다.

강의노트 ✎

잘못된 작업 과정은 [Edit] 메뉴의 [Undo move] 명령으로 취소할 수 있습니다. 단축키로 Ctrl + Z 를 실행합니다. 작업 취소 명령은 자주 사용되므로 반드시 단축키를 사용하는 것이 효과적입니다.

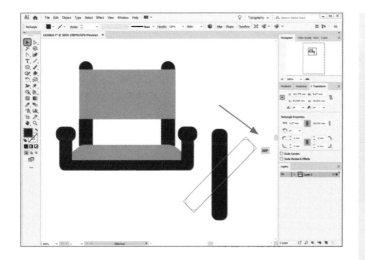

09 둥근 사각형 툴(⬜)로 의자의 다리 부분을 만들기 위해 세로로 긴 사각형을 만듭니다. Shift 를 누른 상태에서 선택 툴(▶)로 바운딩 박스의 모서리 부분을 드래그하여 회전시킵니다.

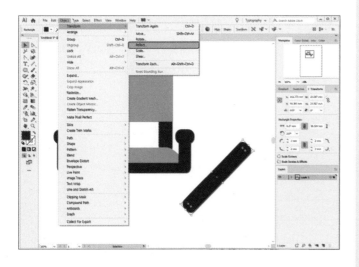

10 회전시킨 오브젝트를 복사한 다음 [Object]-[Transform]-[Reflect] 명령을 실행합니다.

11 [Reflect] 대화상자가 나타나면 'Axis'를 'Vertical'로 선택하고 [Copy] 버튼을 클릭합니다.

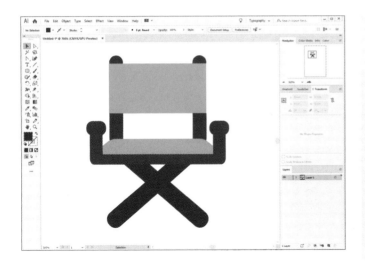

12 다리의 모양을 그림과 같이 이동하여 의자를 완성한 후 모든 오브젝트를 선택하고 Ctrl+G를 눌러 그룹으로 묶어줍니다.

강의노트 ✏️

여러 개의 오브젝트를 선택하려면 Shift를 누른 상태에서 오브젝트들을 클릭하면 여러 개를 선택할 수 있습니다. 선택된 오브젝트 중에서 일부의 선택을 해제할 때에도 Shift를 누른 상태에서 선택 해제할 오브젝트를 클릭하면 됩니다. 하나의 오브젝트가 선택된 상태에서 Ctrl+A를 누르면 모든 오브젝트가 선택됩니다.

13 계속해서 슬레이트를 만들어 봅니다. 먼저 둥근 사각형 툴(□)로 가로로 긴 검은색 사각형을 만듭니다.

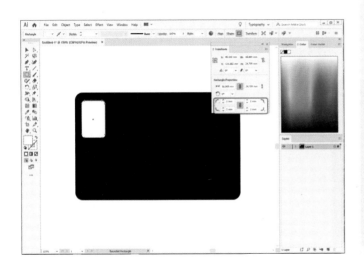

14 흰 색 둥근 사각형 오브젝트를 만들고 [Window]-[Transform] 메뉴를 선택하여 [Transform] 패널이 나타나면 하단의 모서리 반경을 2mm로 조정합니다.

강의노트 ✏️

둥근 사각형 오브젝트의 모서리 반경 수치가 클수록 둥근 정도가 커지고, 수치가 작을수록 직사각형에 가까운 둥근 모서리가 됩니다.

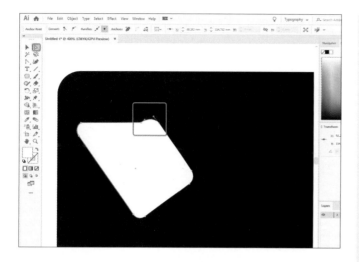

15 흰색 사각형 오브젝트의 바운딩 박스를 조절하여 왼쪽으로 기울도록 회전시킨 후 직접 선택 툴( )로 오른쪽 상단의 모서리의 위치를 조정하여 그림과 같이 만듭니다.

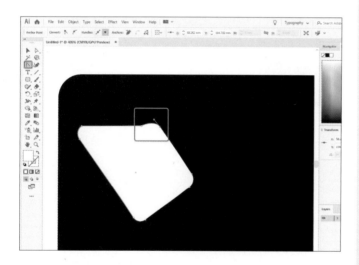

16 포인트 변환 툴( )로 연결이 어색한 포인트를 클릭하여 부드럽게 연결합니다.

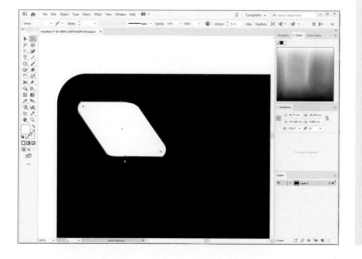

17 같은 방법으로 하단의 조절점도 조정하여 그림과 같이 왼쪽으로 기운 사다리꼴 형태로 변형합니다.

18 흰 사각형 오브젝트가 선택된 상태에서 [Object]-[Transform]-[Reflect]를 실행합니다. [Reflect] 대화상자에서 'Axis'를 'Horizontal'로 설정하고 [Copy] 버튼을 클릭합니다.

강의노트 ✏️

Preview 항목에 체크하면 반사 축, 각도 등을 조절하면 효율적으로 작업할 수 있습니다.

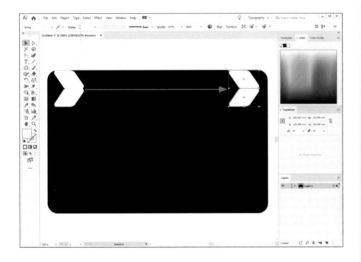

19 두 오브젝트의 하단, 상단 부분이 맞닿도록 위치한 후 [Ctrl]+[G]를 눌러 그룹화합니다. [Shift]+[Alt]를 누른 상태에서 오른쪽으로 드래그하여 복사합니다.

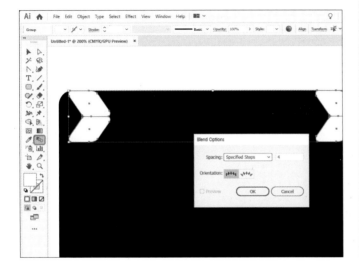

20 툴 패널의 블렌드 툴(🖼️)을 더블클릭하여 [Blend Options] 대화상자가 나타나면 'Specified Steps'를 선택하고 값으로 '4'를 입력하고 [OK] 버튼을 클릭합니다.

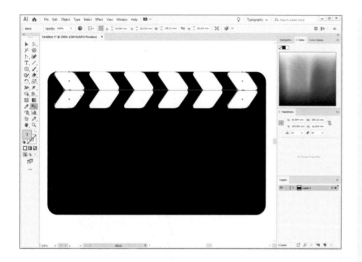

21 두 오브젝트를 각각 클릭하면 블랜드 기능이 적용되어 화면과 같이 슬레이트의 두 오브젝트 사이에 4개의 오브젝트가 만들어집니다.

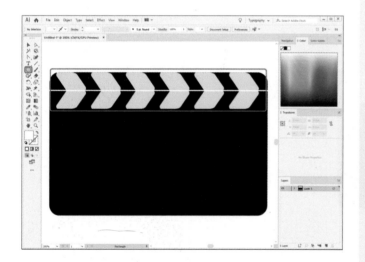

22 블렌드를 적용한 오브젝트의 면 색상을 회색으로 적용합니다. 이번에는 사각형 툴(□)로 가늘고 긴 직사각형을 만듭니다. 앞서 만든 오브젝트 위를 가로지르도록 위치하고 복사하여 하단에도 하나를 더 만듭니다. 색상은 흰색으로 지정합니다.

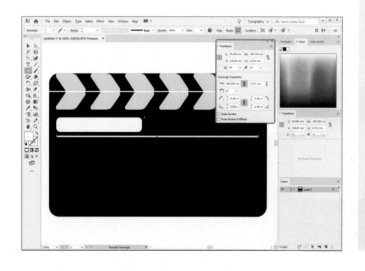

23 검은색 사각형 오브젝트 위로 흰색 굵은 사각형을 그린 후 [Transform] 패널에서 모서리의 지름을 2mm로 지정하여 덜 둥글게 만듭니다. 화면과 같이 가느다란 둥근 사각형을 만듭니다.

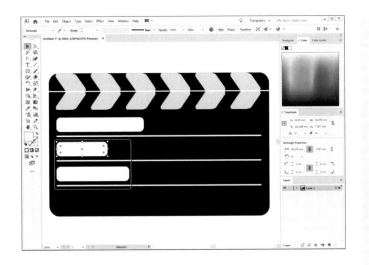

24 앞서 만든 오브젝트를 [Shift]+ [Alt]를 누른 상태에서 아래로 드래그하여 2개 더 복사합니다. 크기를 자유롭게 조절해 봅니다.

강의노트 🖉

단축키 [Shift]는 이동하는 오브젝트가 수평 또는 수직으로 이동되도록 하며 단축키 [Alt]는 오브젝트를 복사하는 기능을 제공합니다.

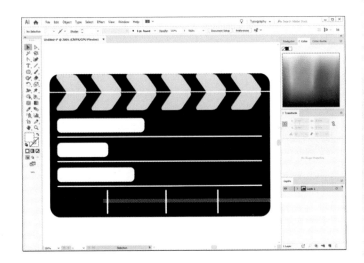

25 마지막으로 세로로 가늘고 긴 둥근 사각형 오브젝트를 만들어 슬레이트를 완성합니다.

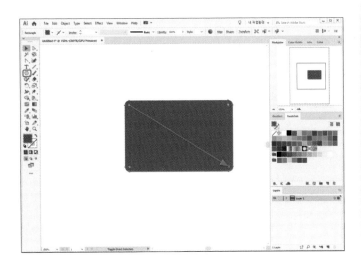

26 이번에는 영화 촬영용 카메라를 만들어봅니다. 도큐먼트 빈 공간에 면 색상 짙은 회색, 선 색상 None으로 지정한 둥근 사각형을 만듭니다.

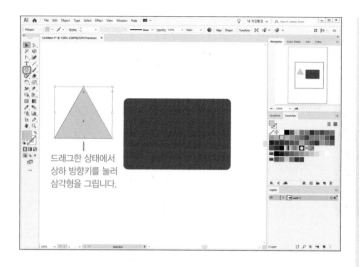

27 다각형 툴( )로 도큐먼트 위를 드래그한 상태에서 상하 방향키를 눌러 꼭짓점의 개수를 변경하는 방법으로 삼각형을 만들고 면 색상은 노란색, 선 색상은 None으로 지정합니다.

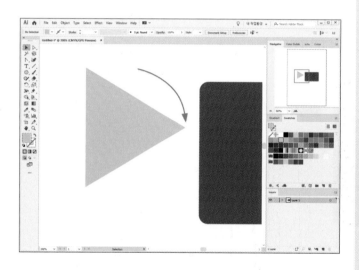

28 삼각형 오브젝트의 바운딩 박스 모서리에 마우스 포인터를 올려놓아서 회전 모양으로 변경되면 회전시켜 그림과 같이 만듭니다.

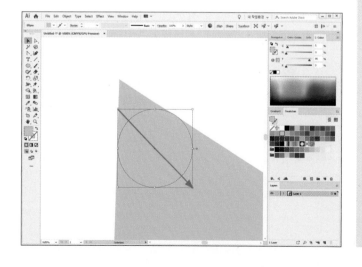

29 삼각형 오브젝트의 꼭짓점을 둥글게 만들기 위해 삼각형의 빗변과 맞닿은 원 오브젝트를 만듭니다. Ctrl + + 를 눌러 화면을 확대한 다음 정밀하게 움직여 삼각형의 두 면이 원형 오브젝트와 꼭 맞도록 조정합니다.

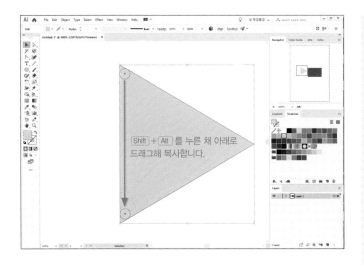

30 만든 원형 오브젝트를 Shift + Alt 를 누른 채 아래로 드래그하여 반대편 꼭짓점에도 원형 오브젝트가 맞닿도록 복사합니다. 삼각형과 원형이 정확하게 맞닿아야 합니다. 그렇지 않으면 [Pathfinder] 패널에서 작업이 잘 안되거나 작업이 되더라도 32번 과정에서 오류가 발생할 수 있습니다.

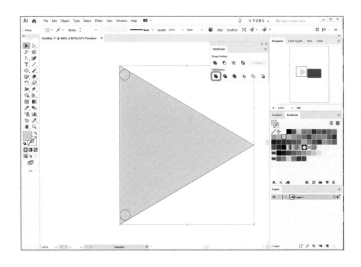

31 두 원 오브젝트와 삼각형 오브젝트를 모두 선택하고 [Window]-[Pathfinder]를 실행하여 [Pathfinder] 패널을 나타낸 다음 Divide( ) 버튼을 클릭합니다.

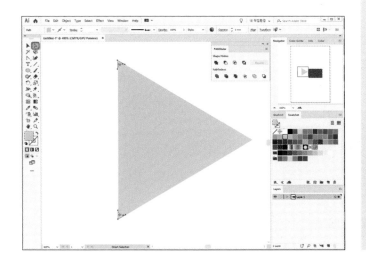

32 직접 선택 툴( )로 그림과 같이 양쪽 오브젝트를 선택한 후 Delete 를 눌러 삭제합니다. 만약 그림과 같이 선택되지 않는다면 Ctrl + Z 를 눌러 취소하고 30번 과정에서 원 오브젝트의 위치를 다시 조정하여 반복합니다.

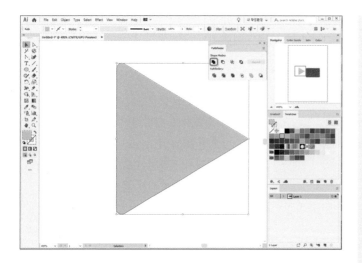

33 나머지 오브젝트를 모두 선택하고 [Pathfinder] 패널에서 Unite (🔲) 버튼을 클릭하여 하나의 오브젝트로 결합합니다.

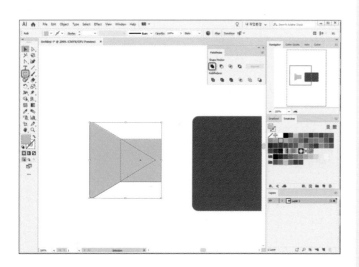

34 사각형 툴(🔲)로 삼각형 오브젝트의 오른쪽 부분이 겹치도록 직사각형을 그린 다음 삼각형 오브젝트를 함께 선택하고 [Pathfinder] 패널에서 Unite(🔲) 버튼을 클릭합니다.

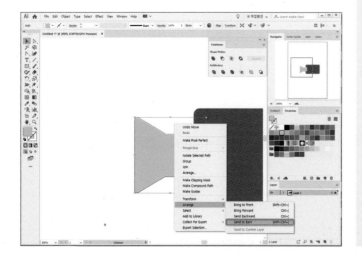

35 합쳐진 오브젝트에서 마우스 오른쪽 버튼을 클릭하여 [Arrange]-[Send To Back]을 실행하여 둥근 사각형오브젝트 뒤로 위치시킵니다.

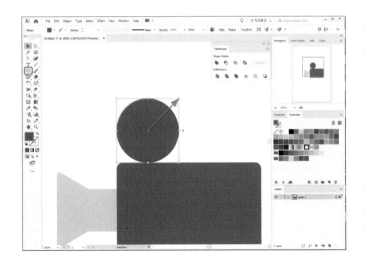

36 Ctrl 을 누르고 빈 도큐먼트를 클릭하여 선택을 해제한 다음 스포이드 툴(스포이드)로 회색 사각형 오브젝트를 클릭하여 면 색상을 동일하게 지정합니다. 원형 툴(○)로 Shift + Alt 를 누른 상태에서 드래그하여 그림과 같은 위치에 정 원을 만듭니다.

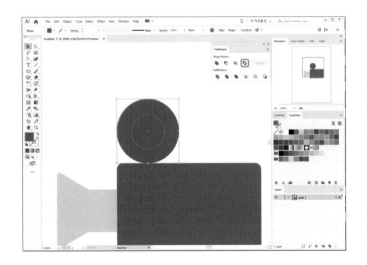

37 원 오브젝트의 중심에 맞춰 작은 원을 하나 더 만듭니다. 두 원을 모두 선택하고 [Pathfinder] 패널의 Exclude(□) 버튼을 클릭하여 겹쳐진 부분을 삭제합니다.

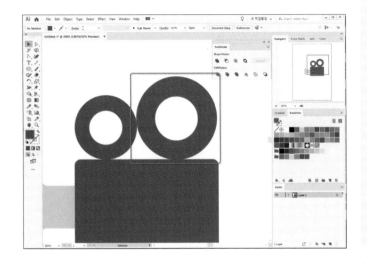

38 만든 원 오브젝트를 복사하여 하나 더 만든 다음 바운딩 박스를 이용하여 크기를 키웁니다.

강의노트 ✏️

오브젝트의 원 크기의 비율을 그대로 유지하면서 크기를 조절할 경우 단축키 Shift + Alt 를 함께 누른 채 선택 툴로 바운딩 박스의 조절점을 드래그합니다.

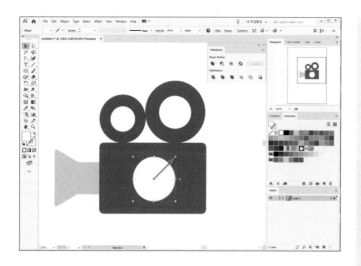

39 사각형 오브젝트 위로 흰색 정 원을 만듭니다.

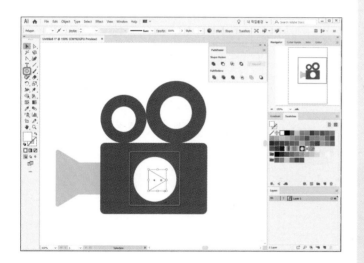

40 다각형 툴(⬡)로 오른쪽을 바라 보는 삼각형 오브젝트를 화면과 같이 만듭니다.

강의노트 ✎

정삼각형을 비롯한 정원, 정사각형을 만들 때에는 옵션 대화상자에서 각각의 수치를 입력하거나 Shift , Alt 를 누른 채 드래그합니다.

41 삼각형 오브젝트의 색상을 지정 한 다음 모든 오브젝트를 선택하고 Ctrl +G를 눌러 그룹화하여 완성합니다.

강의노트 ✎

관련된 오브젝트들은 그룹으로 설정해 놓는 것이 관리를 편하게 할 수 있습니다. 그룹으로 설정할 오브젝트를 모두 선택한 다음 [Object]-[Group]을 선택하거나 단축 기능으로 Ctrl +G를 눌러서 그룹으로 지정합니다. 개체의 그룹 속성을 해체할 때는 Ctrl + Shift + G를 누릅니다.

 실전문제

01. 게임기 오브젝트를 만들어 보세요.

완성파일 | part03-02.ai

Hint 도형 툴과 [Pathfinder] 패널을 이용하여 게임기 모양을 만들고 [Window]-[Transform] 기능으로 버튼의 모양을 조정합니다.

02. 카드 오브젝트를 만들어 보세요.

완성파일 | part03-03.ai

Hint 포인트 변환 툴로 원 오브젝트의 조절점을 클릭하여 한 쪽을 뾰족하게 만든 다음 직접 선택 툴로 조절점과 방향선을 조정하여 스페이드와 하트 모양을 만듭니다.

입체감 있는 웹 아이콘 만들기

일러스트레이터에서는 평면적인 그림도 그릴 수 있지만 다양한 효과를 이용하여 입체감있고 세련된 그림도 그릴 수 있습니다. 이번 시간에는 세련된 웹 아이콘을 제작해 봅니다. 웹 아이콘은 홈페이지나 모바일 기기에서 네비게이션 기능을 나타내는 데 주로 사용됩니다. 또한 모바일 프로그램의 안내의 역할 뿐만 아니라 브랜드 가치를 높여주는 심볼의 역할까지 하고 있습니다. 일러스트레이터를 이용하여 아이콘 제작 능력과 드로잉 실력을 키워보시기 바랍니다.

Zoom In
알찬 예제로 배우는
그라디언트의
활용

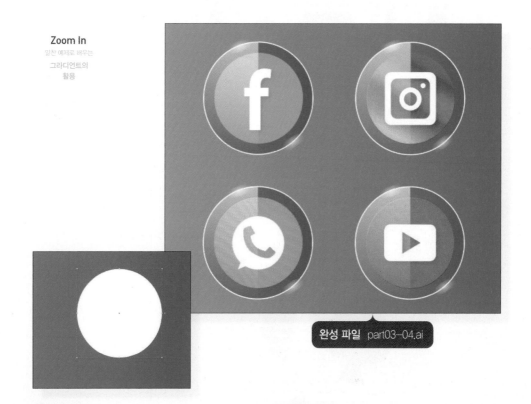

완성 파일 part03-04.ai

Keypoint Tool

_ **그레이디언트 툴** 한 가지 이상의 색이 자연스럽게 이어지는 효과를 만들 수 있습니다.

_ **레이어 패널** 레이어의 잠금 기능은 해당 레이어의 오브젝트가 선택되지 않게 하여 다른 레이어 내 오브젝트 작업을 편하게 합니다.

Knowhow

_ 오브젝트에 투명도를 0%~100%까지 자유롭게 적용할 수 있습니다.

_ 방사형 그라디언트에 투명도를 적용하면 빛이 빛나는 효과를 만들 수 있습니다.

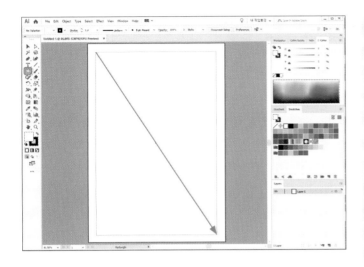

01 새 도큐먼트를 만들고 사각형 툴 (🔲)을 선택하여 배경으로 사용할 큰 직사각형을 만듭니다.

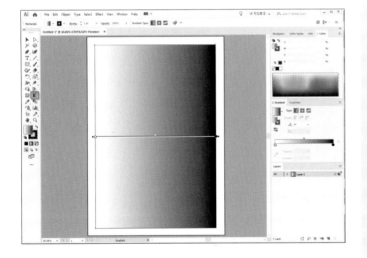

02 사각형 오브젝트가 선택된 상태에서 그라디언트 툴(🔲)을 선택합니다.

강의노트 ✐

오브젝트가 선택된 상태에서 툴 패널의 그라디언트 툴은 선택하면 자동으로 선택된 오브젝트의 기본 흑백 색상의 그라데이션이 적용됩니다.

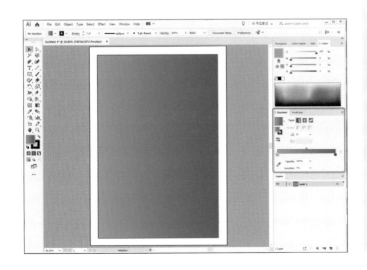

03 [Gradient] 패널에서 유형을 Linear로 설정하고 그라데이션 슬라이더의 시작 색상을 파란색, 끝 색상을 어두운 파란색으로 설정합니다.

04 배경으로 만든 직사각형 오브젝트가 겹쳐지는 오브젝트를 작업할 때 선택되지 않도록 하기 위하여 [Layers] 패널에서 배경을 만든 레이어를 클릭하여 잠금하고 Create New Layer(■)를 클릭하여 새 레이어를 추가 합니다.

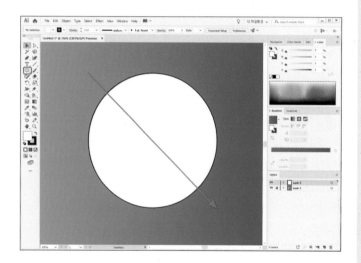

05 툴 패널에서 원형 툴(◯)을 선택하고 Shift + Alt 를 누른 상태에서 드래그하여 정원 오브젝트를 만듭니다.

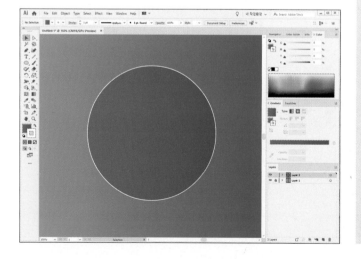

06 면 색상은 남색으로 시작하고 어두운 남색으로 끝나는 선형 그라데이션을 적용하고, 선 색상은 흰색으로 설정합니다.

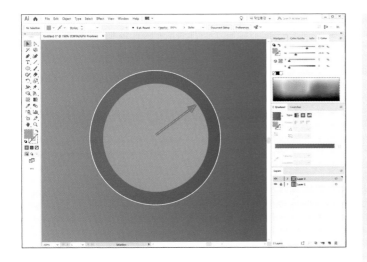

07 정확히 겹쳐지도록 정원 오브젝트를 하나 더 만듭니다. 면 색상은 하늘색, 선 색상은 None으로 지정합니다.

강의노트

오브젝트의 중앙 부근에 마우스를 가져가면 자동으로 오브젝트의 중심에 표시가 나타납니다. 이를 활용하여 기존 오브젝트의 중심에 맞춰 편하게 새로운 오브젝트를 생성할 수 있습니다.

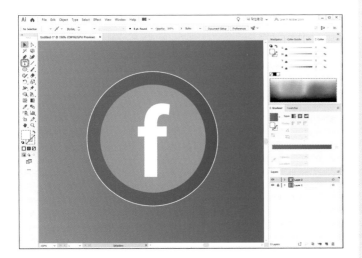

08 문자 툴(T)을 이용하여 "f"를 입력한 다음 글꼴, 색상, 크기를 그림과 같이 적용합니다.

강의노트

교재에 사용되는 글꼴은 임의의 글꼴을 사용합니다.

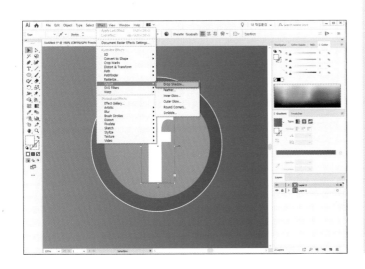

09 글자 "f"를 선택하고 [Effect]−[Stylize]−[Drop Shadow]를 실행합니다.

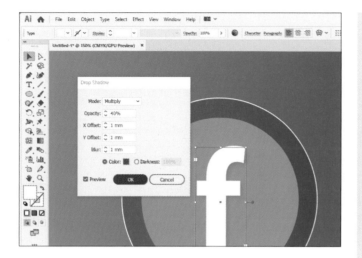

10 [Drop Shadow] 패널에서 X, Y Offset과 Blur를 1mm로 설정하고 [OK] 버튼을 클릭하여 글자에 그림자 효과를 적용합니다.

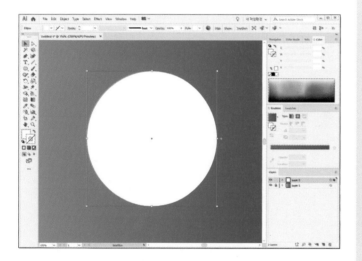

11 제일 큰 원 오브젝트와 정확히 겹치도록 흰색 정원 오브젝트를 만듭니다.

강의노트 🖉

다른 방법으로는 제일 큰 원을 복사한 후 Shift + Ctrl + V 를 누르면 복사한 위치에 겹치도록 붙이기가 됩니다.

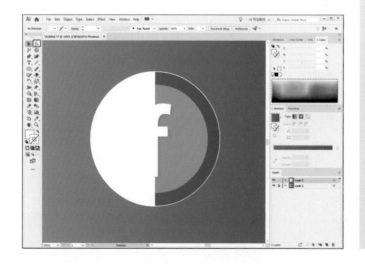

12 직접 선택 툴(▷)로 원 오브젝트의 우측 조절점을 클릭하고 Delete를 눌러 삭제합니다. 열린 패스의 반원 오브젝트로 변하는 것을 확인할 수 있습니다.

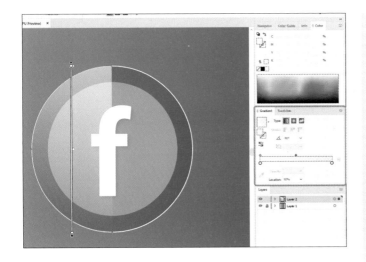

13 반원 오브젝트의 그라데이션과
투명도를 적용해봅니다. 그라데
이션의 시작점은 흰색, 불투명도 70%,
끝점은 흰색, 불투명도 0%로 지정하고
각도는 −90°로 설정합니다.

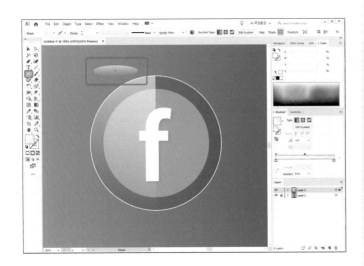

14 이번에는 빛에 반사되어 빛나는
효과를 만들어 봅니다. 원형 툴
(　)로 가로로 긴 타원을 만듭니다.

15 [Gradient] 패널에서 유형을
Radial Gradient로 설정하고
Aspect Ratio를 50%로 설정합니다.

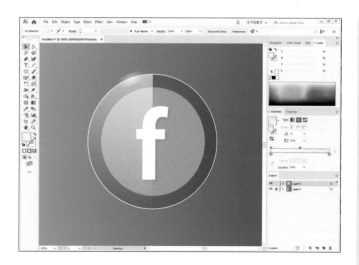

16 크기와 위치를 조정하여 아이콘 상단에 빛나는 효과를 만듭니다.

17 빛 효과 오브젝트를 복사하여 아이콘의 하단에 위치시켜 페이스북 아이콘을 완성합니다.

강의노트 ✏️

작업이 완료된 오브젝트들은 모두 선택하여 그룹화하는 것이 관리하기에 좋습니다.

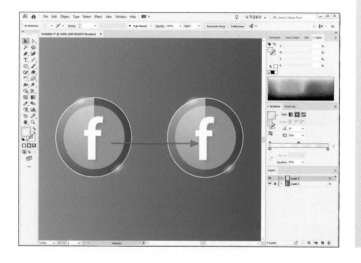

18 앞서 만든 아이콘을 Shift + Alt 를 누른 상태에서 드래그하여 복사합니다.

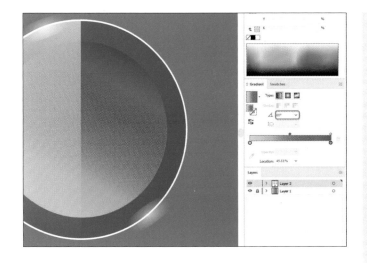

19 "f" 문자 오브젝트를 삭제하고 작은 원 오브젝트를 선택하여 그라데이션을 적용합니다. 첫 시작 점은 노란색으로 설정하고 각도는 60°로 지정합니다.

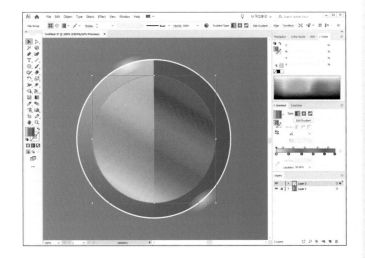

20 여러 가지 색상을 적용하기 위해 그라디언트 슬라이더를 클릭하여 각 지점에 다양한 색상을 적용합니다.

강의노트 🖋

그라디언트가 적용된 오브젝트를 선택하고 그라디언트 툴을 클릭하면 조절점이 나타나게 됩니다. 위쪽에 놓인 검은색 조절점은 그라디언트 영역의 형태를 타원 형태로 조절할 수 있습니다. 좌측, 우측의 조절점은 그라디언트 영역을 정비례로 조절할 수 있습니다. 뿐만 아니라 색상이나 적용 범위를 빠르게 조정할 수 있습니다.

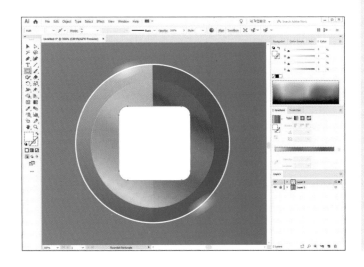

21 색상 지정이 끝나면 둥근 사각형 오브젝트를 만들고 면 색상은 흰색, 선 색상은 None으로 지정합니다.

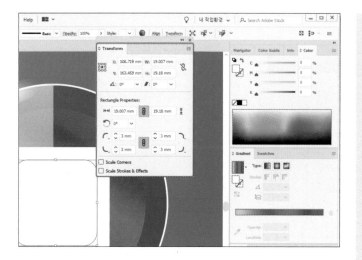

22 [Ctrl]을 누르고 빈 공간을 클릭하여 선택을 해제한 다음 겹쳐지도록 작은 둥근 사각형을 만듭니다. 둥근 모서리를 큰 둥근 사각형 오브젝트와 비슷하도록 [Transform] 패널에서 모서리 둥글기 값을 조절합니다.

강의노트 🖉

둥근 사각형 툴은 드래그한 상태로 키보드 상하 방향키를 누르면 모서리 반지름을 키우거나 축소시킬 수 있습니다.

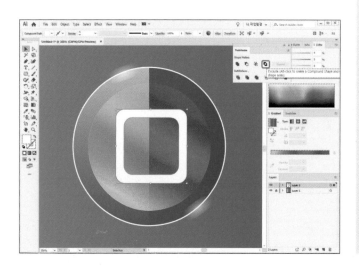

23 두 개의 모서리가 둥근 사각형 오브젝트를 선택하고 [Pathfinder] 패널에서 Exclude(🔳) 버튼을 클릭합니다.

📍 **보충수업** 패스파인더의 활용

일러스트레이터에서 패스파인더 기능은 실무에서 활용도가 매우 높은 기능 중의 하나입니다. 어떤 모양을 어떻게 만들 것인가를 고민하고, 가장 쉬운 방법을 선택하는 것이 일러스트레이터 고수들이 하는 작업입니다. 그러므로 패스파인더의 모든 기능을 충분히 활용해 보면서 다양한 오브젝트를 만들어 본다면 실력이 향상되는 것을 스스로 느낄 수 있게 될 것입니다.

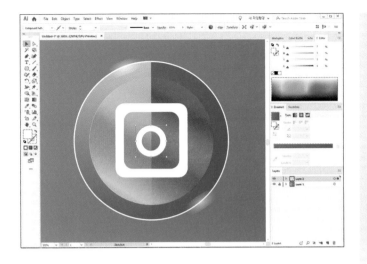

24 같은 방법으로 겹쳐진 부분이 제거된 원 오브젝트를 만듭니다.

강의노트 ✏️

패스파인더 기능을 적용하기 전 겹쳐진 오브젝트들 간의 중심 등을 정렬하는 것이 좋습니다. [Window]-[Align]을 실행하거나 상단 바의 정렬 버튼을 클릭하여 조정할 수 있습니다.

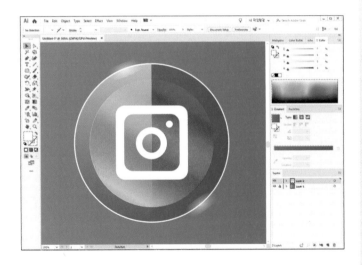

25 플래시 모양을 나타내는 작은 원 오브젝트를 만듭니다.

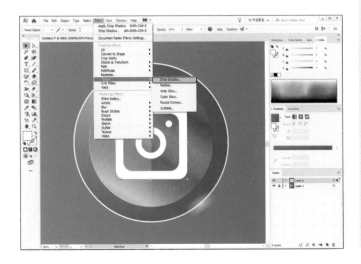

26 방금 만든 3개의 오브젝트를 모두 선택하고 [Effect]-[Stylize]-[Drop Shadow]를 실행합니다.

27 [Drop Shadow] 패널에서 X, Y Offset, Blur를 모두 1mm로 지정하고 [OK] 버튼을 클릭합니다.

강의노트 ✎

그림자의 색상을 바꾸려면 'Color' 항목의 색상 박스를 클릭하여 원하는 컬러를 선택합니다.

28 입체 효과를 주는 반원 오브젝트를 선택하고 마우스 오른쪽 버튼을 클릭해 [Arrange]-[Bring to Front]를 실행하여 겹쳐지는 순서를 정리합니다.

29 완성한 인스타그램 아이콘 오브젝트는 Ctrl + G 를 눌러 그룹화합니다.

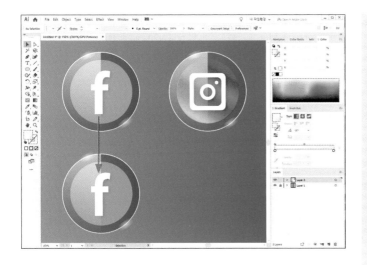

30 처음에 만들었던 페이스북 아이 콘 오브젝트를 Shift + Alt 를 누른 상태에서 아래로 드래그하여 복사 합니다.

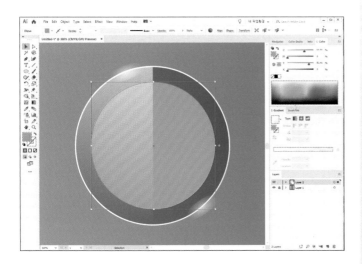

31 "f" 문자 오브젝트를 삭제하고 작 은 원 오브젝트의 면 색상을 초록 색으로 설정합니다.

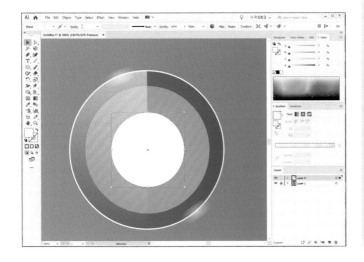

32 중심을 맞추어 작은 흰색 원을 만 듭니다.

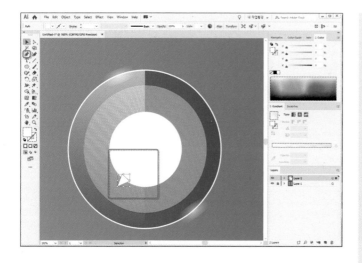

33 원 오브젝트에 왼쪽 하단이 살짝 겹치도록 펜 툴(✏)로 삼각형 오브젝트를 만듭니다.

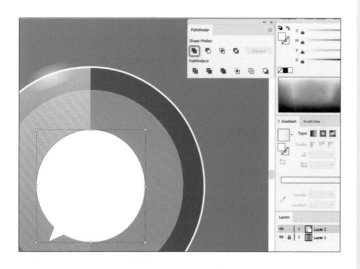

34 원 오브젝트와 삼각형 오브젝트를 모두 선택하고 [Pathfinder] 패널에서 Unite(◼) 버튼을 클릭해 말풍선 모양을 만듭니다.

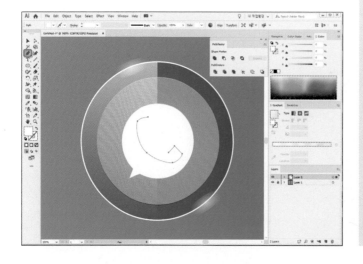

35 펜 툴(✏)로 수화기 모양을 만들어 봅니다. 클릭과 드래그를 적절하게 하여 곡선과 직선을 만듭니다. 곡선을 그리다가 직각으로 직선을 이어야 한다면 방금 만든 조절점을 다시 한 번 클릭하면 됩니다.

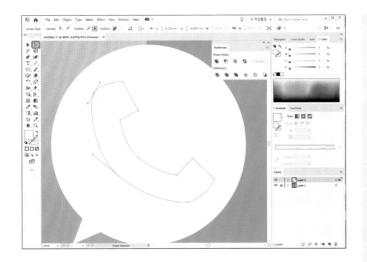

36 만든 수화기 오브젝트는 화면을 확대하고 직접 선택 툴(▷)로 세세하게 조정하여 완성합니다.

강의노트 ✏️

세밀한 작업을 위해 화면을 확대할 때 돋보기 툴로 클릭 또는 단축키 Ctrl + + 를 누르면 쉽게 확대 비율을 조절할 수 있습니다.

37 수화기 오브젝트와 말풍선 오브젝트를 모두 선택하고 [Path finder] 패널에서 Exclude(⬛) 버튼을 클릭합니다.

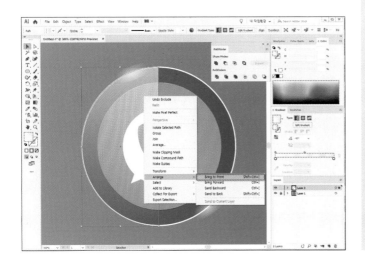

38 입체 효과를 나타내는 반원 오브젝트를 선택하고 마우스 오른쪽 버튼을 클릭해 [Arrange]-[Bring to Front]를 실행하여 겹쳐지는 순서를 정리합니다.

39 마지막 유튜브 아이콘을 만들기 위에 앞서 만들었던 전화 아이콘 오브젝트를 복사합니다.

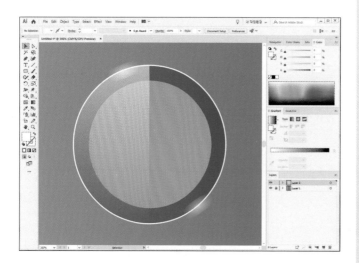

40 복사한 아이콘 오브젝트에서 말 풍선 오브젝트를 삭제합니다.

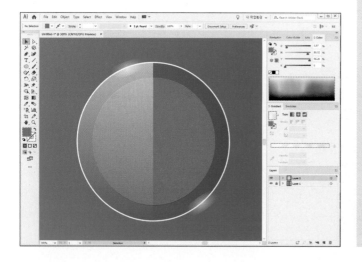

41 작은 원 오브젝트의 면 색상을 빨 간색으로 변경합니다.

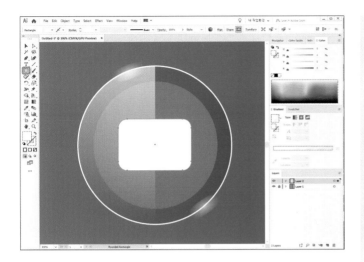

42 둥근 사각형 툴(□)로 흰색 둥근 사각형 오브젝트를 만듭니다.

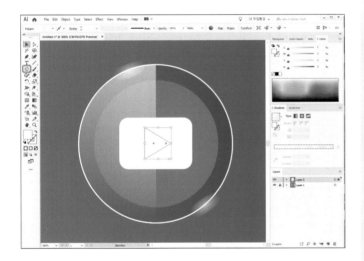

43 다각형 툴(○)로 오른쪽 방향의 삼각형을 만듭니다.

강의노트 ✏️

간단한 형태는 펜 툴로 직접 그려도 좋습니다. 원하는 모양을 직접 그리면서 실력을 키워나가면 더 복잡한 모양도 쉽게 그릴 수 있습니다.

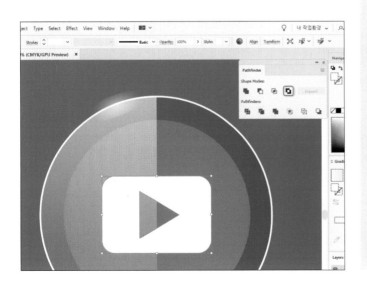

44 둥근 사각형 오브젝트와 삼각형 오브젝트를 모두 선택하고 [Pathfinder] 패널에서 Exclude(□) 버튼을 클릭해 겹쳐진 부분을 제거합니다.

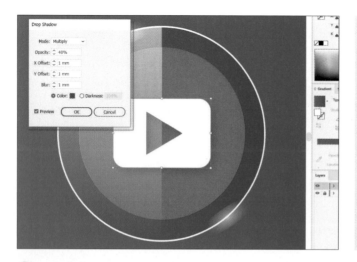

45 흰색 오브젝트를 선택하고 [Effect]-[Stylize]-[Drop Shadow]를 실행하여 그림자를 적용합니다.

보충수업 용도에 맞는 도큐먼트 사이즈 적용하기

일러스트레이터 CC에서는 용도에 맞게 작업할 수 있도록 다양한 사이즈의 도큐먼트를 제공하고 있습니다. 따로 사이즈를 모르더라도 일러스트레이터가 제공하는 형식의 도큐먼트를 선택하여 쉽게 작업할 수 있습니다.

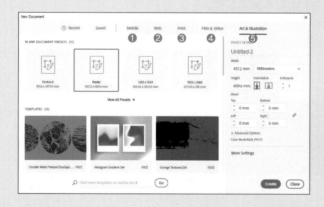

❶ 모바일(Mobile) 기기용 문서 크기

- iPhone 6 : 750×1334 px
- iPhone 6 Plus : 1242×2208 px
- iPad Pro : 2048×2732 px

❷ 웹(Web)용 문서 크기

- 일반 : 1366×768 px
- 웹(대형) : 1920×1080 px
- 웹(최소) : 1024×768 px

❸ 인쇄(Print)용 문서 크기

- 편지 : 215.9×279.4mm
- A4 : 210×297 mm

❹ 영화 및 비디오용(Film & Video) 문서 크기

- HDV720 : 1280×720 px
- HDV1080 : 1920×1080 px

❺ 아트 및 일러스트레이션용(Art & Illustration) 문서 크기

- 엽서 : 101.6×197.56 mm
- 포스터 : 457.2×609.6 mm

 실전문제

01. 채팅 아이콘을 만들어 보세요.

완성파일 part03-05.ai

Hint [Pathfinder] 패널의 [Unite], [Exclude] 기능으로 채팅 아이콘의 말풍선 오브젝트를 만듭니다.

02. 트위터 아이콘을 만들어 보세요.

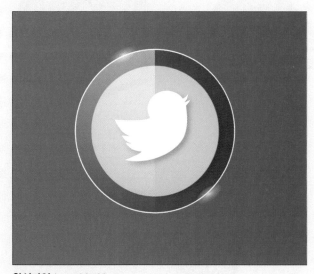

완성파일 part03-06.ai

Hint 원형 툴과 펜 툴로 새 모양을 만들고 [Pathfinder]의 합치기 기능으로 하나의 오브젝트로 합칩니다.

단체의 상징을 나타내는 엠블럼 디자인

이번 시간에는 일러스트레이터의 드로잉 툴을 이용하여 단체를 상징하는 엠블럼을 디자인해 봅니다. 엠블럼은 학교나 스포츠 클럽, 단체 등의 심벌 마크로 제작되며 회사의 제품에 심벌로 이용되기도 합니다. 단체의 휘장, 깃발, 모자, 티셔츠, 배지 등과 같은 대내외적으로 단체를 알리고, 차량의 라디에이터 그릴이나 트렁크리드 쪽에 엠블럼을 붙여 자사의 심벌로 삼기도 합니다. 엠블럼은 소속감을 나타내는 중요한 역할 뿐만 아니라 판매나 브랜드 이미지를 높이는 데 중요한 역할을 합니다.

Zoom In
알찬 예제로 배우는
엠블럼 디자인
실전학습

완성 파일 part03-07.ai

Keypoint Tool

_ **스포이드 툴** 오브젝트의 색상이나 속성을 복사할 수 있습니다.

_ **가위 툴** 열린 패스로 오브젝트를 자를 수 있습니다.

Knowhow

_ 오브젝트의 선 굵기와 색상을 이용하여 겹쳐진 오브젝트가 잘려진 듯한 효과를 낼 수 있습니다.

_ 레이어의 순서에 따라 오브젝트들 간의 겹쳐지는 순서가 변경됩니다.

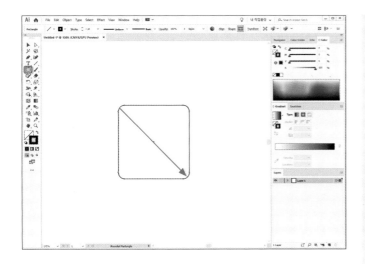

01 새 도큐먼트를 열고 둥근 사각형 툴(□)로 Shift + Alt 를 누른 상태에서 드래그하여 둥근 정사각형을 만듭니다.

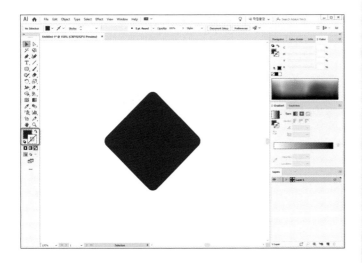

02 Shift 를 누른 상태에서 둥근 사각형 오브젝트의 바운딩 박스를 조절하여 45° 회전시킨 후 면 색상은 어두운 남색, 선 색상은 None으로 설정합니다.

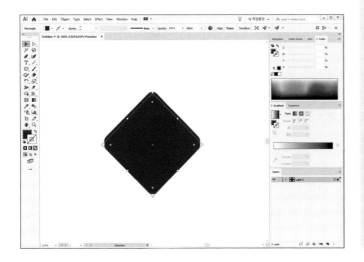

03 둥근 사각형 오브젝트를 선택한 상태에서 Ctrl + C , Ctrl + V 를 순서대로 눌러 복사합니다.

강의노트 🖉

겹쳐지는 오브젝트들 중에서 일부 모양이 비슷하다면 기존 오브젝트를 복사한 후 변형하는 것이 작업 속도를 높일 수 있습니다.

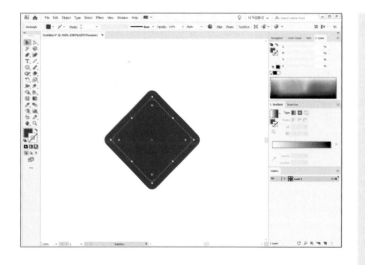

04 두 오브젝트의 중심을 맞추고 Shift + Alt 를 누른 채 두 번째 만든 오브젝트의 바운딩 박스를 조절하여 크기를 축소합니다.

강의노트 ✎

단순히 바운딩 박스를 이용하는 것 외에도 툴 패널의 크기 조절 툴은 선택하고 오브젝트의 외곽 부분을 드래그하면 자유롭게 크기를 조절할 수 있습니다.

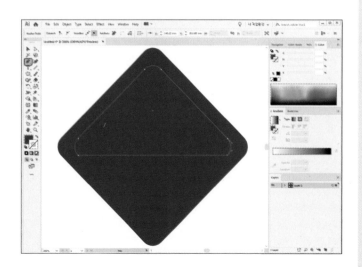

05 펜 툴(✏)로 아래의 모서리 조절점 두 개를 클릭하여 삭제합니다.

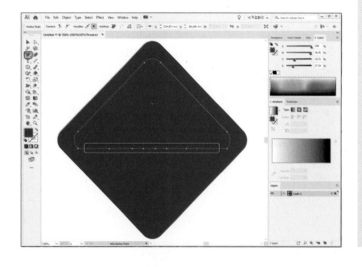

06 펜 툴(✏)로 하단 직선 부분을 여러 번 클릭하여 조절점을 추가합니다.

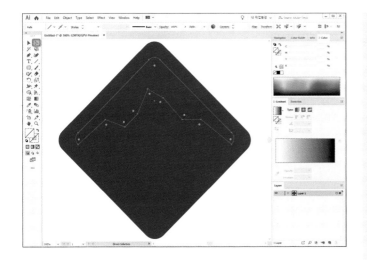

07 직접 선택 툴( )로 추가한 조절점의 위치를 조절하여 산 모양을 만듭니다.

강의노트 ✏️

마우스로 오브젝트의 조절점을 드래그하여 이동하거나, 이동시킬 조절점을 선택한 후 키보드의 상하좌우 방향키를 눌러 더 세밀하게 조정할 수 있습니다.

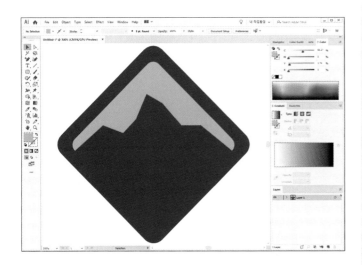

08 면 색상을 밝은 파란색으로 지정하여 산 위의 하늘을 만듭니다.

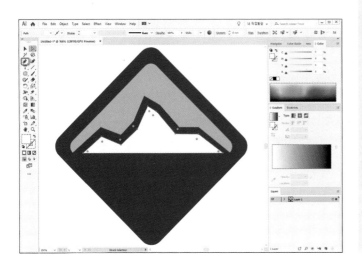

09 Ctrl 을 누르고 도큐먼트의 빈 공간을 클릭하여 선택을 해제합니다. 면 색상을 흰색으로 지정한 다음 펜 툴( )로 산 모양의 오브젝트를 만듭니다.

알찬 예제로 배우는
일러스트레이터 CC

10 **Ctrl**을 누르고 도큐먼트의 빈 공간을 클릭하여 선택을 해제합니다. 툴 패널의 스포이드 툴(📏)을 선택하고 오브젝트의 짙은 남색 부분을 클릭하여 면 색상을 동일하게 지정한 후 펜 툴(✏)로 산의 그림자 모양의 오브젝트를 만듭니다.

11 같은 방법으로 산이 빛을 받는 모양의 흰색 오브젝트들을 만듭니다.

강의노트 ✏

일러스트레이터에서는 펜 툴은 잘 다루어야 합니다. 펜 툴로 그리는 연습을 계속하여 자유롭게 오브젝트를 그릴 수 있도록 노력해봅니다.

12 툴 패널의 스포이드 툴(📏)을 선택하여 오브젝트의 짙은 남색 부분을 클릭하여 지정하고 펜 툴(✏)로 리본 띠 모양의 오브젝트를 만들고 선 색을 흰색으로 지정합니다.

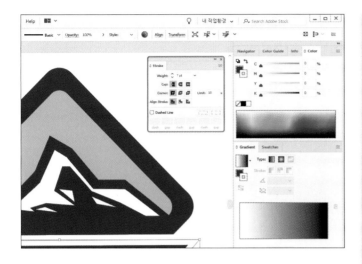

13 [Window]–[Stroke]을 실행하고 띠 오브젝트의 Stroke의 Weight를 7pt로 지정합니다.

강의노트 ✎

Stroke의 Weight는 도형의 크기에 따라 굵게 또는 얇게 지정해야 합니다. 도형이 작으면 Weight가 두껍게 지정되지 않기 때문에 상황에 따라 임의로 지정해줘야 합니다. 여기에서 7pt가 지정이 되지 않을 경우 앞에서 그린 리본때 모양의 크기(높이)를 크게 만들어줘야 합니다.

14 문자 툴([T])로 "OUTDOORS"를 입력하고 글꼴, 색상, 크기 등을 임의로 조절한 다음 띠 오브젝트 위로 위치시킵니다.

강의노트 ✎

문자를 입력하고 크기와 문자 사이의 간격을 나타내는 자간, 줄 바꿈되는 간격인 행간을 조정하는 작업은 자주 사용하게 됩니다. 문자 편집 상태에서 블록을 지정한 다음 문자의 크기를 조정할 때에는 [Ctrl]+[Shift]+[[], []]를 눌러 확대 및 축소 시킬 수 있습니다. 자간의 조정은 [Alt]를 누르고 좌우 방향키를 눌러서 줄이거나 넓힐 수 있으며, 행간은 [Alt]와 상하 방향키를 눌러 조정할 수 있습니다.

15 띠 오브젝트와 문자 오브젝트를 모두 선택하고 [Ctrl]+[G]를 눌러 그룹화한 다음 [Effect]–[Warp]–[Arc]를 실행합니다.

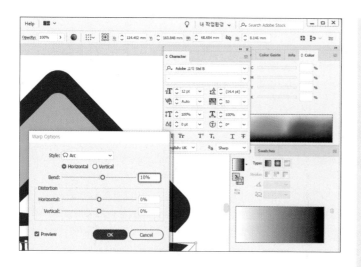

16 [Warp Options] 대화상자에서 Bend 항목을 10%로 조정하고 [OK] 버튼을 클릭합니다.

17 부채꼴로 변형한 띠 오브젝트를 Shift + Alt 를 누른 채 아래로 드래그하여 복사합니다.

강의노트 🖉

Shift 를 누른 채 이동해야 수직, 수평으로 복사가 됩니다.

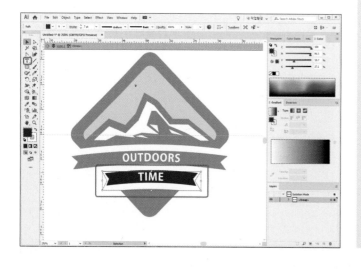

18 복사한 띠 오브젝트의 바운딩 박스를 Shift + Alt 를 눌러 크기를 적절히 축소한 다음 문자 오브젝트를 더블클릭하여 문자 툴(T)을 클릭하여 OUTDOO RS를 "TIME"으로 변경 및 크기와 위치를 조절합니다.

19 조정이 끝나면 [ESC]를 눌러 세부 레이어를 빠져나와 엠블럼 오브젝트를 완성합니다.

강의노트 ✏️

엠블럼은 심플하고도 강력하게 의미를 전달해야 하므로 눈에 잘 읽히는 글꼴을 선택하여 적용하는 것이 좋습니다.

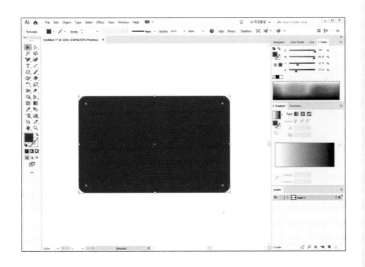

20 계속해서 도큐먼트 빈 공간에 둥근 사각형 오브젝트를 만들고 면 색상은 짙은 남색, 선 색상은 None 으로 설정합니다.

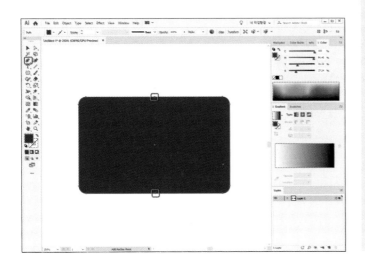

21 펜 툴(✏️)로 둥근 사각형 오브젝트의 윗면과 아랫면 외곽선 중앙을 각각 클릭하여 포인트를 추가합니다.

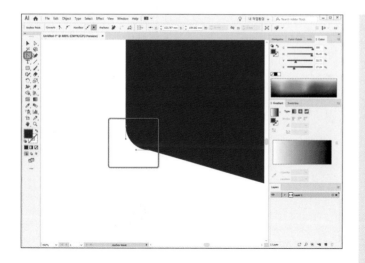

22 직접 선택 툴( )로 윗면에 추가한 포인트는 위로, 아랫면에 추가한 포인트는 아래로 이동시켜 육각면체 모양을 만듭니다. 어색한 둥근 모서리 부분은 포인트 변환 툴( )로 조절점을 클릭하여 부드럽게 이어지도록 합니다.

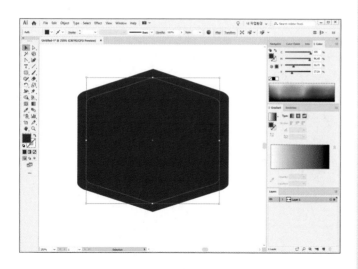

23 육각형 오브젝트를 복사한 다음 겹쳐지도록 이동시키고 크기를 축소합니다.

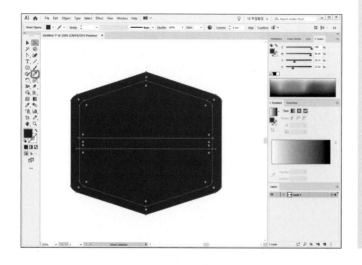

24 작은 육각형을 나누기 위해 툴 패널에서 나이프 툴( )을 선택하고 왼쪽에서 오른쪽으로 Shift + Alt 를 누른 상태로 두 번 드래그하여 화면과 같이 3등분합니다.

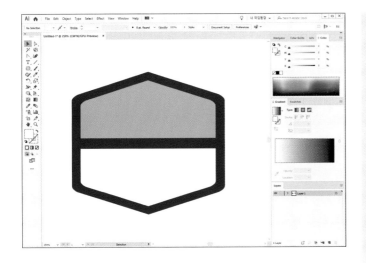

25 잘려진 중앙 부분은 Delete 를 눌러 삭제하고 위, 아래 부분은 각각 하늘색, 흰색으로 면 색상을 지정합니다.

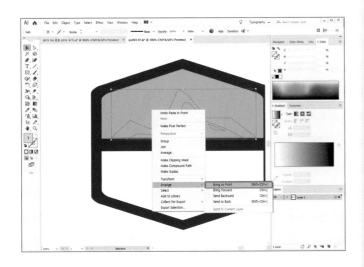

26 앞서 만든 엠블럼의 산 오브젝트를 복사한 후 하늘색 오브젝트 위로 겹쳐지도록 위치합니다. 산 오브젝트가 가려져 보이지 않는 경우 마우스 오른쪽 버튼을 클릭해 [Arrange]-[Bring to Front]를 실행합니다.

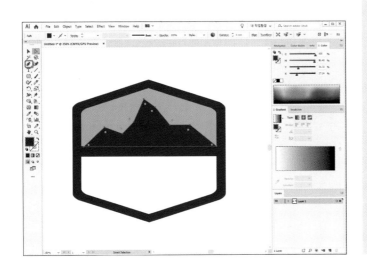

27 Ctrl 을 누른 채 빈 공간을 클릭하여 선택을 해제합니다. 스포이드 툴( )로 짙은 남색 부분을 클릭하여 면 색상을 복사하고 펜 툴( )로 복사해온 산 오브젝트를 덮을 정도의 더 큰 산 오브젝트를 만듭니다.

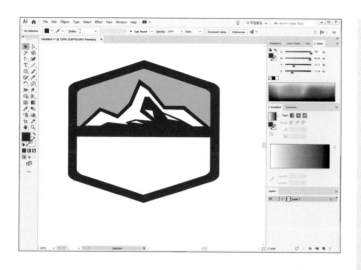

28 [Arrnage]-[Send Backward]를 여러 번 반복하여 그림과 같이 겹쳐지는 순서를 정리합니다.

강의노트 ✏️

순서를 바꾸려는 오브젝트를 선택한 후 Ctrl +①, ①를 눌러 조정합니다.

29 Shift + Alt 를 누른 채 원형 툴 (◯)로 드래그하여 정 원을 만 듭니다. 면 색상은 흰색, 선 색상은 None으로 지정합니다.

30 [Arrnage]-[Send Backward]를 여러 번 반복하여 해 오브젝트 가 산 오브젝트 뒤로 가도록 위치시킵니다. 문자 툴은 이용하여 "MOUNTAIN", "SUNSET"을 입력하고 글꼴, 색상, 크 기, 위치를 조절하여 완성합니다.

 실전문제

01. 사각형 모양의 엠블럼을 제작해 보세요.

완성파일 | part03-08.ai

Hint 별형 툴은 선택한 상태에서 키보드 방향키를 눌러 꼭지점이 4개인 별을 만듭니다.

02. 원형 엠블럼을 제작해 보세요.

완성파일 | part03-09.ai

Hint 문자 툴로 문자들을 입력한 다음 [Effect]-[Warp]-[Arc]를 실행하여 휘어지도록 설정합니다.

3D 그림 그리기

일러스트레이터는 3D 그림을 그릴 수 있는 투시 툴 등을 제공합니다. 앞에서 배운 툴 외에도 입체감을 나타낼 수 있는 다양한 기능을 제공하고 있습니다. 이러한 툴과 기능들을 이용하여 모바일 게임에서 흔히 볼 수 있는 게임 환경을 입체감 있게 만들어 보도록 합니다.

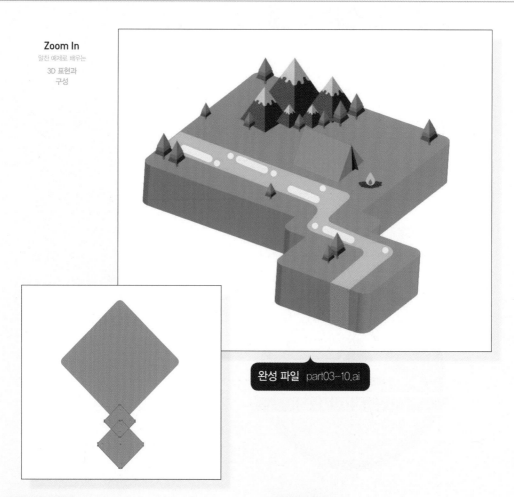

Zoom In
알찬 예제로 배우는
3D 표현과
구성

완성 파일 part03-10.ai

Keypoint Tool

_ 3D 기능 입체감있는 효과를 적용할 수 있습니다.

_ 나이프 툴 닫힌 패스로 오브젝트를 자를 수 있습니다.

Knowhow

_ 도형 툴과 펜 툴로 만든 오브젝트에 음영 색상을 적용하여 입체감 있게 표현할 수 있습니다.

_ [Alt]를 누르면 쉽게 오브젝트를 복사할 수 있습니다.

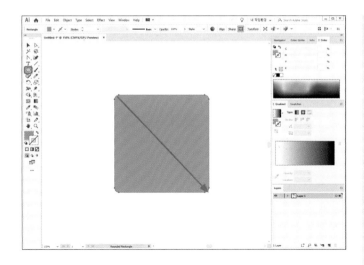

01 새 도큐먼트를 열고 Shift + Alt 를 누른 채 둥근 사각형 툴 (▢)로 드래그하여 둥근 사각형 오브젝트를 만듭니다. 면 색상은 연두색, 선 색상은 None으로 지정합니다.

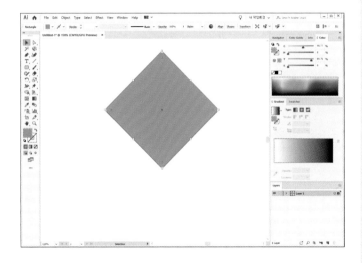

02 Shift 를 누른 채 둥근 사각형 오브젝트의 바운딩 박스를 조절하여 다이아몬드 모양으로 회전시킵니다.

강의노트 🖉

회전 툴 또는 마우스 포인터를 바운딩 박스 모서리에 위치시키고 회전 모양으로 바뀌었을 때 드래그하여 오브젝트를 회전시킵니다. 이 때 Shift 를 누르면 정확하게 30°, 45°, 90° 방향으로 회전할 수 있습니다.

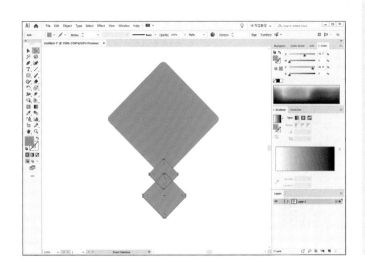

03 둥근 사각형 오브젝트를 복사하여 크기가 각각 다르게 2개를 더 만듭니다. 3개의 오브젝트가 서로 겹치도록 화면과 같이 위치시킵니다.

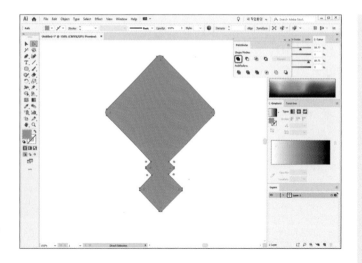

04 모든 오브젝트를 선택하고 [Window]-[Pathfinder]를 실행하여 나타나는 [Pathfinder] 패널에서 Unite(■) 버튼을 클릭해 하나의 오브젝트로 결합합니다.

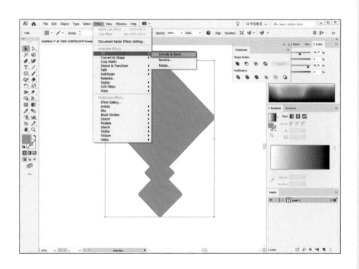

05 오브젝트를 선택하고 [Effect]-[3D]-[Extrude & Bevel]을 실행합니다.

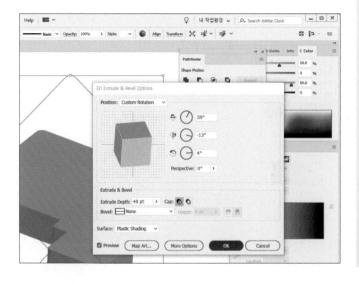

06 [3D Extrude & Bevel Options] 대화상자에서 사각형을 드래그하여 x, y, z 축을 조절합니다. 하단의 Preview 항목을 선택하면 3D가 적용된 모습을 미리보면서 조절할 수 있습니다.

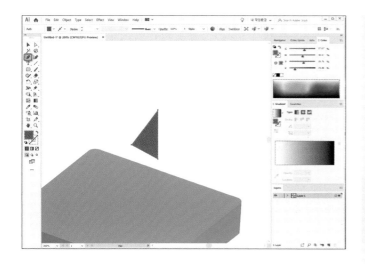

07 이번에는 산을 만들어 봅니다. 도큐먼트의 빈 공간에 펜 툴( )로 삼각형을 만들고 면 색상은 회색, 선 색상은 None으로 설정합니다.

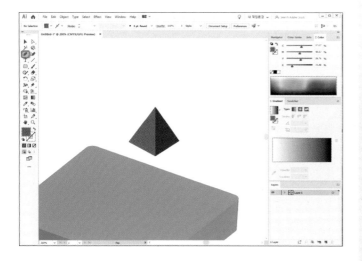

08 산의 반대편도 펜 툴( )로 삼각형을 그려 만듭니다. 면 색상은 짙은 회색으로 지정합니다.

강의노트 🖉

빛의 방향을 고려하여 오브젝트의 색상을 조절하면 2D 오브젝트도 3D의 입체감을 적용할 수 있습니다.

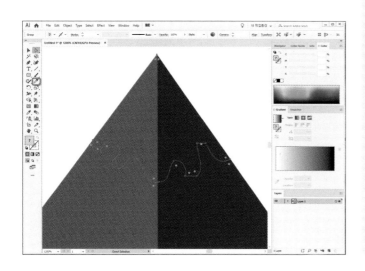

09 나이프 툴( )로 산의 위쪽 부분을 자유롭게 드래그하여 잘라줍니다.

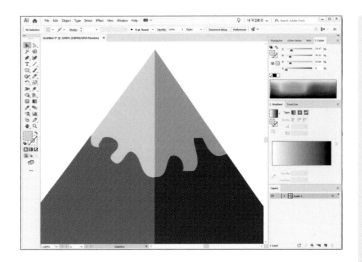

10 잘린 윗 부분은 밝은 회색, 조금 어두운 회색을 지정하여 눈이 덮힌 효과를 줍니다.

11 완성한 산 오브젝트는 그룹화한 뒤 앞서 만든 대지 위에 위치시킵니다. Alt 를 누른 상태에서 드래그하여 복사한 다음 크기를 조절합니다.

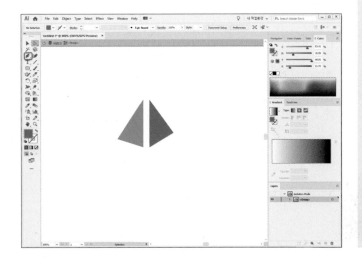

12 이번에는 나무를 만들어보겠습니다. 산 오브젝트를 만들 때와 마찬가지로 펜 툴( )로 두 삼각형을 그립니다. 면 색상은 초록색, 짙은 초록색으로 설정합니다.

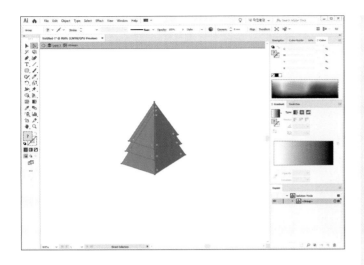

13 두 삼각형 오브젝트를 [Alt]를 누른 채 위로 드래그하여 2번 더 복사합니다.

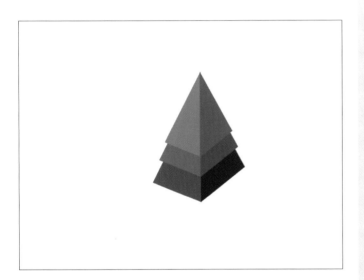

14 크기와 색상을 조절하여 그림과 같이 입체감있게 표현합니다.

강의노트 ✎

입체감을 위해 색상을 적용할 때에는 밝기 정도만 다르게하여 색상을 적용합니다.

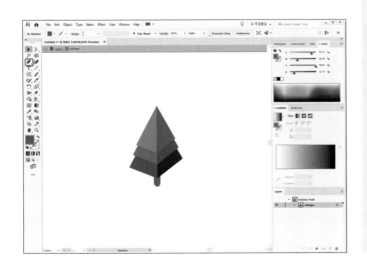

15 펜 툴(🖋)을 이용하여 나무의 밑둥을 만들고 면 색상은 어두운 갈색으로 설정한 후 [Arrange]-[Bring Backward] 메뉴를 몇 번 선택해서 화면과 같이 위치를 변경합니다.

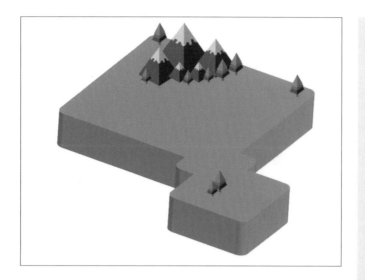

16 완성한 나무 오브젝트는 그룹화한 다음 대지 오브젝트 위에 위치하고 Alt 를 누른 채 드래그하여 복사 및 크기를 조절하여 어울리도록 배치합니다.

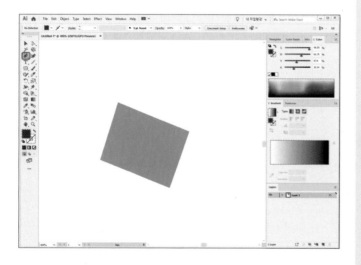

17 텐트를 만들기 위해 도큐먼트의 빈 공간에 펜 툴( )로 하늘색 사각형 오브젝트를 만듭니다. 입체의 각도를 고려하여 비스듬하게 그립니다.

강의노트

3D 오브젝트들과 2D 오브젝트들을 어울리게 배치하기 위해서는 기울어진 정도를 일치시켜야 합니다.

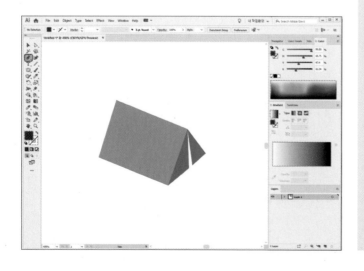

18 그림과 같이 펜 툴( )로 삼각형 두 개를 그려 텐트의 앞 부분을 그립니다. 면 색상은 입체감을 주기 위해 조금 더 어두운 파란색으로 설정합니다.

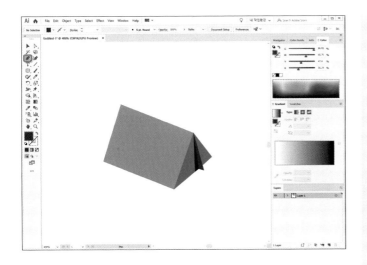

19 텐트의 나머지 부분도 펜 툴(🖊)을 이용하여 그린 다음 색상을 적용합니다. 완성된 텐트 오브젝트는 모두 선택하고 Ctrl+G를 눌러 그룹화합니다.

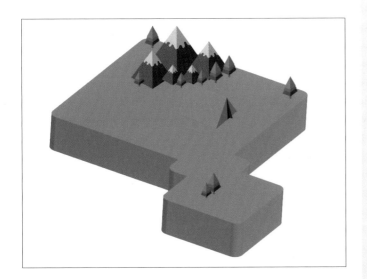

20 텐트 오브젝트를 대지 오브젝트 위에 위치 시키고 크기를 조절합니다.

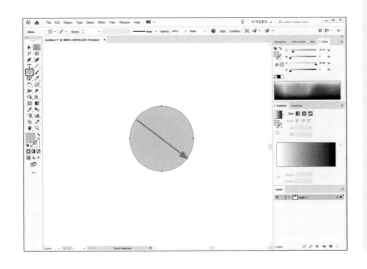

21 모닥불 오브젝트를 만들기 위해 도큐먼트 빈 공간에 Shift+Alt를 누른 채 원형 툴(◯)로 드래그하여 정원을 만듭니다. 면 색상은 노란색, 선 색상은 None으로 지정합니다.

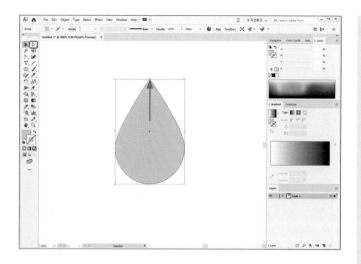

22 포인트 변환 툴( )로 원 오브젝트의 상단에 있는 포인트를 드래그하여 뾰족하게 만든 다음 직접 선택 툴( )로 뾰족한 조절점을 위로 드래그하여 불 모양을 만듭니다.

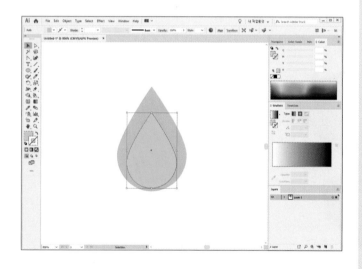

23 앞서 만든 불 모양 오브젝트를 복사하고 면 색상을 주황색으로 설정한 다음 그림과 같이 크기와 위치를 조정합니다.

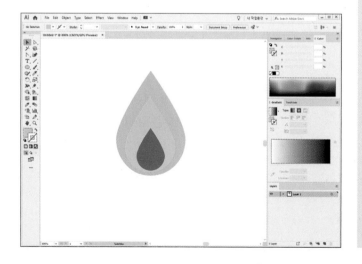

24 같은 방법으로 빨간색 불 모양 오브젝트를 겹치도록 만듭니다. 만들어진 불 오브젝트는 모두 선택하여 Ctrl + G 를 눌러 그룹화합니다.

강의노트 ✏

이미 그룹한 오브젝트를 그룹 해제하려면 Ctrl + Shift + G 를 누릅니다.

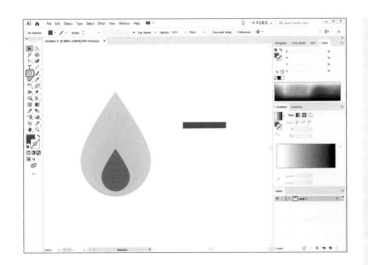

25 장작을 만들기 위해 사각형 툴 (□)로 가로로 긴 직사각형을 그립니다. 면 색상은 갈색으로 지정합니다.

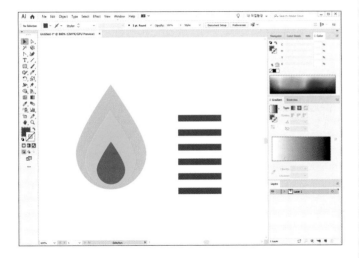

26 Alt 를 누른 상태에서 드래그 앤 드롭하여 여러 개 복사합니다.

강의노트 ✎

오브젝트를 Alt 를 누른 채 드래그하여 복사한 후 Ctrl + D 를 누르면 앞서 수행한 명령을 반복적으로 실행하여 오브젝트를 다중 복제 합니다.

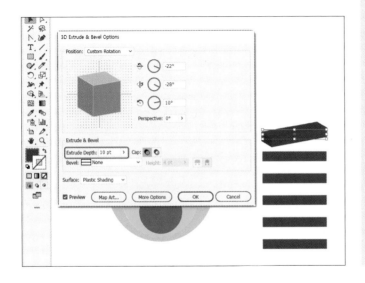

27 사각형 오브젝트 하나를 선택하고 [Effect]- [3D]-[Extrude & Bevel]을 실행한 다음 [Extrude & Bevel Options] 대화상자에서 각도를 조절하고 Extrude Depth를 10pt로 설정하여 장작 모양을 만듭니다.

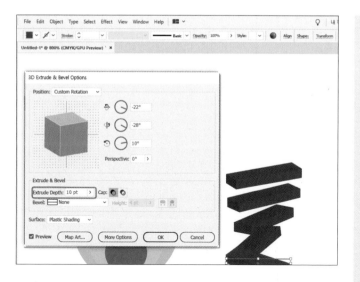

28 같은 방법으로 장작 오브젝트를 여러 개 만듭니다.

강의노트

위치의 육면체 아이콘을 마우스로 클릭한 채 드래그하여 원하는 각도의 입체를 만들 수도 있습니다.

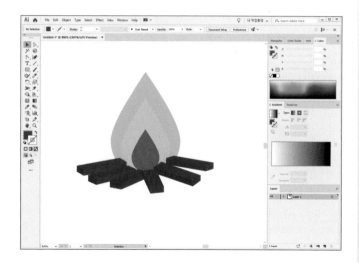

29 3D를 적용한 장작을 불 오브젝트 하단으로 겹치도록 위치시킵니다.

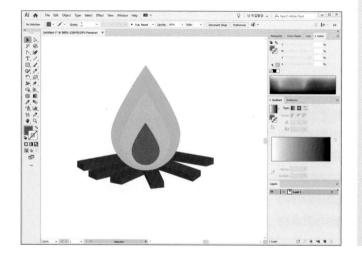

30 불 오브젝트를 선택하고 마우스 오른쪽 버튼을 클릭해 [Arrange]-[Bring to Front]를 실행하여 겹쳐지는 순서를 정리합니다.

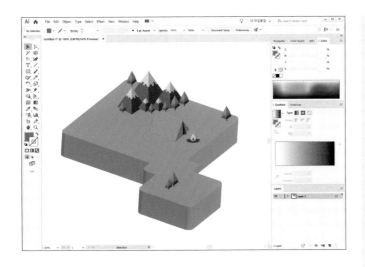

31 완성된 모닥불 오브젝트를 텐트 오브젝트 앞으로 위치시킵니다.

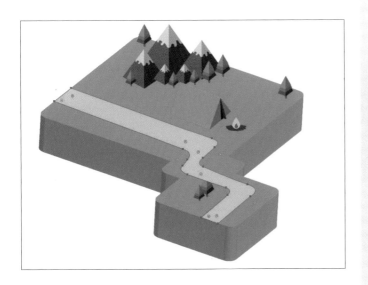

32 Ctrl 을 누른 채 빈 공간을 클릭하여 선택을 해제합니다. 면 색상을 하늘 색으로 지정한 다음 펜 툴(✏️)로 대지 오브젝트 위에 강 모양을 그려 만듭니다.

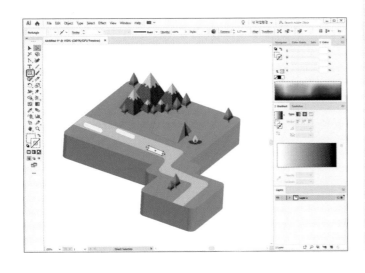

33 둥근 사각형 툴(▢)로 강의 흐름을 나타내는 긴 둥근 사각형 오브젝트를 만듭니다. 바운딩 박스를 조절하여 강 오브젝트와 어울리도록 회전시킨 후 적절하게 위치시킵니다.

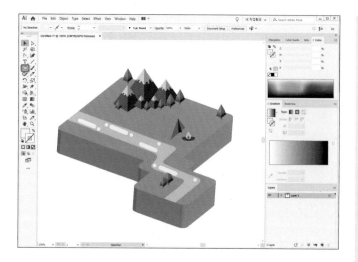

34 원형 툴(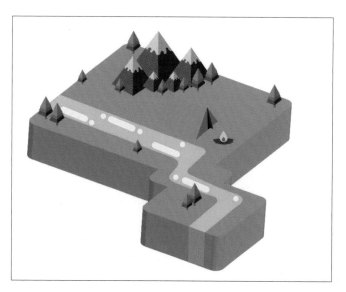)로 원을 그려 좀 더 강 오브젝트가 사실감이 있도록 표현합니다.

35 펜 툴(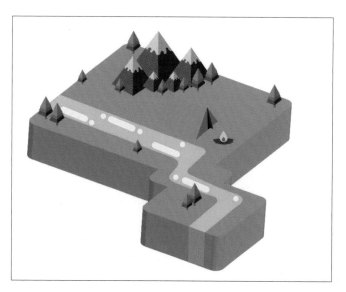)로 강이 흐르는 모양 을 만들고 비어있는 공간을 나무 오브젝트를 복사하여 배치하여 완성합 니다.

 실전문제

01. 3D 기능을 이용하여 입체감 있는 대지와 도로를 만들어 보세요.

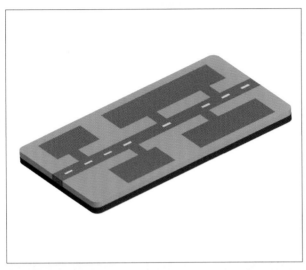

완성파일 | part03–11.ai

Hint 둥근 사각형 오브젝트 위로 도로와 차도의 선을 표현하는 오브젝트를 만들고 [Ctrl]+[G]를 눌러 그룹화한 다음
[Effect]– [3D]–[Extrude & Bevel]를 실행합니다.

02. 펜 툴은 활용하여 입체감 있는 건물과 나무를 만들어 보세요.

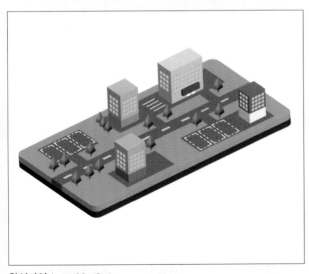

완성파일 | part03–12.ai

Hint 직사각형 오브젝트에 [Effect]–[3D]–[Extrude & Bevel]를 실행하여 건물을 만들고 펜 툴을 이용하여 비스듬한
사각형을 그린 다음 복사와 붙여넣기를 반복하여 창문을 완성합니다.

한 눈에 들어오는 포스터 디자인

이제 일러스트레이터 사용법이 조금 능숙해지셨나요? 그럼 이번 시간에는 익숙해진 툴과 기능들을 본격적으로 활용해 보는 시간을 가져봅니다. 대학가 길에서 가장 많이 볼 수 있는 포스터는 행사와 서비스 내용에 따라 매우 다양하게 표현됩니다. 행사 포스터는 핵심 내용을 다양한 색상으로 포인트를 강조하여 눈길을 사로잡습니다. 귀여운 그림으로 이루어진 포스터부터 알록달록한 포스터까지 한 번 만들어봅니다.

Zoom In
알찬 예제로 배우는
핵심+포인트
느낌있는 포스터

완성 파일 part03-13.ai

Keypoint Tool

_ **그림자 효과 기능** 오브젝트의 그림자를 적용할 수 있으며 그림자의 색상과 속성을 세밀하게 조정할 수 있습니다.

_ **외곽선 만들기 기능** 문자 오브젝트를 도형 오브젝트로 변환하여 자유롭게 편집할 수 있습니다.

Knowhow

_ 블렌드 기능을 이용하여 쉽고 간편하게 무늬를 만들 수 있습니다.

_ 같은 속성을 가진 오브젝트를 그룹화하면 작업에 편리합니다.

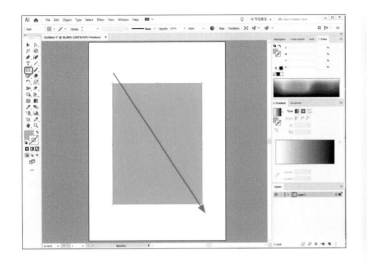

01 새 도큐먼트를 열고 사각형 툴 (□)로 포스터 배경으로 사용할 세로로 긴 직사각형을 만듭니다. 면 색상은 하늘색, 선 색상은 None으로 지정합니다.

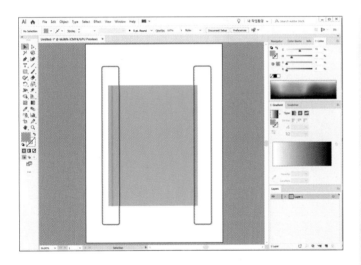

02 배경 무늬를 만들기 위해 세로로 긴 직사각형을 만들어 면 색을 설정하고 Shift + Alt 를 누른 채 오른쪽으로 드래그하여 복사합니다.

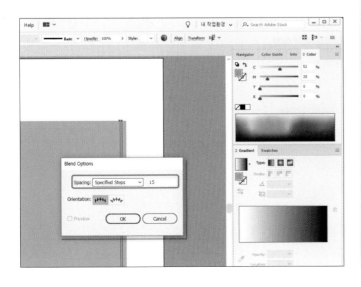

03 툴 패널에서 블랜드 툴(🔍)을 더블클릭하고 [Blend Options] 대화상자에서 Spacing을 Specified Steps, 값을 15로 입력하고 [OK] 버튼을 클릭합니다.

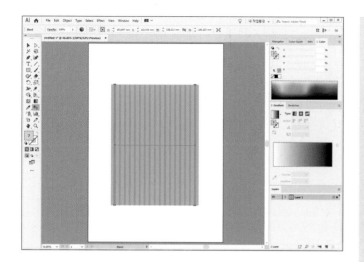

04 무늬용 사각형 오브젝트를 각각 한 번씩 클릭하여 스트라이프 줄무늬를 만듭니다.

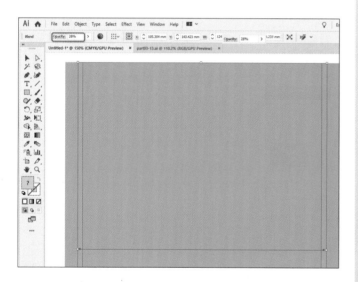

05 무늬 오브젝트가 선택된 상태에서 상단 바의 Opacity를 28%로 조정하여 색상이 연하게 만듭니다.

강의노트 🖉

오브젝트의 불투명도 수치가 클수록 기존의 색상을 그대로 나타내고 수치가 작을수록 점점 더 투명해집니다.

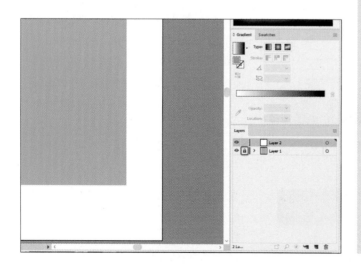

06 모든 오브젝트를 선택하고 Ctrl + G를 눌러 그룹화합니다. 이후 진행할 작업에 방해되지 않도록 [Layers] 패널에서 배경 레이어에 잠금을 설정하고 새 레이어를 추가합니다.

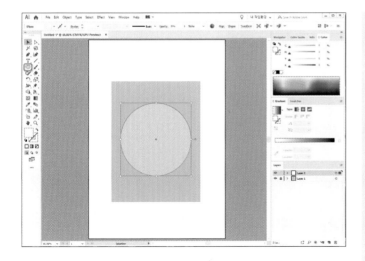

07 새로 추가된 레이어에서 배경 오 브젝트 중앙에 Shift + Alt 를 누른 채 원형 툴( )을 드래그하여 정 원을 만듭니다. 면 색상은 흰색으로 지 정하고 상단바에서 Opacity를 30%로 설정합니다. 이 역시 배경으로 사용되므 로 레이어에 잠금 설정을 하고 새 레이어 를 추가합니다.

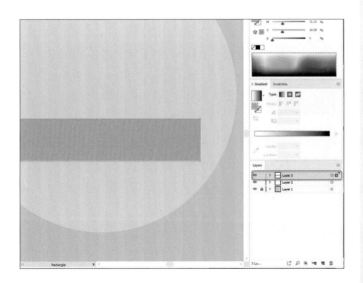

08 이제 본격적으로 가게 오브젝트 를 그려봅니다. 새로 추가된 레이 어에서 사각형 툴( )로 가로로 긴 직 사각형을 그립니다. 면 색상은 회색으로 설정합니다.

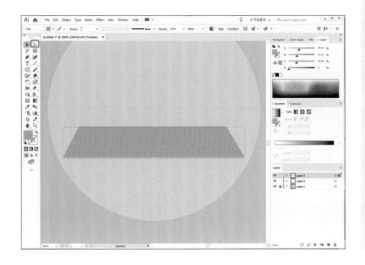

09 직접 선택 툴( )로 사각형 왼 쪽 상단 포인트를 선택한 후 우측 방향키를 여러 번 눌러 사다리꼴을 만듭 니다. 좌측 하단 포인트도 같은 방법으 로 움직여 사다리꼴을 만듭니다.

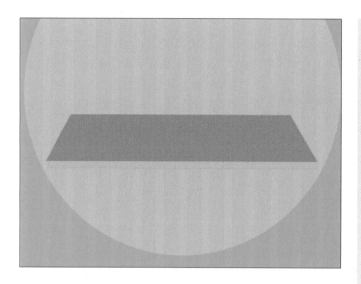

10 입체감을 위해 밝은 회색의 사각형 오브젝트를 만듭니다.

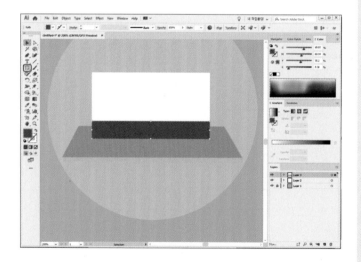

11 가게의 벽을 만들기 위해 사각형 툴(□)로 흰색 직사각형과 짙은 회색 직사각형을 만듭니다.

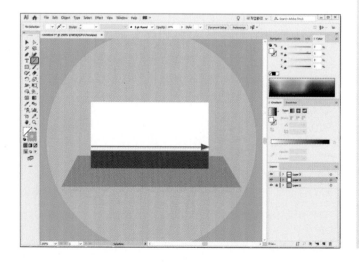

12 두 사각형 사이에 Shift를 누른 채 선분 툴(/)로 드래그하여 하늘색 직선을 만듭니다.

13 앞서 만든 진한 회색 사각형 오브젝트의 왼쪽과 오른쪽에 세로로 흰색 직선을 만든 후 블렌드 기능을 적용하여 간격이 일정한 세로 직선들을 여러 개 만들어 벽면의 무늬를 만듭니다.

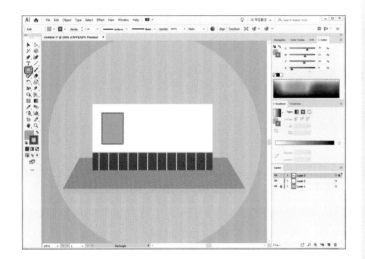

14 이번에는 창문을 만들어 봅니다. 사각형 툴(□)로 직사각형을 그린 후 면 색상은 하늘색, 선 색상은 짙은 회색으로 설정합니다.

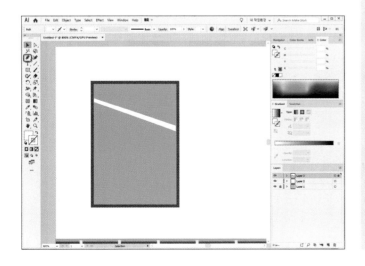

15 Ctrl + + 를 눌러 화면을 확대한 후 펜 툴(✐)로 유리창에 빛이 비친 모양의 사각형을 그립니다. 면 색상은 흰색으로 설정합니다.

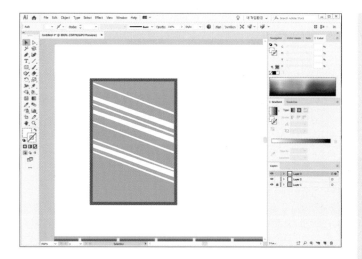

16 같은 방법으로 빛 줄기를 몇 개 더 만들고 Shift + Alt 를 누른 상태에서 드래그하여 복사합니다.

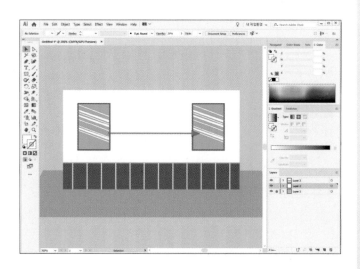

17 창문과 빛줄기 오브젝트를 선택하고 Ctrl + G 를 눌러 그룹화한 후 Shift + Alt 를 누른 채 오른쪽으로 드래그하여 창문 오브젝트를 복사합니다.

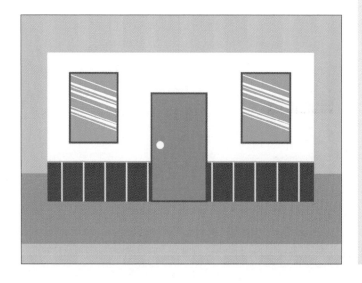

18 사각형 툴( )과 원형 툴( )로 문 오브젝트를 만듭니다.

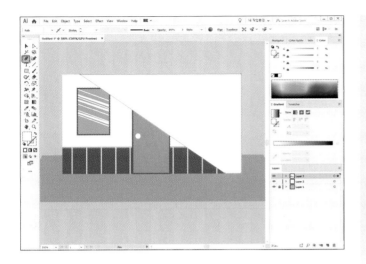

19 벽에 그림자 효과를 넣기 위해 펜 툴(✏)로 그림과 같은 도형을 그립니다.

강의노트 ✏

배경의 벽을 복사하여 Ctrl + F 를 누르면 복사한 위치에 겹치도록 붙이기가 됩니다. 화면과 같이 수정해서 사용할 수 있습니다.

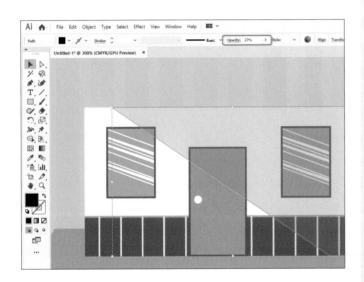

20 면 색상을 검은색으로 설정하고 상단 바에서 Opacity를 23%로 설정합니다.

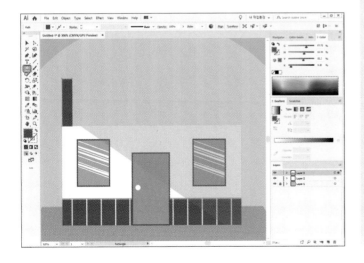

21 이번에는 지붕 차례입니다. 사각 형 툴(▭)로 세로로 긴 직사각 형을 하나 만듭니다.

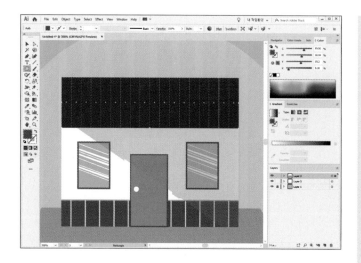

22 [Shift]+[Alt]를 누른 채 오른쪽 으로 드래그하여 직사각형을 여러 개 복사합니다.

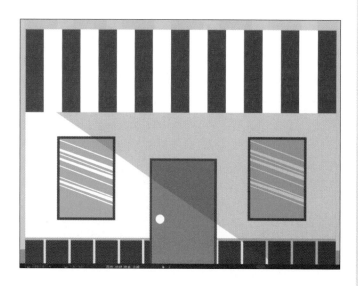

23 각 직사각형의 면 색상을 빨간색 과 흰색을 번갈아가면서 적용합니다.

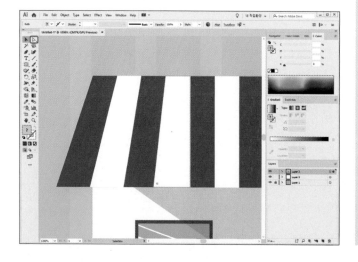

24 직접 선택 툴([▷])로 직사각형의 하단 포인트를 움직여 사다리꼴로 만듭니다.

강의노트 🖉

지붕을 한꺼번에 선택한 후 그룹으로 만들고 [Effect]-[Distort]-[Free Distort]로 변형 할 수도 있습니다.

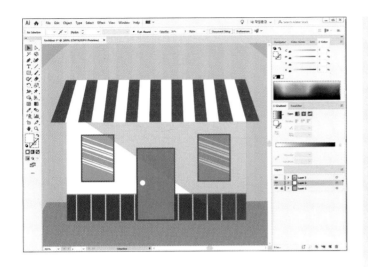

25 나머지 직사각형의 하단 포인트들도 모두 조절하여 전체적으로 지붕 모양이 되도록 합니다.

26 지붕 아래쪽에 원형 툴(◯)로 원을 만든 다음, 직접 선택 툴(▷)로 원의 상단 점을 선택하고 Delete 를 눌러 삭제하여 반원을 만듭니다. 면 색상은 지붕의 색보다 어두운 빨간색, 회색을 번갈아 가며 적용합니다.

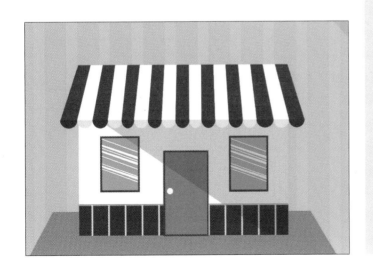

27 직사각형 오브젝트의 크기에 맞게 조절하면서 반원 오브젝트를 복사하여 지붕 오브젝트를 완성합니다.

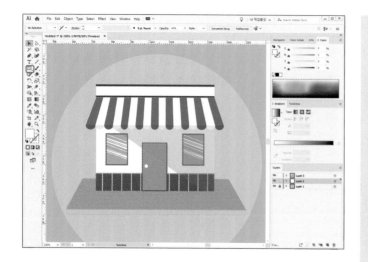

28 지붕 위에 사각형 툴(▢)로 3개의 가늘고 굵은 사각형 오브젝트를 만들고 면 색상을 각각 짙은 회색과 흰색을 지정합니다.

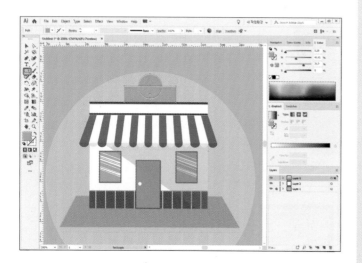

29 그 위에 사각형 툴(▢)과 원형 툴(◯)로 그림과 같이 만들고 면 색상을 주황색으로 설정합니다.

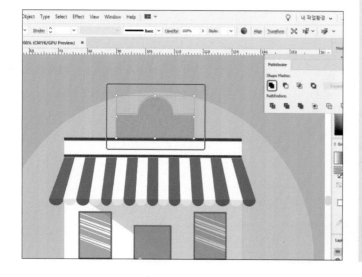

30 두 오브젝트를 Shift를 누른 채 각각 클릭하여 모두 선택한 후 [Window]-[Pathfinder]를 실행하여 나타난 [Pathfinder] 패널에서 Unite 버튼을 클릭해 하나의 오브젝트로 결합합니다.

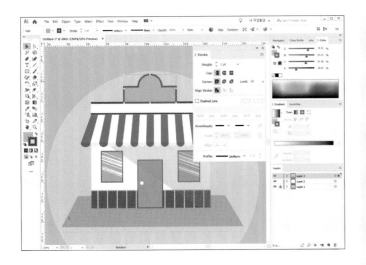

31 선 색상을 진한 회색으로 설정하고 [Window]-[Stroke]를 실행하여 선의 굵기를 굵게 설정합니다.

강의노트 ✎

Stroke 패널에서는 오브젝트의 외곽선 속성을 조절할 수 있습니다. 외곽선을 굵게 하면 오브젝트 두 개가 나란히 겹쳐있는 효과를 만들 수 있습니다.

32 문자 툴(T)로 간판 오브젝트 위를 클릭한 다음 "STORE"를 입력하고 상단바에서 글꼴, 글자색, 크기 등을 임의로 설정합니다.

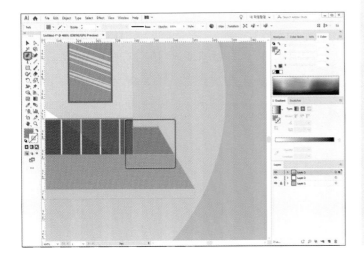

33 좀 더 입체감을 주기 위에 땅 오브젝트 위에 그림과 같이 펜 툴(✎)로 그림자 오브젝트를 만들고 색상을 적용합니다.

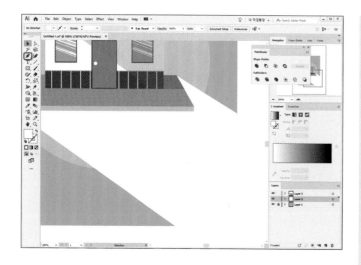

34 또 그림과 같이 땅 오브젝트 하단에 펜 툴(🖊)로 그림자가 비치는 모양의 오브젝트를 만듭니다.

강의노트 ✏️

추가하는 그림자는 앞서 작업한 그림자와 각도를 맞춰야 자연스러운 느낌을 줄 수 있습니다.

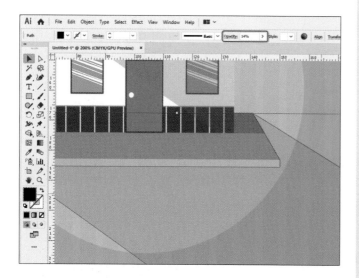

35 면 색상을 검은색으로 설정하고 상단 바에서 투명도를 조절합니다.

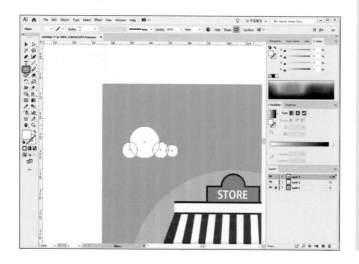

36 구름을 만들기 위해 원형 툴(⭕)로 크기가 각기 다른 원 4개를 만듭니다. 면 색상은 모두 흰색으로 설정합니다.

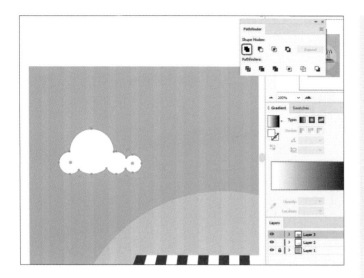

37 원 오브젝트가 모두 선택된 상태에서 [Window]-[Pathfinder]를 실행하고 Unite 버튼(■)을 클릭해 하나의 오브젝트로 결합합니다.

38 구름 오브젝트를 선택하고 [Effect]-[Stylize]-[Drop Shadow]를 실행합니다. [Drop shadow] 대화상자에서 Opacity 30%, X/Y Offset 1mm, Blur 0mm로 설정하고 [OK] 버튼을 클릭합니다.

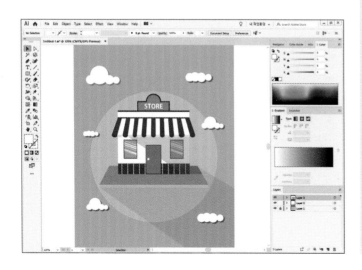

39 같은 방법으로 모양이 다른 구름 오브젝트를 하나 더 만들고 복사 및 크기를 조절하여 여러 개의 구름 오브젝트를 생성합니다.

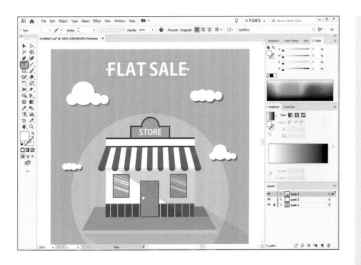

40 가게 오브젝트 상단을 문자 툴 (T)로 클릭하고 "FLAT SALE"을 입력한 다음 옵션 바에서 글꼴, 글자 색, 크기 등을 임의로 설정합니다.

강의노트 ✎

일러스트레이터는 PC에 저장되어 있는 글꼴만을 지원합니다. 인터넷에 무료로 배포된 글꼴이 많이 있으니 이를 PC에 설치하여 일러스트에 적용해 봅니다.

41 문자 오브젝트가 선택된 상태에서 [Effect]-[Stylize]-[Drop Shadow]를 실행합니다. [Drop Shadow] 대화상자에서 Opacity 30%, X Offset 1mm, Y Offset 0mm, Blur 0mm로 설정하고 [OK] 버튼을 클릭합니다.

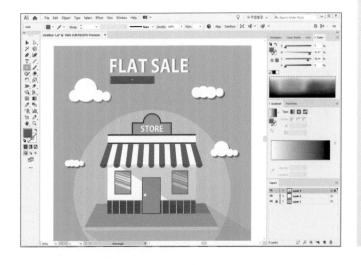

42 문자 오브젝트 아래에 빨간색 직사각형 오브젝트를 만듭니다.

43 빨간색 직사각형 오브젝트 왼쪽에 펜 툴( )을 이용하여 리본 끝 부분을 만듭니다. 입체감을 주기 위해 짙은 빨간색으로 면 색상을 지정합니다.

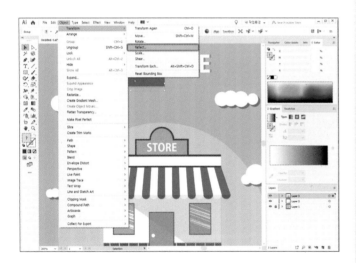

44 방금 만든 빨간색 오브젝트들을 모두 선택하고 Ctrl + G 를 눌러 그룹화한 다음 [Object]-[Transform]-[Reflect]를 실행합니다.

강의노트

툴 패널에서 반사 툴은 활용하여 선택한 오브젝트를 반사하여 복사할 수 있습니다. 반사 툴은 선택하고 우측 끝을 클릭한 후 Shift + Alt 키를 눌러 복사합니다.

45 [Reflect] 대화상자에서 'Axis'를 'Vertical'로 선택하고 [Copy] 버튼을 클릭합니다.

46 복사된 오브젝트를 기존 리본 오브젝트 옆으로 위치시킵니다. 두 리본 오브젝트를 선택하고 Ctrl+G를 눌러 그룹화한 후 위치를 알맞게 조정합니다.

47 문자 툴(T)로 리본 오브젝트 위를 클릭한 후 "PROMOTIONS AND OFFERS"를 입력하고 상단 바에서 글꼴, 글자 색, 크기 등을 설정합니다.

48 가게 오브젝트 하단에도 문자 툴(T)로 "YOUR STORE HERE"를 입력하여 포스터 오브젝트를 완성합니다.

 실전문제

01. 뮤직 파티를 홍보하는 포스터를 만들어 보세요.

완성파일 | part03-14.ai

Hint 엇갈리도록 배치된 정사각형 중에서 가장 왼쪽과 우측에 삐져나온 사각형의 포인트를 펜 툴로 클릭하여 모서리를 삭제한 후 정돈합니다. 자연스러운 단계별 색상은 [Color Guide] 패널을 이용합니다.

02. 클럽 파티 홍보 포스트를 만들어 보세요.

완성파일 | part03-15.ai

Hint 정 원을 만들고 끝 색상의 Opacity를 0%인 방사형 그라데 이션을 적용한 다음 상단 바에서 투명도를 조절하여 자연스러운 물방울 무늬를 만듭니다.

사진을 활용한 디자인 작업

일러스트레이터로는 그림만 그릴 수 있을까요? 정답은 No입니다. 사진을 적용한 일러스트 작업도 가능하며 이와 관련되어 다양한 창작을 할 수 있습니다. 사진을 함께하면 좀 더 사실감이 느껴지고 보는 사람으로 하여금 신뢰를 줄 수 있습니다. 이번 시간에는 사진을 적용한 디자인 작업을 배워보도록 합니다.

Zoom In
알찬 예제로 배우는
사진을 디자인
요소로 활용

준비 파일 city.jpg
완성 파일 part03-16.ai

Keypoint Tool

_ **클리핑 마스크 기능** 위에 겹쳐진 오브젝트의 면 속성과 아래에 겹쳐진 오브젝트의 모양 속성을 결합합니다.

_ **문자 패널** 문자의 다양한 속성을 설정할 수 있습니다.

Knowhow

_ 가져오기 기능으로 사진 외에 다양한 형식의 파일을 가져올 수 있습니다.

_ 여러 개의 오브젝트들을 선택한 상태에서 크기를 동시에 조절할 수 있습니다.

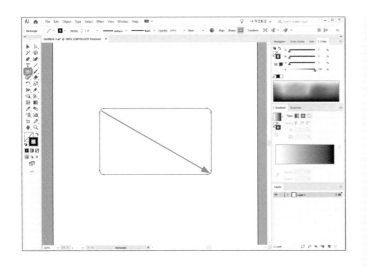

01 이번 시간에는 사진을 활용한 명함을 만들어 봅니다. 새 도큐먼트를 열고 둥근 사각형 툴(▢)로 명함의 배경으로 사용할 둥근 사각형을 면 색은 None, 선 색사은 검은색으로 설정하여 만듭니다.

02 [File]-[Place]를 실행하여 city.jpg를 불러옵니다.

03 도큐먼트 위를 드래그하여 불러올 사진의 크기를 설정합니다.

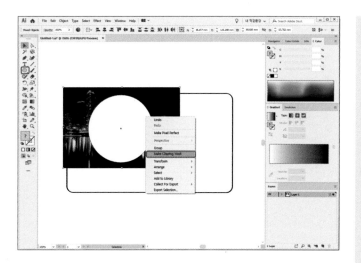

04 사진 위에 Shift + Alt 를 누른 채 원형 툴(◯)로 면 색상은 흰색, 선 색상은 None으로 설정하고 드래그하여 정원을 만듭니다. 사진과 원 오브젝트를 모두 선택한 상태에서 마우스 오른쪽 버튼을 클릭해 [Make Clipping Mask]를 실행합니다.

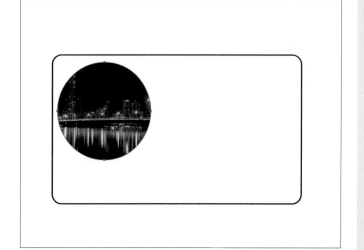

05 클리핑 마스크 기능이 적용되어 원 오브젝트의 모양으로 사진이 잘려집니다.

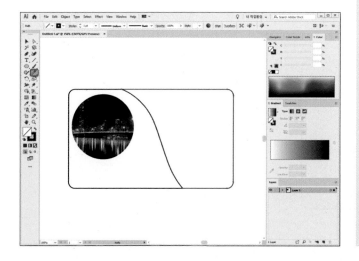

06 둥근 사각형을 나이프 툴(✐)로 자유롭게 드래그하여 반으로 나눕니다.

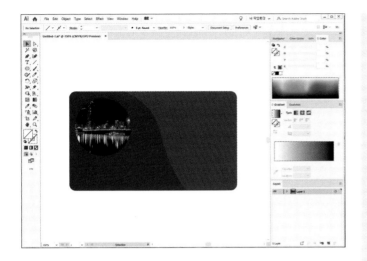

07 나누어진 두 배경은 면 색상을 각
각 다르게 지정하고 선 색상은
None으로 지정합니다.

강의노트 ✏️

명도만을 조절하거나 채도만을 조절하며 크게
이질감 없이 어울리는 색상을 적용할 수 있습니
다. 또는 일러스트레이터의 [Color Guide]
패널을 이용하면 색상의 조화를 쉽게 표현할 수
있습니다.

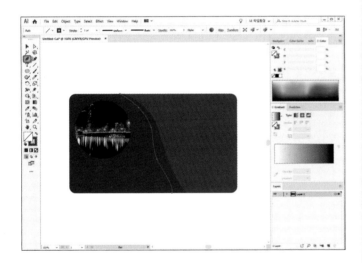

08 펜 툴(✏️)로 나누어진 경계선을
따라 곡선을 만들고 선 색상을 지
정하여 무늬를 만듭니다.

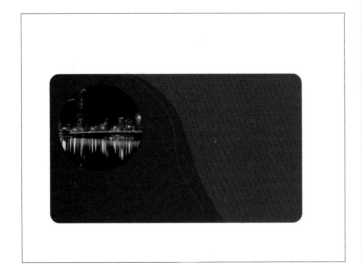

09 같은 방법으로 명함의 무늬를 완
성합니다.

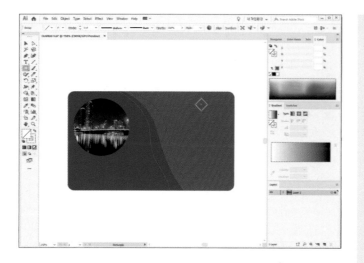

10 이번에는 명함의 필수 요소인 회사 마크를 만들어 봅니다. 면 색상은 없음, 선 색상은 노란색으로 지정하고 사각형을 만든 다음 `Shift`를 누른 채 바운딩 박스를 조절하여 회전시킵니다.

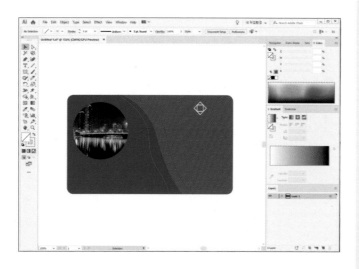

11 회전된 사각 오브젝트 내에 작은 사각형을 하나 더 만들어 회사 마크를 완성합니다. 완성된 회사 마크는 `Ctrl`+`G`를 눌러 그룹화하고 크기와 위치를 조절합니다.

12 마크 하단에 문자 툴(`T`)로 클릭하여 "ILLUSTRATION COMPANY"를 입력하고 상단 바에서 글꼴, 글자 색, 글자 크기 등을 설정합니다.

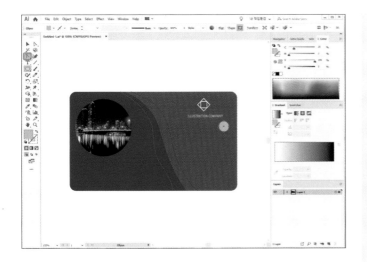

13 명함에는 다양한 정보가 필요하며 간략하고 명확하게 표현되어야 합니다. 이러한 정보의 의미를 나타내는 마크를 만들어 봅니다. 면 색상을 노란색, 선 색상을 None으로 지정하고 원형 툴(◯)로 정 원을 그린 다음 포인트 변환 툴(◣)로 원 오브젝트 하단 포인트를 클릭합니다.

14 직접 선택 툴(▷)로 뾰족한 부분을 드래그하여 더 길쭉하게 만들고 그 위로 작은 원 오브젝트를 하나 더 만듭니다. 두 오브젝트를 모두 선택하고 [Pathfinder] 패널에서 [Exclude] 버튼을 클릭해 위치 표식 마크를 완성합니다.

15 메시지 마크를 만들기 위해 둥근 사각형 툴(▢)로 둥근 사각형 오브젝트를 만듭니다.

16 Ctrl을 누른 채 빈 공간을 클릭하여 선택을 해제하고 펜 툴(🖊)로 그림과 같이 선을 만들어 메시지 마크를 완성합니다.

강의노트 🖋

펜 툴로는 다양한 직선, 곡선, 도형들을 자유롭게 만들 수 있습니다. 하나의 도형이 아닌 직선과 곡선들을 만들 때에는 마지막 포인트를 클릭한 후 ESC를 누르면 더 이상 선을 잇지 않고 종료할 수 있습니다.

17 Shift + Alt 를 누른 채 원형 툴(🔘)로 드래그하여 정원을 만듭니다.

18 정원 오브젝트 내에 세로로 긴 타원 오브젝트를 만들고 펜 툴(🖊)로 두 개의 직선을 그어 지구본 모양의 마크를 완성합니다.

19 펜 툴(　)로 수화기 모양의 오 브젝트를 만듭니다.

강의노트 🖉

아이콘은 설명 없이 그림만으로 의미를 확실하 게 나타내어야 하기 때문에 핵심만을 강조하고 심플하게 제작하도록 합니다.

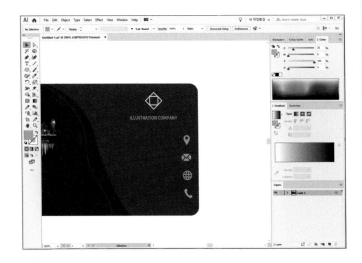

20 완성된 마크들은 각각 그룹화하 고 크기를 조절한 뒤 드래그하여 위치를 설정합니다.

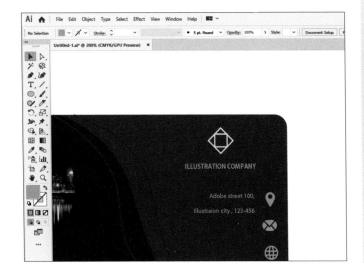

21 문자 툴(　T　)로 위치 마크 옆에 주소를 입력합니다.

22 두 줄 이상을 작성할 경우 [Window]-[Type]-[Character]를 실행하여 나타나는 [Character] 패널에서 줄 간격을 조절합니다.

강의노트

행간은 문자 크기의 130~160%가 적당합니다. 너무 좁으면 가독성이 떨어집니다.

23 같은 방법으로 이메일 주소, 홈페이지 주소, 전화번호를 입력합니다.

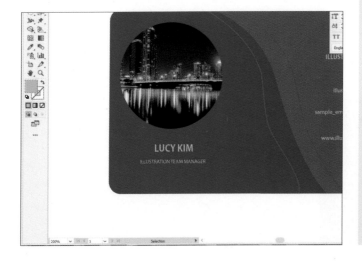

24 마지막으로 사진 오브젝트 하단에 이름과 직책을 입력하여 명함 오브젝트를 완성합니다.

실전문제

01. 음식 사진이 있는 할인권을 만들어 보세요.

준비파일 | food.jpg   **완성파일** | part03-17.ai

Hint food.jpg 사진을 Place로 불러온 후 사각형 오브젝트와 겹친 상태에서 [Make Clipping Mask]를 실행합니다.

02. 사진이 있는 달력을 만들어 보세요.

준비파일 | beach.jpg   **완성파일** | part03-18.ai

Hint 가로로 긴 직사각형을 만들고 상단 부분에 작은 원을 겹친 후 [Pathfinder]-[Exclude]를 실행한 다음 beach.jpg를 불러와 [Make Clipping Mask]를 실행합니다.

청중의 집중을 끌어당기는
프레젠테이션 디자인

발표를 하면서 청중으로 하여금 주목과 관심을 끌어내기 위해서는 여러 가지 요소 중에서도 발표 내용의 핵심을 강조하고 쉽게 이해할 수 있는 다양한 그림과 도형이 필요합니다. 프레젠테이션 문서를 만들 때 가장 많이 사용되는 프로그램으로 Microsoft사의 Powerpoint가 있습니다만 정밀한 그림 표현이 가능한 일러스트레이터를 이용하여 더 효과적인 프레젠테이션을 준비할 수 있습니다. 이번 시간에는 이러한 프레젠테이션 문서를 만들어 봅시다.

Zoom In
알찬 예제로 배우는
프레젠테이션
레이아웃

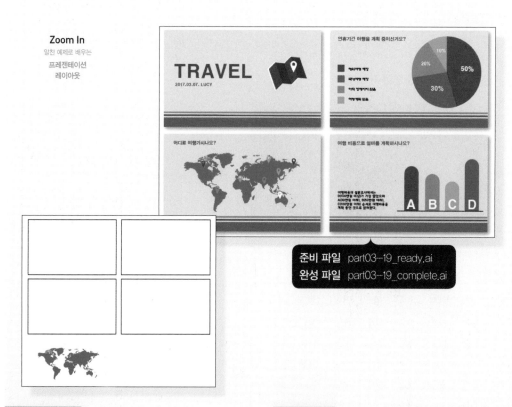

준비 파일 part03-19_ready.ai
완성 파일 part03-19_complete.ai

Keypoint Tool

_ **그래프 툴** 쉽고 간편하게 다양한 모양의 그래프를 만들 수 있습니다.

_ **크기 조절 툴** 오브젝트의 크기를 다양하게 변경할 수 있습니다.

Knowhow

_ 도형 툴은 이용하여 그래프 모양을 만들 수 있습니다.

_ 2개 이상의 오브젝트를 선택하여 동시에 색상 속성을 적용할 수 있습니다.

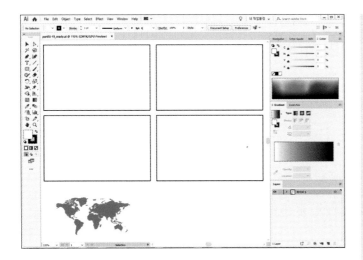

01 [File]-[Open]를 실행하여 'part03-19_ready.ai' 파일을 불러옵니다.

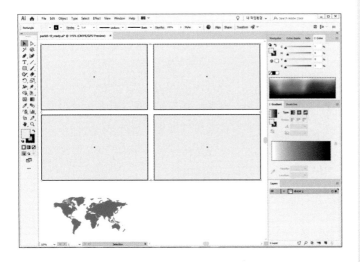

02 프레젠테이션 배경으로 사용될 4개의 직사각형을 선택하고 면 색상을 연한 분홍색으로 지정합니다.

강의노트 ✏️

프레젠테이션은 청중으로 하여금 집중을 얻을 수 있어야 합니다. 이에 산만하게 할 수 있는 무늬나 화려한 배경 색상은 피하도록 합니다.

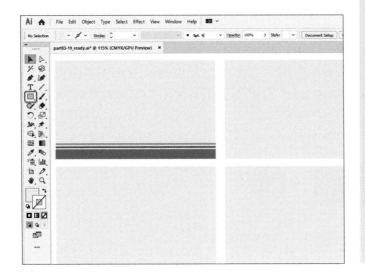

03 배경의 무늬를 만들기 위해 사각형 툴(🔲)로 가늘고 긴 3개의 사각형을 만든 다음 각각 다른 색상으로 지정합니다.

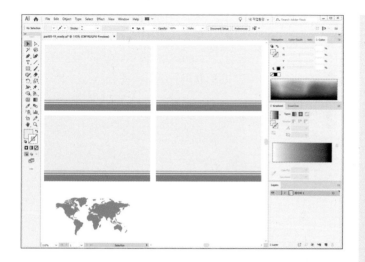

04 배경의 무늬를 모두 선택한 후 [Alt]를 눌러 나머지 배경에도 복사하여 적용합니다.

05 먼저 첫 번째 표지를 만들어 보겠습니다. 첫 번째 배경 오브젝트 위에 문자 툴([T])을 클릭한 다음 그림과 같이 문자를 입력합니다. 각 문자가 선택된 상태에서 툴 패널의 스포이드 툴을 선택한 다음 배경의 무늬로 만든 사각형 오브젝트를 클릭하여 색상을 복사 및 적용합니다.

📍 **보충수업** 스포이드 툴로 색상 복사하기

다른 오브젝트에 이미 설정된 색상을 똑같이 적용할 때에는 스포이드 툴을 활용하면 쉽고 빠르게 같은 색상을 적용할 수 있습니다. 도형 오브젝트 뿐만 아니라 문자 오브젝트도 동일하게 적용할 수 있습니다. 색상을 적용할 오브젝트가 선택된 상태에서 스포이드 툴로 색상을 복사할 오브젝트를 클릭하면 클릭한 오브젝트의 면과 선 색상이 복사되어 적용됩니다. 반대로 선택된 오브젝트의 면, 선 색상을 다른 오브젝트에 적용하려면 [Alt]를 누른 채 스포이드 툴로 적용할 오브젝트를 클릭합니다.

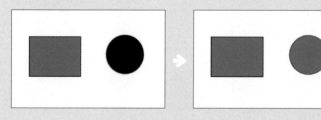

06 지도 오브젝트를 만들기 위해 사각형 툴(□)로 세로로 긴 직사각형을 만듭니다.

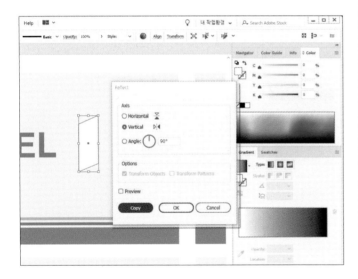

07 직접 선택 툴(▷)로 우측 상하 포인트를 선택하고 방향키를 이용하여 마름모꼴로 변형합니다. 변형된 오브젝트가 선택된 상태에서 [Object]-[Transform]-[Reflect]를 실행하여 나타난 [Reflect] 대화상자에서 Axis를 Vertical로 설정하고 [Copy] 버튼을 클릭합니다.

08 복사된 오브젝트를 이전 오브젝트의 오른쪽에 위치시키고 면 색상을 회색으로 설정합니다. 앞서 만든 두 오브젝트를 [Alt]를 누른 채 드래그하여 지도가 펼쳐진 모양을 만듭니다.

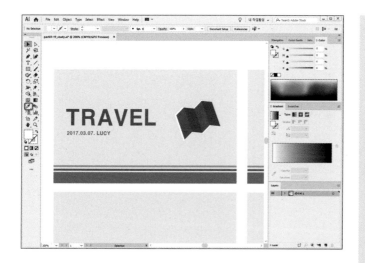

09 지도 오브젝트를 복사하여 붙여 넣기한 다음 복사한 오브젝트는 크기를 줄이고 스포이드 툴(🖊)로 분홍색 오브젝트를 클릭하여 색상을 복사 및 적용합니다. 입체 효과를 주기 위해 접혀진 모양의 오브젝트에는 면 색상을 조금 더 어둡게 적용합니다.

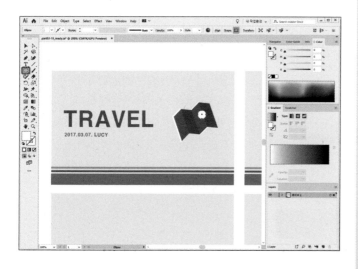

10 지도 오브젝트 위에 Shift + Alt 를 누른 채 원형 툴(◯)로 드래그하여 정 원을 만듭니다.

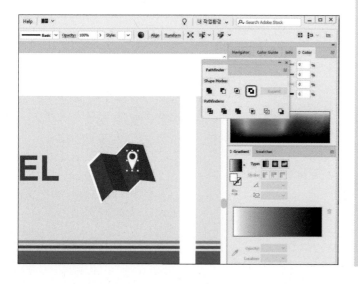

11 포인트 변환 툴(◣)로 원 오브젝트의 하단 포인트를 클릭한 후 직접 선택 툴(◣)로 뾰족하게 만듭니다. 그 위에 작은 원을 만들고 두 오브젝트를 선택한 상태에서 [Pathfinder] 패널의 [Exclude] 버튼을 클릭해 위치 표식을 완성합니다.

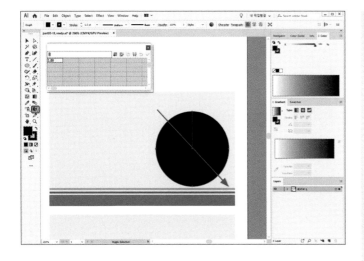

12 이번에는 두 번째 배경 오브젝트 위에 파이 그래프 툴( )로 드래그하여 원형 그래프를 만듭니다.

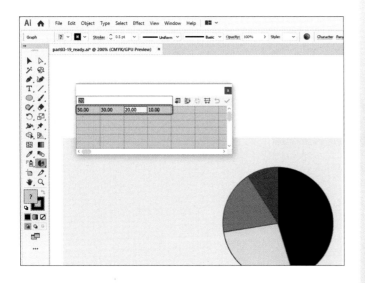

13 그래프의 수치를 입력하는 대화 상자에 50, 30, 20, 10을 입력합니다. 입력한 수치에 따라 원형 그래프의 모양이 변형됩니다.

강의노트 ✐

그래프에 범례를 추가하려면 먼저 각 셀의 명칭을 입력하고 두 번째 셀부터 위의 값을 입력합니다.
예} 사람, 강아지, 고양이, 기타
　　50,　30,　20,　10

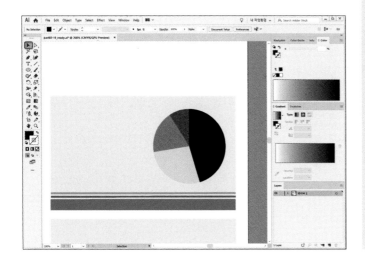

14 입력이 끝나면 데이터 편집 대화 상자를 닫고 선택 툴( )로 파이 그래프를 선택한 다음, 선 색상을 None으로 지정합니다.

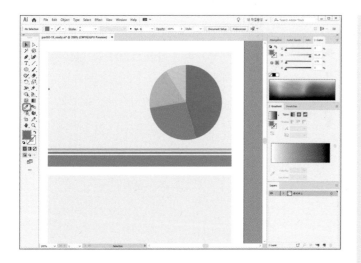

15 직접 선택 툴(▷)로 그래프의 각 조각을 선택하고 스포이드 툴(✎)로 배경의 무늬 오브젝트를 각각 클릭하여 색상을 복사 및 적용합니다.

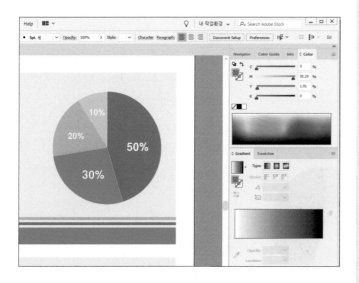

16 문자 툴(T)을 이용하여 그래프 조각 위에 50%, 30%, 20%, 10%를 입력하고 옵션 바에서 글꼴, 글자 색, 크기 등을 설정합니다.

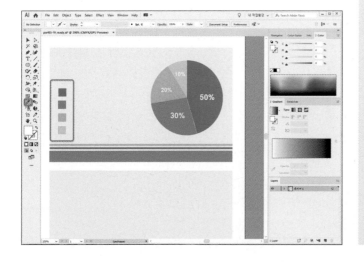

17 그래프의 범례를 만들기 위해 사각형 툴(□)로 정사각형 4개를 만들고 스포이드 툴(✎)을 이용하여 원형 그래프와 동일한 색상을 적용합니다.

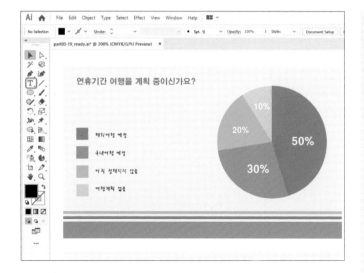

18 문자 툴(T)을 이용하여 제목과 범례를 완성합니다.

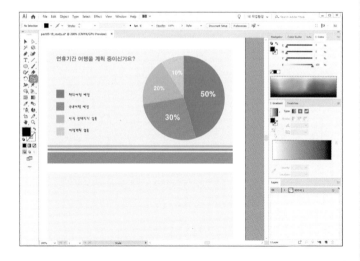

19 좀 더 어울리도록 설정하기 위해 툴 패널의 크기 조절 툴(⬚)을 선택하고 원형 그래프 내부를 클릭한 채 바깥쪽으로 드래그하여 크기를 조절합니다.

20 세 번째 페이지 위로 앞서 만든 제목 오브젝트를 복사하고 내용을 변경합니다.

강의노트 ✏️

청중으로부터 프레젠테이션에 집중시키는 방법 중 하나는 궁금증 유발입니다. 제목에 내용의 결론보다는 질문을 적으면 청중의 이목을 끌 수 있습니다.

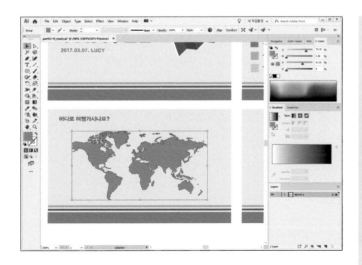

21 도큐먼트 하단에 있던 세계 지도 오브젝트를 위치시킨 후 크기를 조절합니다.

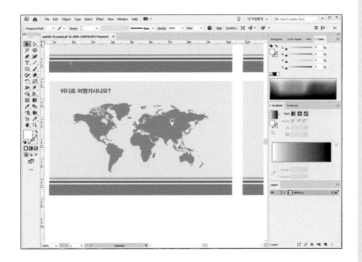

22 첫 번째 페이지에서 만든 표식 오브젝트를 선택하고 Ctrl + C 를 눌러 복사한 다음 세 번째 페이지 위에 붙여넣기합니다.

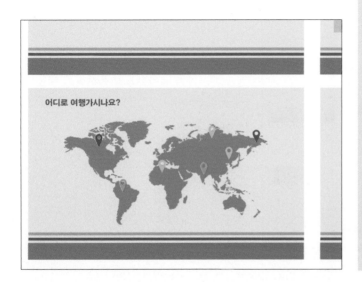

23 Alt 를 누른 채 표식 오브젝트를 드래그하여 여러 개 복사하고 스포이드 툴(🖊)을 이용하여 색상을 적용합니다.

강의노트 ✏️

이목을 끌기 위해 너무 많은 종류의 색상을 사용한다면 오히려 산만해질 수 있습니다. 메인 색상을 3~4개로 설정하고 스포이드 툴을 이용하여 동일한 색상을 적용하도록 합니다.

24 네 번째 페이지에도 제목 오브젝트를 복사하여 붙여넣기한 후 내용을 변경합니다.

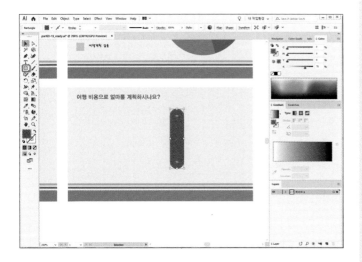

25 둥근 사각형 툴(□)로 세로로 긴 둥근 사각형 오브젝트를 만든다.

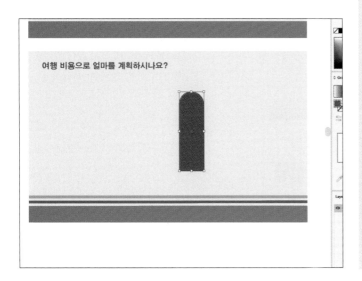

26 직접 선택 툴(△)로 둥근 사각형 오브젝트 하단의 포인트를 클릭하고 Delete를 눌러 삭제합니다.

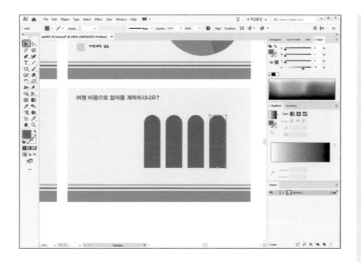

27 Alt 를 누른 채 선택 툴(▶)로 드래그하여 3개를 더 복사합니다.

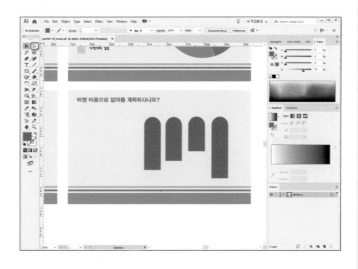

28 직접 선택 툴(▷)로 각 오브젝트의 아래 두 포인트를 선택하고 방향키를 이용하여 각각의 높이를 조정합니다.

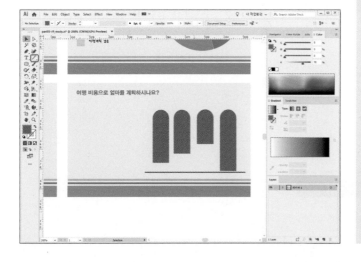

29 Shift 를 누른 채 직선 툴(／)로 드래그하여 그래프의 바닥을 만듭니다.

강의노트 🖉

직선 툴로 직선을 만들 때에는 기울어짐을 방지하기 위해 Shift 를 누른 채 드래그합니다. Shift 를 누르고 있으면 수평, 수직, 45° 기울기를 정확히 적용할 수 있습니다.

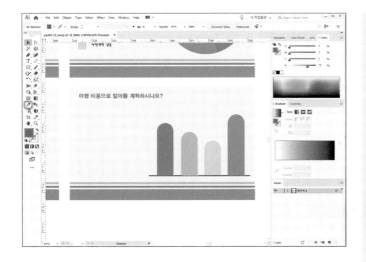

30 직선 오브젝트 위에 둥근 사각형 오브젝트를 위치 시킨 후 스포이드 툴(✐)을 이용하여 면 색상을 각각 지정합니다.

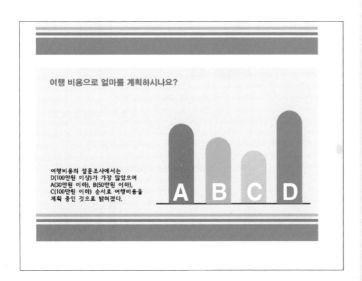

31 문자 툴(T)로 빈 공간을 클릭하고 내용을 입력합니다. 상단 바에서 글꼴, 글자 색, 크기 등을 조정합니다.

32 배경 오브젝트를 모두 선택하고 [Effect]-[Stylize]-[Drop Shadow]를 실행하여 그림자 효과를 적용하여 완성합니다.

특별 페이지 | 파워포인트의 강력한 그래프 기능

일러스트레이터에서 다양한 그래프를 만들 수 있는 기능을 제공하지만 파워포인트를 잘 활용하면 일반 사용자도 쉽고 간편하게 예쁜 그래프를 쉽게 만들 수 있습니다. 파워포인트에서 3D 막대그래프를 그리고 그림으로 저장한 후 일러스트레이터로 불러와 사용해 보겠습니다.

❶ 파워포인트를 열고 [삽입] 탭의 차트 버튼을 누르고 3차원 묶은 세로 막대형을 선택한 다음 [확인] 버튼을 클릭합니다.

❷ 자동으로 생성된 그래프를 선택하고 마우스 오른쪽 버튼을 클릭해 [그림으로 저장] 명령을 실행한 다음 원하는 위치에 저장합니다.

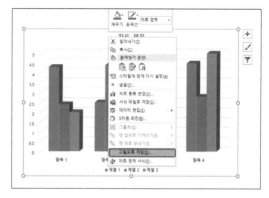

❸ 일러스트레이터에서 [File]-[Place]를 실행하고 앞서 그래프를 저장한 위치를 찾아 불러옵니다.

❹ 도큐먼트 위를 드래그하여 그래프를 표시합니다.

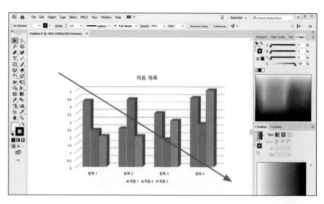

 실전문제

01. 그래프 툴을 이용하여 프레젠테이션을 만들어 보세요.

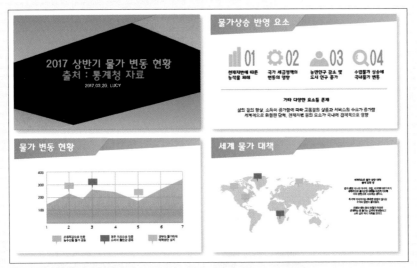

준비파일 | part03-19_ready.ai   **완성파일** | part03-20.ai

Hint 영역 그래프 툴로 드래그하고 각각의 수치를 입력한 다음 직접 선택 툴로 그래프의 영역 부분만을 선택하고 Ctrl + X, Ctrl + V 를 눌러 그래프 축과 분리합니다.

02. 그래프 오브젝트를 편집하여 프레젠테이션을 만들어 보세요.

준비파일 | part03-19_ready.ai   **완성파일** | part03-21.ai

Hint 파이 그래프 툴로 드래그하여 원형 그래프를 만들고 수치를 입력한 다음 겹쳐지도록 흰색 원 오브젝트를 만들고 문자 툴로 숫자를 입력합니다.

개성있는 문자 디자인

레터링, 타이포그래피, 로고타입 등 문자를 디자인하여 표현하는 것을 말하는 다양한 용어가 있습니다. 문자를 그리거나 디자인하는 일은 문자 그 자체를 더 읽기 쉽게 만들고 읽는 사람으로 하여금 암시하는 내용을 더 쉽게 느낄 수 있도록 하여 영화 포스터, 만화의 의성어, 의태어 등에 많이 쓰입니다. 이 섹션에서는 전문가가 아니더라도 일러스트레이터를 통해 쉽게 문자 디자인을 하는 방법을 공부해 봅니다.

Zoom In
알찬 예제로 배우는
문자를 이용한
일러스트

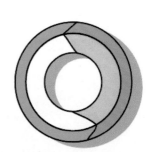

완성 파일 part03-22.ai

Keypoint Tool

_ 펜 툴 다양한 직선과 곡선을 만들어 새로운 오브젝트를 만듭니다.

_ 색상 패널 어울리는 색상을 쉽게 적용합니다.

Knowhow

_ 오브젝트가 선택되어 있지 않은 상태에서 펜 툴로 해당 오브젝트 외곽선 위를 클릭하면 오브젝트에 영향을 주지 않고 겹쳐지는 새로운 오브젝트를 만들 수 있습니다.

_ 그림자 만들기 대화상자에서 그림자의 투명도와 색상을 조절할 수 있습니다.

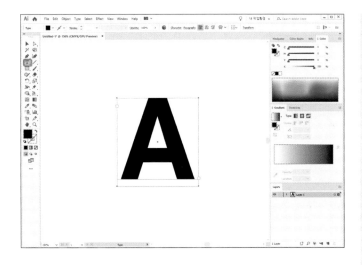

01 새 도큐먼트를 만들고 문자 툴 (T)을 클릭한 다음 "A"를 입력합니다. 옵션 바에서 굵은 글꼴로 설정합니다.

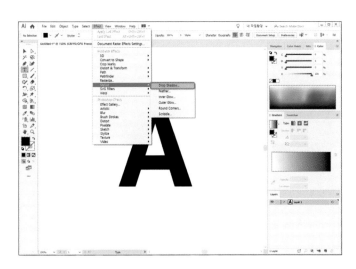

02 문자가 선택된 상태에서 [Effect]- [Stylize]-[Drop Shadow]를 실행합니다.

강의노트 🖉

일러스트레이터에서는 도형 오브젝트외에 문자 오브젝트에도 그림자를 적용할 수 있습니다.

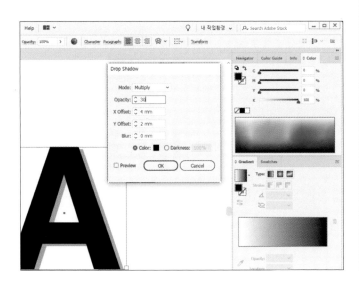

03 [Drop Shadow] 대화상자에서 옵션 값들을 설정하고 [OK] 버튼을 클릭합니다.

04 문자 오브젝트를 선택하고 마우스 오른쪽 버튼을 클릭하여 팝업 메뉴가 나타나면 [Create Outline] 메뉴를 선택합니다. 이 기능은 문자 오브젝트를 포인트와 패스로 이루어진 객체 오브젝트로 변환합니다.

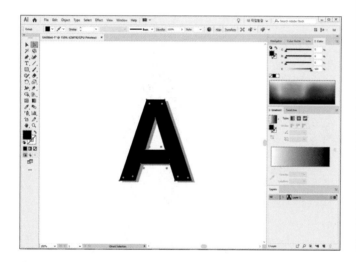

05 변환된 "A" 모양의 객체 오브젝트를 확인할 수 있습니다.

보충수업 문자 오브젝트에 윤곽선 만들기 기능 적용하기

문자 오브젝트에 윤곽선 만들기 기능을 적용하면 다양하게 변형이 가능합니다. 이 기능을 적용하기 전에 편리한 작업을 위해 굵고 외곽선이 없는 글꼴을 적용합니다. 외곽선으로 이루어진 글꼴은 윤곽선 만들기 기능을 적용하면 기존 외곽선 부분이 면으로 인식됩니다.

• 굵은 글꼴의 문자 오브젝트에 윤곽선 만들기 기능을 적용한 후 면 색상을 설정했을 때

• 외곽선이 있는 글꼴의 문자 오브젝트에 윤곽선 만들기 기능을 적용한 후 면 색상을 설정했을 때

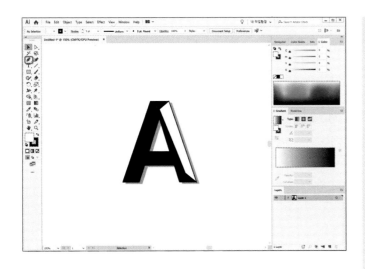

06 각진 모양을 표현하기 위해 펜 툴 (🖊)을 이용하여 A 오브젝트 위로 다각형을 만듭니다.

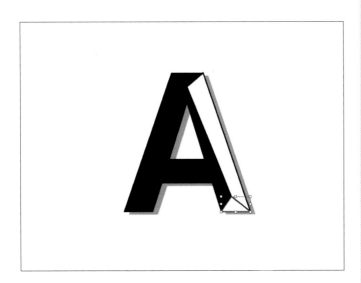

07 만든 다각형 오브젝트의 한쪽 면에 맞추어 또 다른 다각형을 만듭니다.

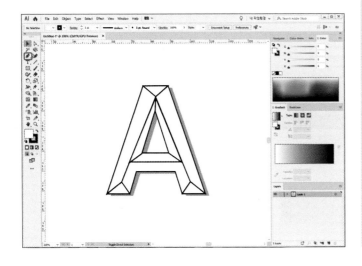

08 A 오브젝트를 다 채우도록 나머지 공간도 펜 툴(🖊)을 이용하여 다각형 오브젝트를 만듭니다.

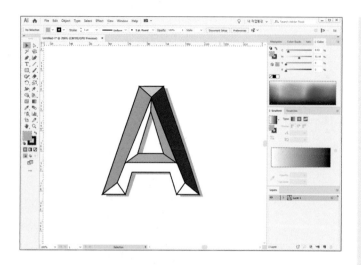

09 다각형 오브젝트들을 각각 선택하여 면 색상을 다양하게 적용하고 모든 오브젝트를 선택한 상태에서 Ctrl+G를 실행하여 그룹화합니다.

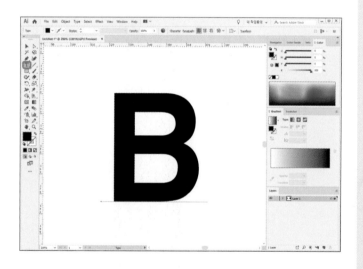

10 이번에는 B 문자 디자인을 해봅니다. 도큐먼트 빈 공간을 문자 툴(T)을 클릭한 다음 "B"를 입력하고 옵션 바에서 앞서 설정한 글꼴과 같이 설정합니다.

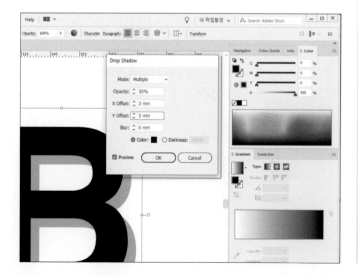

11 "B" 문자 오브젝트가 선택된 상태에서 [Effect]-[Stylize]-[Drop Shadow]를 실행하여 그림자를 적용합니다.

12 문자 오브젝트를 선택하고 마우스 오른쪽 버튼을 클릭하여 팝업 메뉴가 나타나면 [Create Outline]를 선택합니다.

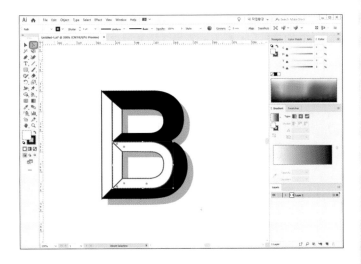

13 객체 오브젝트로 변경된 B 오브젝트 위로 펜 툴( )을 이용하여 다각형을 만듭니다. 곡선 부분은 펜 툴( )로 드래그하여 만듭니다. 조절이 잘 되지 않는 경우 직접 선택 툴( )로 해당 포인트를 선택하여 세밀하게 조정합니다.

14 나머지 공간을 모두 다각형으로 채웁니다.

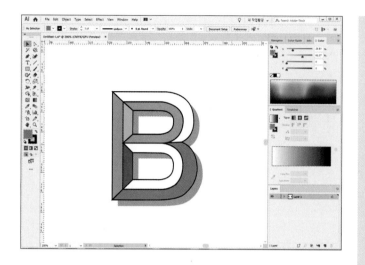

15 각 다각형의 면 색상을 다양하게 적용하고 모든 오브젝트를 선택한 상태에서 Ctrl+G를 실행하여 그룹화합니다.

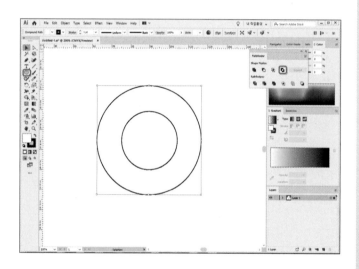

16 이번에는 문자 툴(T)이 아닌 도형 툴을 이용하여 문자 디자인을 해봅니다. Shift+Alt를 누른 채 원형 툴(O)로 드래그하여 정원을 겹치도록 2개 만듭니다. 두 오브젝트를 선택하고 [Pathfinder] 패널에서 [Exclude] 버튼을 클릭하여 도넛 모양을 만듭니다.

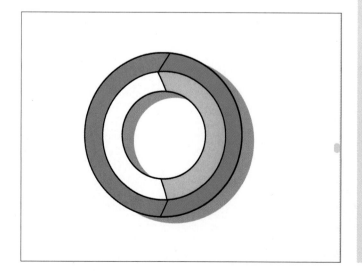

17 앞서 진행한 과정을 참고하여 화면과 같이 만들어 봅니다.

강의노트 🖉

보색을 활용하면 발랄하면서 산뜻한 느낌을 만들 수 있습니다.

실전문제

01. 문자 툴과 윤곽선 만들기 기능을 활용하여 문자 디자인을 해 보세요.

완성파일 | part03-23.ai

Hint 문자 툴로 "FINALLY FRIDAY!"를 입력하고 [Create Outline]를 실행하여 도형 오브젝트로 변형한 다음 [Ungroup]을 실행하여 각각의 오브젝트로 분리합니다.

02. 다양한 효과를 적용하여 문자 디자인을 해 보세요.

완성파일 | part03-24.ai

Hint 문자 오브젝트에 [Create Outline], [Ungroup]을 실행하여 도형 오브젝트로 변환한 다음 [Effect]-[Stylize]-[3D], [Scribble]을 실행하여 효과를 적용합니다.

나만의 패턴 만들기

지금까지는 원하는 오브젝트를 만들고 일러스트레이터에서 제공하는 색상으로 단색 또는 그라데이션을 적용했습니다. 일러스트레이터는 이러한 색상 뿐만 아니라 다양한 패턴을 제공하며 심지어 직접 패턴을 만들 수도 있습니다. 이번 시간에는 나만의 패턴을 만들고 적용해 보도록 하겠습니다.

Zoom In
알찬 예제로 배우는
패턴을 활용한
일러스트

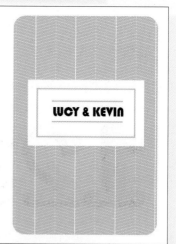

완성 파일 part03-25.ai

Keypoint Tool

_ **패턴 만들기 기능** 오브젝트를 반복 복사하여 나만의 무늬, 패턴을 만듭니다.

_ **견본 패널** 만든 패턴을 등록하고 다른 오브젝트에 적용합니다.

Knowhow

_ 눈금자를 이용하여 오브젝트의 크기를 좀 더 세밀하게 조정할 수 있습니다.

_ 안내선을 미리 설정하면 오브젝트들의 크기를 정확하게 맞출 수 있습니다.

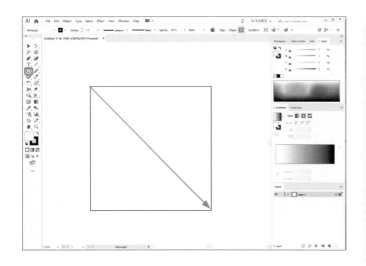

01 새 도큐먼트를 열고 Ctrl + + 를 여러 번 눌러 화면을 확대한 다음 Shift + Alt 를 누른 상태에서 사각형 툴(□)로 드래그하여 정사각형을 만듭니다.

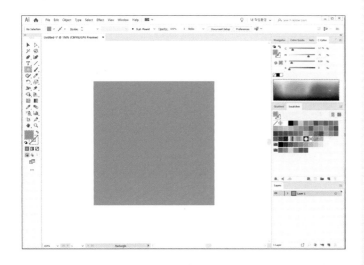

02 면 색상은 분홍색, 선 색상은 None으로 설정합니다.

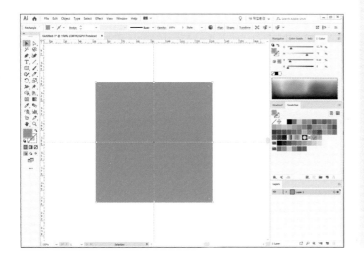

03 Ctrl + R 을 눌러 눈금자를 표시한 다음 눈금자 위를 클릭한 채 도큐먼트 위로 드래그하여 안내선을 만듭니다. 가로와 세로 안내선을 만든 다음 사각형 오브젝트의 중심을 맞춥니다.

강의노트 🖉

만들어진 안내선은 위치 이동이나 삭제가 가능합니다. 고정하려면 Ctrl + 2 를 누릅니다.

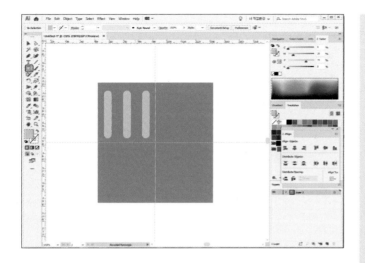

04 둥근 사각형 툴(□)로 사각형 오브젝트 위에 세로로 긴 둥근 사각형을 3개 만들고 색상 및 간격을 조정합니다.

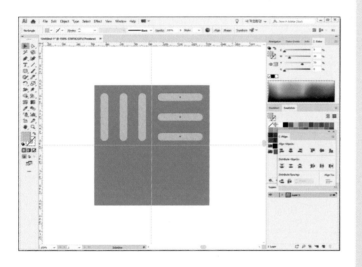

05 만든 3개의 둥근 사각형을 Alt 를 누른 채 드래그하여 복사한 후 바운딩 박스를 이용하여 회전시킵니다. 회전시킬 때에는 정확한 90°로 회전하기 위해 Shift 를 누른 상태로 회전시킵니다.

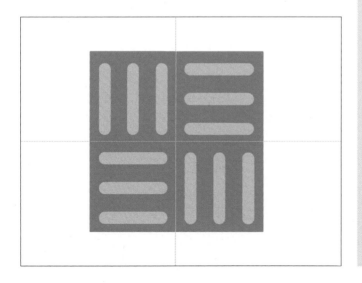

06 같은 방법으로 나머지 공간에도 각각 복사하고 회전합니다.

강의노트 ✏️

세밀한 작업 또는 간격이나 크기를 정확히 맞춰야 할 때 눈금자와 안내선을 이용하면 유용합니다. 안내선은 눈금자를 클릭하고 도큐먼트 내로 드래그하면 원하는 위치에 설정할 수 있으며 실제 저장 또는 인쇄 시에는 나타나지 않습니다.

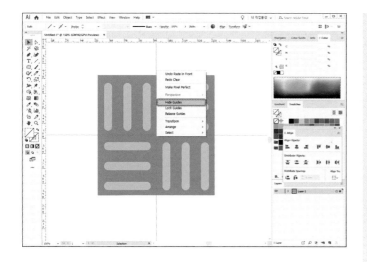

07 안내선을 숨기기 위해 안내선 위에 마우스를 위치시키고 마우스 오른쪽 버튼을 클릭해 [Hide Guides] 메뉴를 선택합니다.

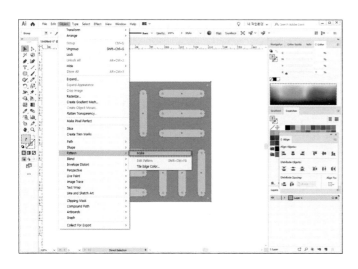

08 [Ctrl]+[A]를 눌러 모든 오브젝트를 선택하고 [Ctrl]+[G]를 눌러 그룹화합니다. 오브젝트가 선택된 상태에서 [Object]-[Pattern]-[Make]를 실행합니다.

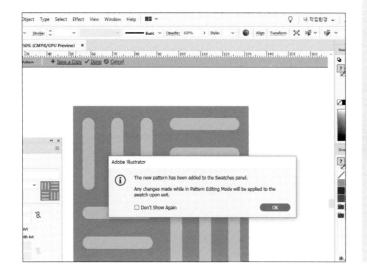

09 패턴이 등록되었다는 안내 창이 나타나면 [OK] 버튼을 클릭합니다.

알찬 예제로 배우는
일러스트레이터 CC

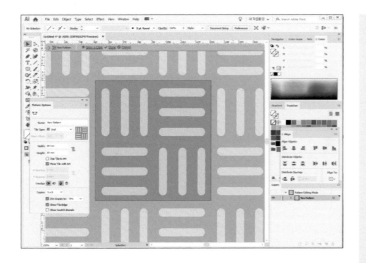

10 패턴의 크기, 간격 등을 조절할 수 있는 [Pattern Options] 패널이 나타나면 수정 사항 없이 패널을 끄고 도큐먼트 왼쪽 상단의 화살표를 눌러 수정을 마칩니다.

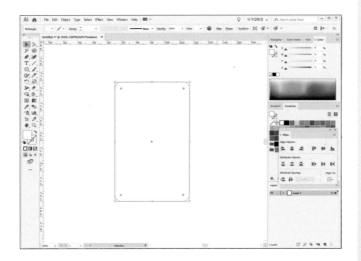

11 앞서 만든 오브젝트를 삭제하고 Ctrl + - 를 여러 번 눌러 화면을 축소한 다음 패턴을 적용할 둥근 사각형 오브젝트를 만듭니다.

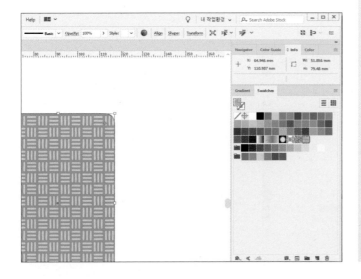

12 [Swatches] 패널에 앞서 등록한 패턴을 클릭하면 면 색상에 패턴이 적용됩니다.

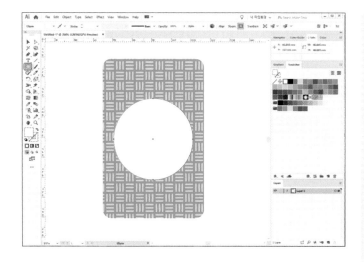

13 Shift + Alt 를 누른 채 원형 툴 (◯)로 드래그하여 정원 오브젝트를 만듭니다.

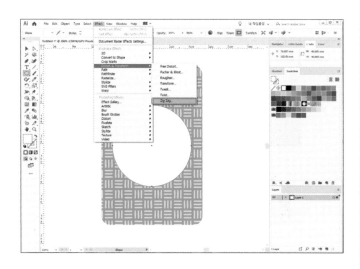

14 원 오브젝트가 선택된 상태에서 [Effect]-[Distort & Transform]-[Zig Zag]를 실행합니다.

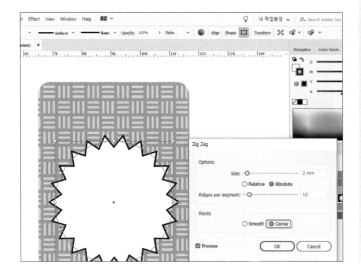

15 [Zig Zag] 대화상자에서 'Preview'를 체크한 'Size'와 'Ridges per segment'의 값을 조절하고 'Points' 항목은 'Corner'를 선택한 후 [OK] 버튼을 클릭합니다. 변경된 원 오브젝트의 선 색상을 검은색으로 변경합니다.

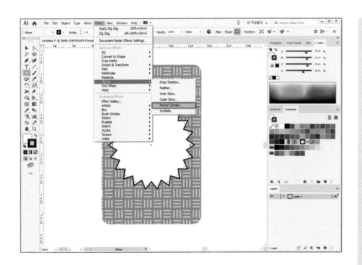

16 이번에는 [Effect]-[Stylize]-[Round Corners]를 실행합니다.

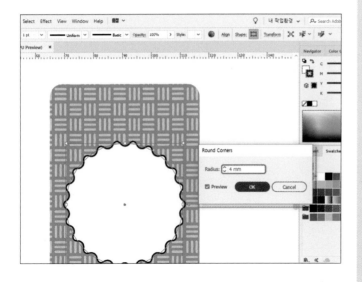

17 [Round Corners] 대화상자에서 'Preview'를 체크하고 'Radius' 값을 조정한 다음 [OK] 버튼을 클릭합니다.

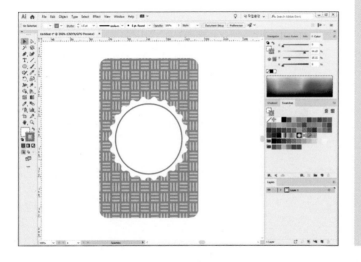

18 Shift + Alt 를 누른 채 드래그하여 정원을 만들고 면 색상은 흰색, 선 색상은 분홍색을 지정합니다.

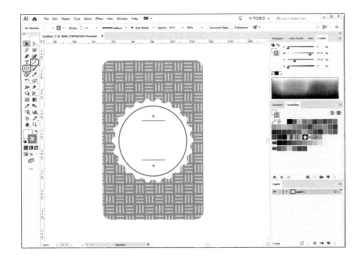

19 원형 툴(◯)과 직선 툴(/)을 이용하여 무늬를 만듭니다.

20 문자 툴(T)로 중앙을 클릭한 다음 "Lucy & Kevin"을 입력하고 상단바에서 글꼴, 글자 색, 크기 등을 설정하여 완성합니다.

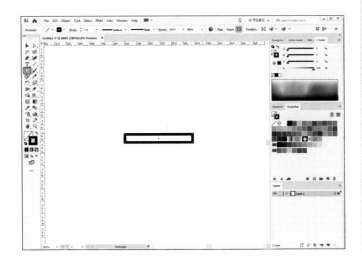

21 이번에는 다른 패턴을 만들어 봅니다. Ctrl + + 를 여러 번 눌러 화면을 확대한 다음 사각형 툴(▢)로 가로로 긴 직사각형을 만듭니다.

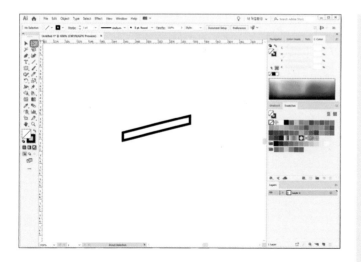

22 직접 선택 툴( )로 우측 포인트 두 개를 선택하고 방향키를 이용하여 비스듬하게 변형합니다.

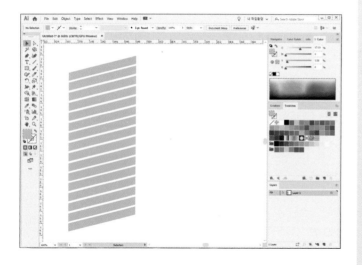

23 면 색상은 하늘색, 선 색상은 None으로 설정하고 Shift + Alt 를 누른 채 드래그하여 복사합니다.

24 모든 오브젝트를 선택하고 Ctrl + G 를 눌러 그룹화한 다음 [Object]-[Transform]-[Reflect] 메뉴를 선택합니다.

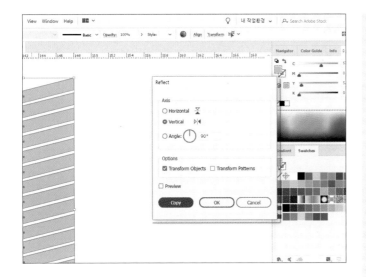

25 [Reflect] 대화상자에서 'Axis'를 'Vertical'로 설정하고 [Copy] 버튼을 클릭합니다.

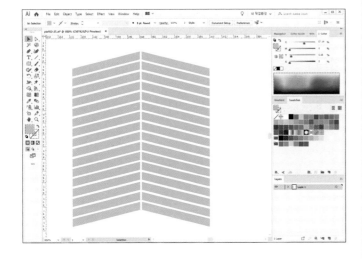

26 복사된 오브젝트를 앞서 만든 오브젝트의 우측에 위치시킵니다.

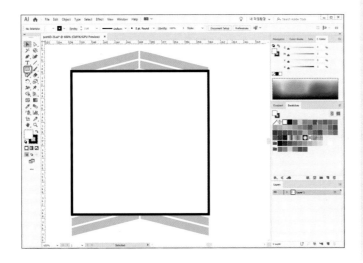

27 두 오브젝트 위로 Shift + Alt 를 누른 채 사각형 툴(□)로 드래그하여 정사각형을 만듭니다. 해당 정사각형은 패턴의 크기를 결정하는 중요한 역할이므로 패턴의 크기와 범위를 잘 생각하여 위치시킵니다.

강의노트 🖊

패턴은 특정 색상과 모양을 반복해서 나타내는 것을 말합니다. 패턴을 만들 때 정사각형으로 만들지 않는 경우 만든 패턴을 적용할 때 패턴 사이 여백이 생길 수 있습니다.

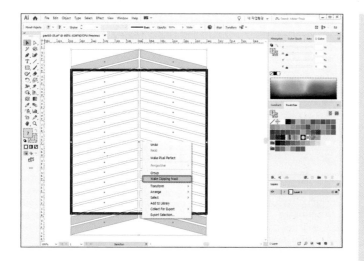

28 모든 오브젝트를 선택하고 마우스 오른쪽 버튼을 눌러 [Make Clipping Mask] 메뉴를 선택합니다.

강의노트 🖉

클리핑 마스크 기능은 겹쳐져 있는 두 오브젝트 중 아래에 겹쳐져 있는 오브젝트를 위에 겹쳐진 오브젝트의 모양으로 자릅니다.

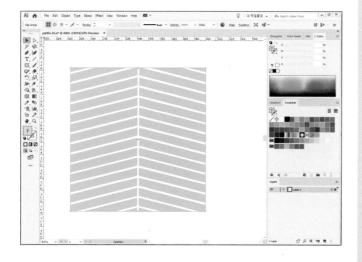

29 패턴으로 등록할 오브젝트가 완성됩니다.

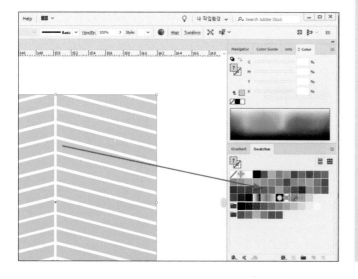

30 패턴 오브젝트를 [Swatches] 패널로 드래그하여 패턴을 손쉽게 등록합니다.

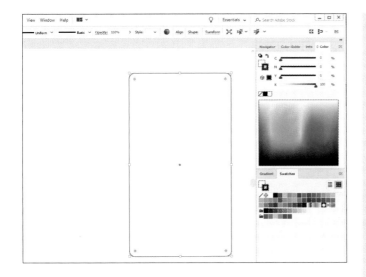

31 만든 패턴 오브젝트를 지운 다음 패턴을 적용할 둥근 사각형 오브젝트를 만듭니다.

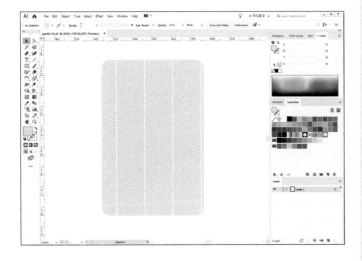

32 [Swatches] 패널에서 방금 등록한 패턴을 클릭합니다.

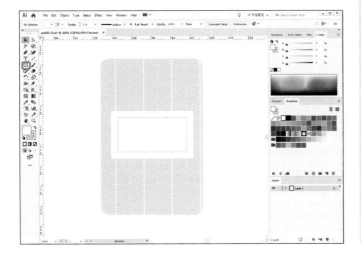

33 사각형 툴(⬜)로 크기가 다른 직사각형을 겹치도록 2개 만듭니든다.

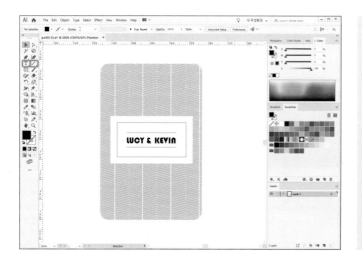

34 직선 툴()과 문자 툴(T)을 이용하여 나머지 무늬와 문구를 입력하여 완성합니다.

보충수업 [Pattern Options] 패널

❶ **Name** : 패턴의 이름을 설정합니다.

❷ **Tile Type** : 타일 배치 방법을 선택합니다.

- Grid : 각 타일의 가운데가 인접 타일의 가운데에 따라 가로 및 세로로 맞춰집니다.
- Brick by Row : 타일은 사각형 모양이며 행에서 정렬됩니다. 행에서 타일의 가운데는 가로로 맞춰집니다.
- Brick by Column : 타일은 사각형 모양이며 열에서 정렬됩니다. 열에서 타일의 가운데는 세로로 맞춰집니다.
- Hex by Column : 타일은 육각형 모양이며 열에서 정렬됩니다. 열에서 타일의 가운데는 세로로 맞춰집니다.
- Hex by Row : 타일은 육각형 모양이며 행에서 정렬됩니다. 행에서 타일의 가운데는 가로로 맞춰집니다.

❸ **Brick offset** : 인접 행 또는 열에서 수직/수평 맞춤에서 벗어난 타일의 가운데 너비/높이 정도를 확인합니다.

❹ **Width/Height** : 타일의 전체 폭 및 높이를 지정합니다.

❺ **Size Tile to Art** : 타일의 크기를 패턴을 만드는 데 사용 중인 아트웍 크기로 맞도록 축소합니다.

❻ **Move Tile with Art** : 아트웍 이동 시 타일도 함께 이동합니다.

❼ **H/V Spacing** : 인접한 타일 사이에 지정할 간격을 설정합니다.

❽ **Overlap** : 인접한 타일이 겹치는 경우 앞에 표시할 타일을 결정합니다.

❾ **Copies** : 패턴을 수정하는 동안 표시할 타일의 행과 열 수를 결정합니다.

❿ **Dim Copies to** : 패턴을 수정하는 동안 미리 표시되는 아트웍 타일 사본의 불투명도를 결정합니다.

⓫ **Show Tile Edge** : 타일 주변에 상자를 표시합니다.

⓬ **Show Swatch Bounds** : 패턴을 만들기 위해 반복되는 패턴의 단위 부분을 표시합니다.

 실전문제

01. 도형 툴은 이용하여 패턴을 만들고 적용해 보세요.

완성파일 | part03-26.ai

Hint 둥근 사각형 오브젝트를 만들고 복사하여 벽돌이
쌓인 모양처럼 지그재그로 위치한 다음 겹쳐지도록
정사각형을 만들고 [Make Clipping Mask]를 실행하여
패턴을 만듭니다.

02. 패턴 라이브러리를 이용하여 다양한 패턴을 적용해 보세요.

완성파일 | part03-27.ai

Hint 패턴을 적용할 둥근 사각형을
만들고 [Swatches] 패널의 왼쪽
하단의 [Libraries menu]를 눌러
일러스트레이터에서 제공하는
다양한 패턴을 적용합니다.

I
L
L
U ST
RATOR
CC

자기 고집을 꺾을 줄 알아야
진정한 디자이너다.
칼 라거펠트

Part **04**

일러스트레이터 CC
알아두면 좋은 기능

앞서 소개한 툴와 패널 외에도 일러스트레이터CC는 다양한 기능,
자동화 기능들을 제공합니다. 하지만 아무리 많은 기능을 제공하더라도
이를 효율적으로 사용하지 못한다면 만족스러운 창작 활동을 할 수 없습니다.
하나씩 차근차근 기본기를 익히고 반복하여 능숙하게
사용할 수 있도록 노력하는 것이 중요합니다.

입체 도형 3D 오브젝트 만들기

앞의 예제에서는 사실감 적용을 위해 그림자, 그라데이션 등을 이용했고 일러스트레이터에서 제공하는 3D 입체 기능을 조금 사용해 보았습니다. 여기에서는 3D 입체 도형을 만들기 위한 모든 기능과 툴을 자세하게 알아보도록 하겠습니다. 3D의 경우 X, Y, Z 좌표 축, 3D 조명 등 조금 복잡할 수도 있지만 익숙해지면 클릭 몇 번 만으로 입체 도형을 손쉽게 만들 수 있습니다.

Zoom In
알찬 예제로 배우는
입체도형 구현
응용하기

완성 파일 part04-01.ai

Keypoint Tool

_ 3D 2차원 오브젝트를 회전시키거나 돌출 효과를 적용 하여 입체감을 만듭니다.

_ 심볼 패널 직접 만든 오브젝트를 심볼로 등록하고 타 오 브젝트에 적용할 수 있습니다.

Knowhow

_ 3D 옵션 대화상자에서 입체 오브젝트의 빛 반사 및 무 늬 등을 설정할 수 있습니다.

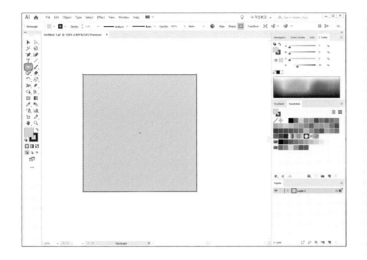

01 새 도큐먼트를 열고 사각형 툴(⬜)로 드래그하여 직사각형 오브젝트를 만듭니다.

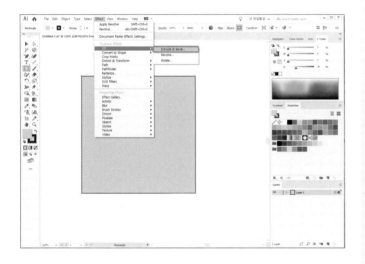

02 사각형 오브젝트가 선택된 상태에서 [Effect]-[3D]-[Extrude & Bevel]을 실행합니다.

강의노트 ✏️

선택한 오브젝트에 Extrude(깊이)와 Bevel(바라보는 각도)을 적용하여 3D 입체효과를 만듭니다.

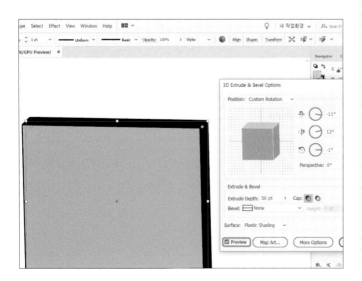

03 [3D Extrude & Bevel Options] 대화상자에서 'Preview' 항목을 체크하고 정육면체를 드래그하여 입체감을 적용할 축을 변경하고 [OK] 버튼을 클릭해 육면체 오브젝트를 완성합니다.

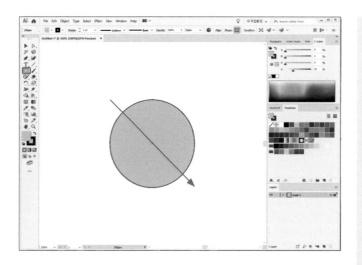

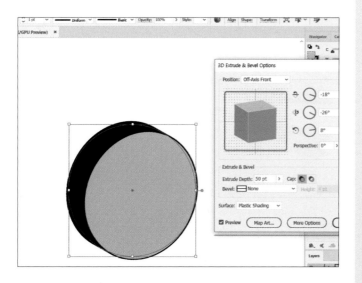

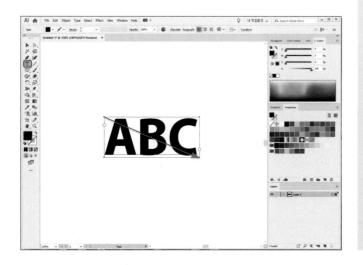

04 이번에는 Shift + Alt 를 누른 채 원형 툴(◯)로 드래그하여 정 원을 만듭니다.

05 [Effect]-[3D]-[Extrude & Bevel]를 실행한 후 나타난 [3D Extrude & Bevel Options] 대화상자에서 'Preview'를 체크하고 같은 방법으로 정육면체를 드래그하여 입체감을 적용해 봅니다.

강의노트 🖉

Extrude & Bevel 등 3D관련 옵션 대화상자에서는 'Preview'를 체크하면 현 수치에 대한 결과 값을 미리보면서 조절할 수 있습니다.

06 이번에는 문자 툴(T)로 드래그한 후 "ABC"를 입력하고 상단 바에서 글꼴을 변경합니다.

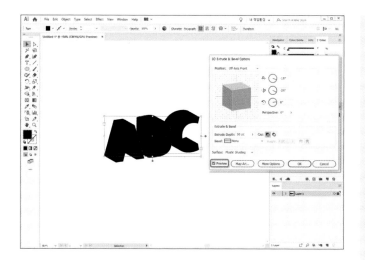

07 [3D Extrude & Bevel Options] 대화상자를 실행한 후 'Preview'를 체크합니다.

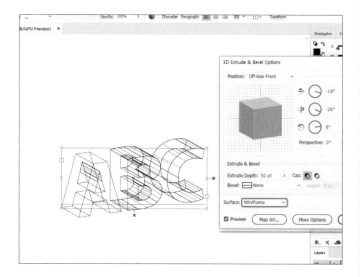

08 'Surface' 항목을 'Wireframe'으로 변경하면 3D 입체 모양이 투명해지면서 프레임 효과가 적용됩니다.

강의노트 🖊

Surface를 Wireframe으로 설정하면 표면의 색상을 없애고 투시도 모양으로 만듭니다.

09 이번에는 문자가 적혀있는 병을 만들어 봅니다. 먼저 문자 툴(🔲)로 "coffee for you"를 입력합니다. [Window]-[Symbol]을 실행한 다음 문자 오브젝트를 [Symbols] 패널로 드래그하여 심볼을 등록합니다.

보충수업 [3D Extrude & Bevel Options] 대화상자

❶ **Position** : 3D 오브젝트의 시점, 위치를 지정합니다.

❷ **Regular hexahedron** : 정육면체를 드래그하면 선택 부분이 파란색으로 표시되면서 3D 오브젝트의 시점, 위치를 지정합니다.

❸ **X/Y/Z axis** : X(가로)/Y(세로)/Z(깊이) 축을 기준으로 3D 오브젝트 위치를 설정합니다.

❹ **Perspective** : 0~160°의 각도를 지정해 3D 오브젝트를 원근법으로 화면에 표시합니다.

❺ **Extrude Depth** : Z축(깊이)으로 오브젝트를 돌출시키는 정도를 설정합니다.

❻ **Cap** : 3D 오브젝트 내부를 채워서 렌더링 또는 비워서 렌더링할 것인지를 결정합니다.

❼ **Bevel** : 다양한 모양을 설정할 수 있습니다.

❽ **Height** : 모서리 형태의 크기를 설정합니다.

❾ **Surface** : 오브젝트의 질감과 조명을 설정합니다.

❿ **Lighting Preview** : 구를 클릭하여 조명을 추가 또는 드래그하여 조명의 위치를 조정합니다.

⓫ **Light Intensity** : 조명의 강도를 설정합니다.

⓬ **Ambient Light** : 주변의 광량을 설정합니다.

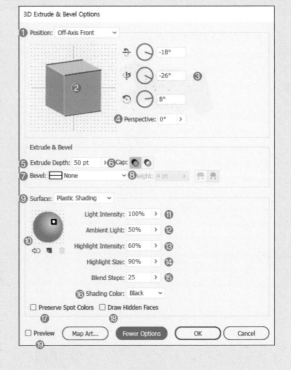

⓭ **Highlight Intensity** : 가장 밝은 부분의 강도를 설정합니다.

⓮ **Highlight Size** : 가장 밝은 부분의 크기를 설정합니다.

⓯ **Blend Steps** : 렌더링 단계를 설정합니다. 수치가 클수록 렌더링 품질이 뛰어납니다.

⓰ **Shading Color** : 어두운 부분의 색상을 설정합니다.

⓱ **Preserve Spot Colors** : 오브젝트의 색상을 보존합니다.

⓲ **Draw Hidden Faces** : 화면에 보이지 않는 부분도 렌더링합니다.

⓳ **Preview** : 설정에 따라 오브젝트 변화를 미리 표시합니다.

Plastic Shading

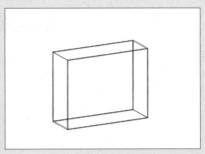

Wireframe

10 이번에는 병 단면 모양을 만들어 보겠습니다. 펜 툴( )을 이용하여 그림과 같이 병의 반쪽 단면을 만듭니다.

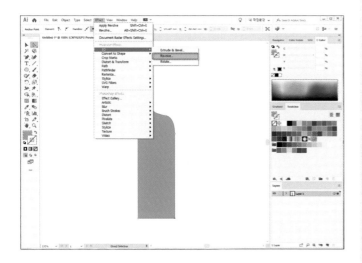

11 오브젝트가 선택된 상태에서 [Effect]-[3D]-[Revolve]을 실행합니다.

강의노트

선택한 오브젝트의 가장 왼쪽 모서리를 기준으로 오브젝트를 회전시켜 3D 입체 효과를 만듭니다.

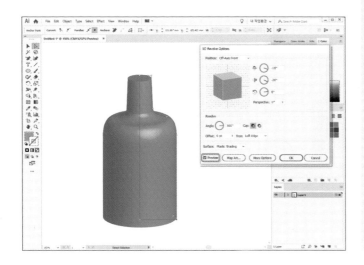

12 [3D Revolve Options] 대화상자가 나타나면 'Preview'를 체크합니다.

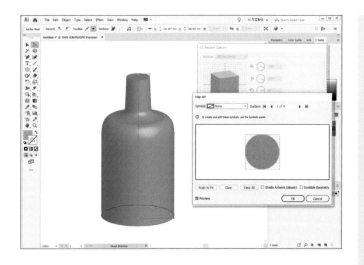

13 문자 오브젝트를 병 표면에 적용 하기 위해 [3D Revolve Options] 대화상자 왼쪽 하단에서 [Map Art] 버튼을 클릭하여 대화상자를 실행 합니다.

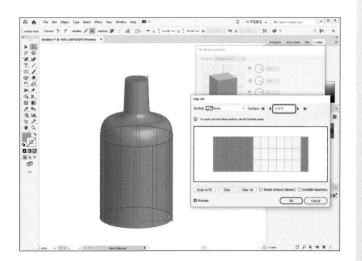

14 [Map Art] 대화상자에서 'Surface' 항목의 화살표를 클릭 하여 병 표면 부분을 표시합니다.

강의노트 🖉

3D 입체 오브젝트의 외부 표면 중 아트를 입힐 위치를 선택할 때 보이는 표면으로 선택해야 합 니다. 가려진 표면을 선택하는 경우 화면에 보 이지 않을 수 있습니다.

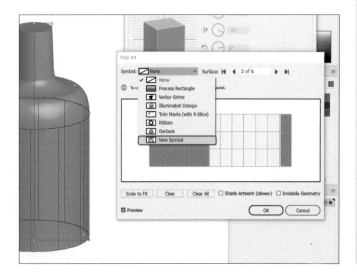

15 'Symbol' 항목을 클릭하고 앞서 등록한 심볼을 선택합니다.

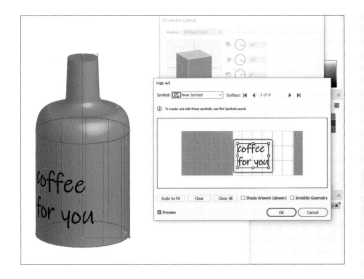

16 문자 심볼을 드래그하여 적절하게 위치시키고 [OK] 버튼을 클릭합니다.

강의노트 ✏️

진한 회색 부분은 가려진 부분을, 연한 회색은 보이는 부분을 나타냅니다.

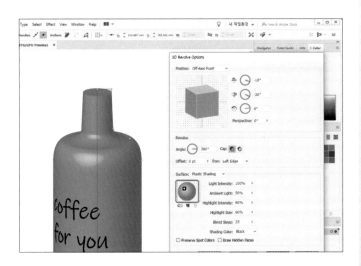

17 [3D Revolve Options] 대화상자에서 [More Options] 버튼을 클릭한 다음 조명의 위치를 변경하고 [OK] 버튼을 클릭합니다.

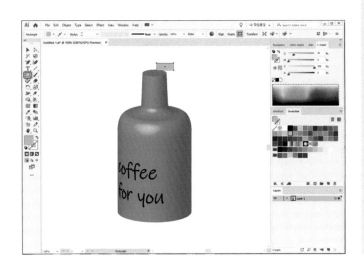

18 병뚜껑을 만들기 위해 사각형 툴(🔲)로 병 오브젝트 상단에 직사각형을 만듭니다.

19 [Effect]-[3D]-[Revolve Options]을 실행하여 입체감을 적용합니다.

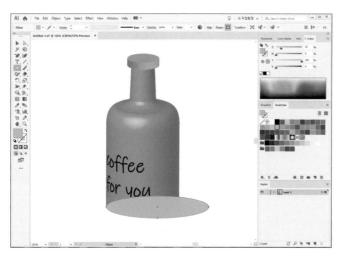

20 좀 더 사실감을 주기 위해 그림자를 만들어 보겠습니다. 그림과 같이 병 하단쪽에 겹치도록 타원 오브젝트를 만듭니다.

보충수업 [3D Revolve Options] 대화상자

❶ **Angle** : 회전하여 렌더링하는 각도를 설정합니다.

❷ **Cap** : 3D 오브젝트 내부를 채워서 렌더링할 것인지, 비워서 렌더링할 것인지를 결정합니다.

❸ **offset** : 중심축으로부터 떨어진 부분에 렌더링합니다.

❹ **from** : 선택한 패스의 왼쪽 또는 오른쪽을 중심축으로 지정합니다.

❺ **Surface** : 3D 오브젝트의 질감과 조명을 조절합니다.

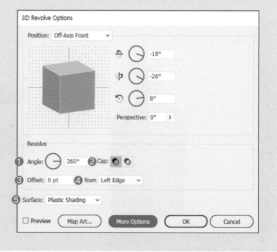

21 [Gradient] 패널에서 유형 항목을 Linear로 설정합니다.

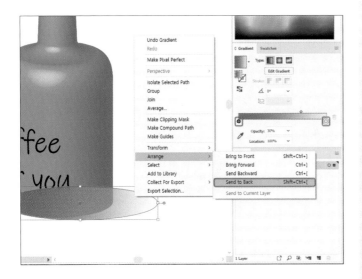

22 그라데이션 슬라이더에서 시작 색상을 회색, Opacity를 100%, 끝 색상을 연한 흰색, Opacity를 30%로 설정하고 그림자 오브젝트를 선택한 상태에서 마우스 오른쪽 버튼을 클릭해 [Arrange]-[Send to Back]을 실행합니다.

강의노트 ✏️

그림자의 특성을 잘 고려하면 그라데이션과 Opacity를 이용하여 손쉽게 그림자를 만들 수 있습니다.

23 입체 도형을 완성합니다.

보충수업 [Map Art] 대화상자

❶ **Symbol** : 심볼 패널에 등록된 심볼을 표시합니다.

❷ **Surface** : 3D 오브젝트 면을 차례대로 표시합니다.

❸ **Scale to Fit** : 매핑 이미지 크기를 화면에 맞도록 재설정합니다.

❹ **Clear** : 표면 옵션으로 등록한 매핑 이미지를 삭제합니다.

❺ **Clear All** : 매핑 이미지를 모두 삭제합니다.

❻ **Shade Artwork(Slower)** : 매핑 이미지에 명암을 적용합니다.

❼ **Invisible Geometry** : 3D 오브젝트 내부를 확인합니다.

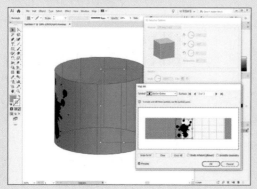

[Map Art 위치에 따른 결과 화면]

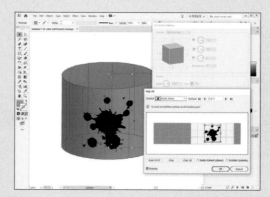

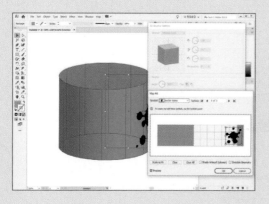

 실전문제

01. 3D 축 중심 기능을 이용하여 지구를 만들어 보세요.

준비파일 | part04-02_ready.ai
완성파일 | part04-02_complete.ai

Hint 반원 오브젝트에 [Effect]-[3D]-[Revolve Options]를 실행하여 구 오브젝트를 만든 다음 [3D Revolve Options] 대화상자에서 아트 매핑을 실행하여 심볼로 등록한 지도 오브젝트를 적용합니 다.

02. 3D 돌출과 경사 기능을 이용하여 큐브를 만들어 보세요.

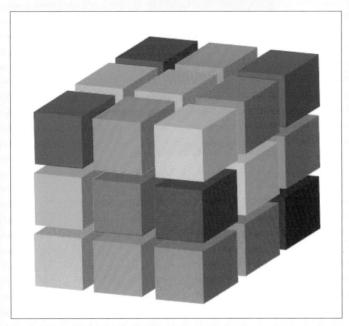

완성파일 | part04-03.ai

Hint 정사각형 오브젝트를 선택한 상태에서 [Effect]-[3D]-[Extrude & Bevel]을 실행하고, Extrude의 값을 조절하여 정육면체 형태로 변환합니다.

오브젝트 효과 적용하기

앞서 배웠듯이 일러스트레이터 CC는 다양한 툴과 패널, 기능을 사용하면 손쉽게 원하는 이미지를 제작할 수 있습니다. 이러한 기능을 사용하면 원하는 이미지를 마음껏 만들 수도 있지만 더 빠르고 쉬운 작업을 위해 일러스트레이터는 다양한 효과도 제공합니다. 이번 시간에는 일러스트레이터가 제공하는 효과들을 알아보겠습니다.

Zoom In
알찬 예제로 배우는
일러스트레이터의
다양한 효과

Keypoint Tool

_ 효과 갤러리 사진 또는 오브젝트에 다양한 효과를 적용합니다.

Knowhow

_ 일러스트레이터에서 제공하는 효과를 통해 쉽고 간편하게 고품질의 작업이 가능합니다.

직접 해보기 | Brush Stroke 효과 적용하기

Brush Stroke 효과는 사진 또는 그림 오브젝트에 연필과 붓 등 브러시로 그린 듯한 효과를 나타냅니다.

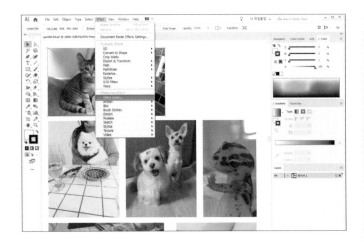

01 [File]-[Open]을 실행하고 'part04-04.ai' 파일을 열고 첫 번째 사진을 선택한 다음 [Effect]-[Effect Gallery]를 실행하여 [Effect Gallery] 대화상자를 표시합니다.

02 [Effect Gallery] 대화상자에서 [Brush Strokes]-[Angled Strokes] 효과를 선택합니다. Angled Stroke 효과가 선택한 사진에 적용되어 미리보기할 수 있습니다.

❶ Direction Blance 50px, Stroke Length 30px, Sharpness 6px

❷ Direction Blance 50px, Stroke Length 50px, Sharpness 12px

03 [Accented Edges] 효과는 이미지의 가장자리를 흰색 또는 어두운색으로 강조합니다.

❶ Edge Width 2px, Edge Brigthness 38px, Smothness 5px

❷ Edge Width 8px, Edge Brigthness 16px, Smothness 12px

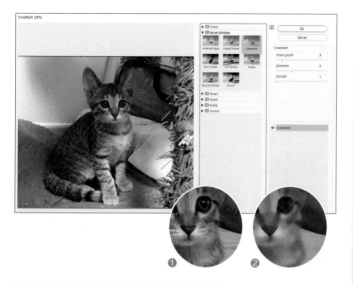

04 [Crosshatch] 효과는 원본 이미지의 속성은 유지하고 연필로 스케치한 듯한 효과를 주며 가장자리를 거칠게 합니다.

❶ Stroke Length 9px, Sharpness 6px, Strength 1px

❷ Stroke Length 31px, Sharpness 12px, Strength 2px

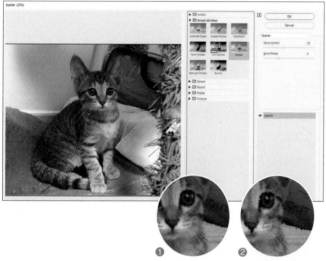

05 [Spatter] 효과는 에어브러시로 뿌리는 효과를 만듭니다. 옵션의 값을 증가시키면 효과가 이미지가 점점 더 뿌옇게 변합니다.

❶ Spray Radius 16px, Smoothness 8px
❷ Spray Radius 23px, Smoothness 12px

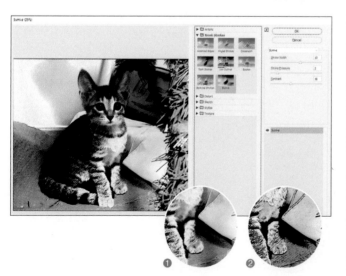

06 [Sumi-e] 효과는 아시아 그림기법과 같이 수묵으로 짙고 옅은 효과를 냅니다.

❶ Stroke Width 9px, Stroke Pressure 3px, Contrast 22px

❷ Stroke Width 12px, Stroke Pressure 7px, Contrast 34px

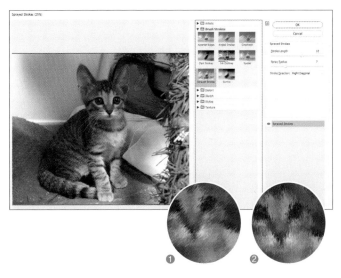

07 [Sprayed Strokes] 효과는 이미지의 주요 색상을 사용하여 비스듬한 스프레이 색상 획으로 이미지를 변화시킵니다.

❶ Stroke Length 19px, Spray Radius 24px, Right Diagonal

❷ Stroke Length 19px, Spray Radius 24px, Vertical

08 [Dark Strokes] 효과는 어두운 영역을 짧은 획으로 칠하고 이미지의 밝은 영역은 흰색의 긴 획으로 칠한 효과를 줍니다.

❶ Balance 1px, Black Intensity 3px, White Intensity 1px

❷ Balance 10px, Black Intensity 9px, White Intensity 4px

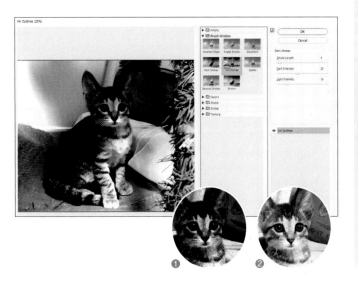

09 [Ink Outlines] 효과는 잉크와 펜 스타일을 사용하여 원본 이미지 위에 정밀한 선으로 다시 그리는 효과를 줍니다.

❶ Stroke Length 8px, Dark Intensity 30px, Light Intensity 20px

❷ Stroke Length 16px, Dark Intensity 5px, Light Intensity 38px

직접 해보기 Sketch 효과 적용하기

Sketch 효과는 연필과 목탄, 펜 등으로 그린 듯한 효과를 나타내며 특성상 흑백으로 나타냅니다.

01 두 번째 이미지를 선택하고 [Effect]-[Effect Gallery]를 실행합니다. [Sketch] 효과의 [Torn Edges] 효과는 이미지를 가장자리가 들쭉날쭉하게 찢어진 종이로 구성한 다음 흰색과 검은색으로 표현합니다.

❶ Image Blance 14px, Smoothness 5px, Contrast 3px
❷ Image Blance 40px, Smoothness 15px, Contrast 17px

02 [Graphic pen] 효과는 가는 잉크 직선 획을 사용하여 검정 잉크와 흰 종이만을 이용하여 표현합니다.

❶ Stroke Length 5px, Light/Dark Balance 30px, Left Diagonal
❷ Stroke Length 13px, Light/Dark Balance 55px, Vertical

03 [Stamp] 효과는 도장으로 찍은 것처럼 보이도록 이미지를 단순화시킵니다.

❶ Light/Dark Balance 5px, Smoothness 1px
❷ Light/Dark Balance 35px, Smoothness 10px

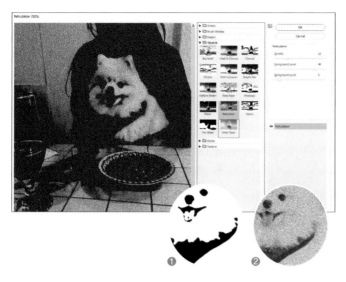

04 [Reticulation] 효과는 필름 이멀 전의 수축 및 왜곡 효과 조절을 시뮬레이션하여 이미지의 밝은 영역에 그레인이 나타나도록 합니다.

❶ Density 17px, Foreground Level 2px, Background Level 6px
❷ Density 42px, Foreground Level 25px, Background Level 32px

05 [Note Paper] 효과는 수제품 종 이에 구성한 것처럼 보이도록 합 니다. 이미지를 단순화하고 그레인 효과 와 엠보싱 모양을 결합하여 나타냅니다.

❶ Image Balance 12px, Graininess 12px, Relief 10px
❷ Image Balance 30px, Graininess 7px, Relief 16px

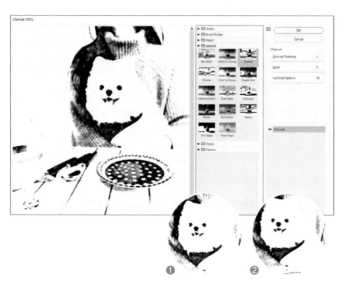

06 [Charcoal] 효과는 목탄으로 그 린 듯한 효과로써 주 가장자리는 굵게 그리고 중간 색조는 대각선 형태의 획을 사용하여 스케치합니다.

❶ Charcoal Thickness 2px, Detail 0px, Light/Dark Balance 50px
❷ Charcoal Thickness 6px, Detail 3px, Light/Dark Balance 39px

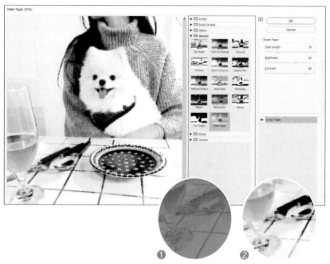

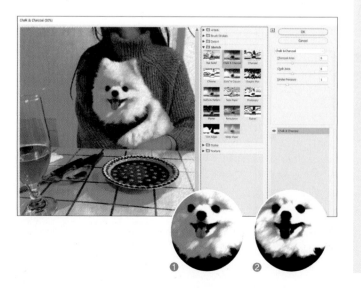

07 [Water Paper] 효과는 얼룩이 있는 텁스를 사용하여 섬유나 축축한 종이 위에 페인팅하여 물감이 흘러 섞이는 것처럼 보이도록 합니다.

❶ Fiver Length 15px, Brightness 60px, Contrast 14px
❷ Fiver Length 25px, Brightness 58px, Contrast 89px

08 [Photo Copy] 효과는 이미지를 흑백으로 복사한 효과를 나타냅니다. 크고 어두운 영역만 표시하고 중간 색조는 단색 검정 또는 흰색으로 표현됩니다.

❶ Detail 3px, Darkness 8px
❷ Detail 15px, Darkness 37px

09 [Chalk & Charcoal] 효과는 거친 분필로 그려진 이미지 위에 목탄으로 그림자와 음영 효과를 겹쳐 나타냅니다.

❶ Charcoal Area 2px, Chalk Area 8px, Stroke Pressure 2px
❷ Charcoal Area 6px, Chalk Area 14px, Stroke Pressure 4px

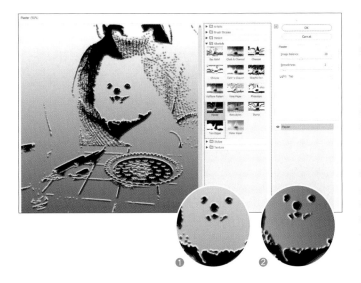

10 [Plaster] 효과는 석고로 만든 것 처럼 이미지를 주조한 다음 흰색 과 검정색만을 사용하여 색을 입힙니다. 밝은 영역은 움푹 파이고 어두운 영역은 솟아나도록 나타냅니다.

❶ Image Balance 2px, Smoothness 5px, Top
❷ Image Balance 16px, Smoothness 9px, Left

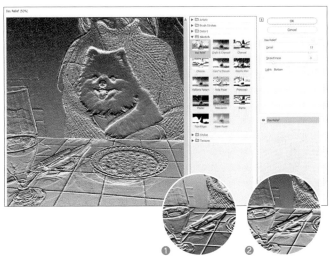

11 [Bas Relief] 효과는 이미지를 저 부조로 조각한 것처럼 보이게 변 형하고 빛을 비춰 표면 변화를 강조하는 효과입니다.

❶ Detail 7px, Smoothness 1px, Top
❷ Detail 7px, Smoothness 1px, Left

12 [Cont^e Crayon] 효과는 이미지 에 밀도 높은 어두운 색과 흰색의 크레용 텍스처를 표시하여 나타냅니다.

❶ Foreground Level 4px, Background Level 6px, Canvas, Scaling 145px
❷ Foreground Level 9px, Background Level 3px, Burlap, Scaling 145px

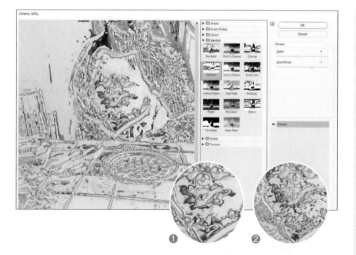

13 [Chrome] 효과는 이미지를 광택 있는 크롬 표면처럼 처리합니다. 표면 반사에서 밝은 영역은 볼록하게, 어두운 영역은 오목하게 나타냅니다.

❶ Detail 2px, Smoothness 7px
❷ Detail 7px, Smoothness 1px

14 [Halftone Pattern] 패턴 효과는 연속적인 색조 범위를 유지하면서 하프톤 스크린 효과를 시뮬레이션합니다.

❶ Size 2px, Contrast 16px, Dot
❷ Size 5px, Contrast 35px, Circle

직접 해보기 | Stylize 효과 적용하기

Stylize 효과는 일반적인 그림 효과가 아닌 광선, 반전 등의 특수 효과를 나타냅니다.

01 세 번째 이미지를 선택하고 [Effect]-[Effect Gallery]를 실행한 다음 [Stylize]의 [Glowing Edges] 효과를 선택합니다. 이 효과는 가장자리 색상을 명확하게 하고 네온과 같은 광선을 추가합니다.

❶ Edge Width 4px, Edge Brigthness 2px, Smoothness 1px
❷ Edge Width 8px, Edge Brightness 7px, Smothness 9px

직접 해보기 Artistic 효과 적용하기

이전 버전에서보다 보강된 효과로써 사진을 포스터화하거나 좀 더 사실적으로 표현할 수 있는 효과를 나타냅니다.

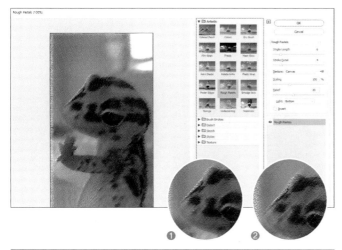

01 네 번째 이미지를 선택하고 [Effect Gallery]를 실행합니다. [Artistic] 효과의 [Rough Padtels] 효과는 텍스처가 입혀진 배경에서 이미지에 컬러 파스텔 분필로 획을 그린 것처럼 보이게 합니다.

❶ Stroke Length 14px, Stroke Detail 6px, Canvas, Scaling 150%

❷ Stroke Length 28px, Stroke Detail 10px, Sandstone, Scaling 150%

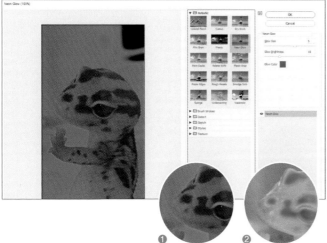

02 [Neon Glow] 효과는 이미지의 개체에 다양한 종류의 광선을 추가하여 모양을 부드럽게 하면서 이미지에 색을 입히는데 유용합니다.

❶ Glow Size 14px, Golw Brightness 16px, Glow Color 파랑

❷ Glow Size −11px, Glow Brightness 30px, Glow Color 파랑

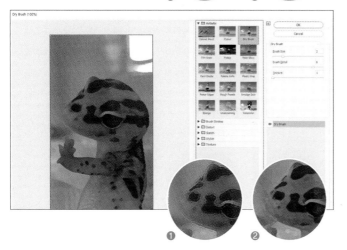

03 [Dry Brush] 효과는 이미지의 가장자리를 드라이 브러시 기법으로 칠합니다. 이 효과는 색상 범위를 축소하여 이미지를 단순화합니다.

❶ Brush Size 0px, Brush Detail 0px, Texture 2px

❷ Stroke Detail 9px, Brush Detail 6px, Texture 3px

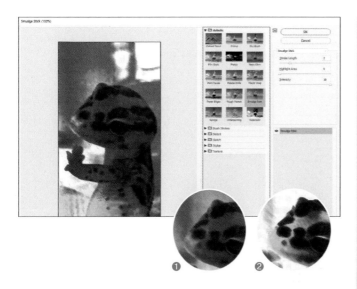

04 [Smudge Stick] 효과는 짧은 대각선 형태의 획을 사용하여 이미지의 어두운 영역을 문지르거나 늘여서 이미지를 부드럽게 보이게 합니다.

❶ Stroke Length 4px, Hightlight Area 6px, Intensity 3px

❷ Stroke Length 8px, Hightligh Area 14px, Intensity 7px

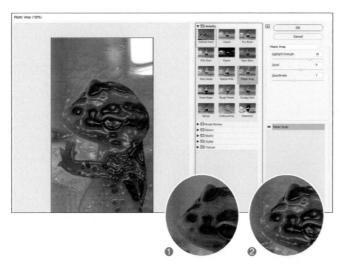

05 [Plastic Wrap] 효과는 비닐을 입힌 듯한 효과를 냅니다. 가장자리는 볼록하게 그 외의 영역은 오목하게 표현합니다.

❶ Hightlight Strength 3px, Detail 4px, Smoothness 8px

❷ Hightlight Strength 13px, Detail 10px, Smoothness 8px

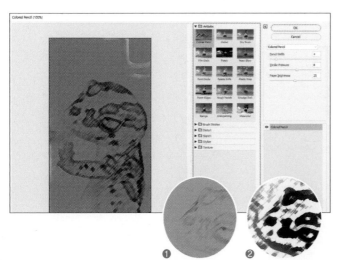

06 [Colored Pencil] 효과는 색연필을 사용하여 단색 배경에 이미지를 그립니다. 중요한 가장자리는 그대로 남기고 거친 그물눈 모양의 효과를 나타냅니다.

❶ Pencil Width 2px, Stroke Pressure 5px, Paper Brightness 33px

❷ Pencil Width 14px, Stroke Pressure 10px, Paper Brightness 48px

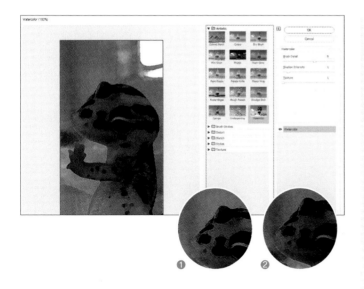

07 [Watercolor] 효과는 세부를 단순화하고 물과 색상과 함께 불러운 중간 브러시를 사용하여 수채화 스타일로 변환합니다.

❶ Brush Detail 3px, Shadow Intensity 1px, Texture 1px

❷ Brush Detail 10px, Shadow Intensity 2px, Texture 2px

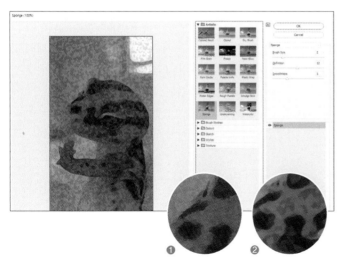

08 [Sponge] 효과는 돋보이는 색상의 짙은 텍스처 영역을 사용하여 이미지를 만들어 스펀지를 칠한 것처럼 나타냅니다.

❶ Brush Size 0px, Definition 3px, Smoothness 2px

❷ Brush Size 6px, Definition 11px, Smoothness 6px

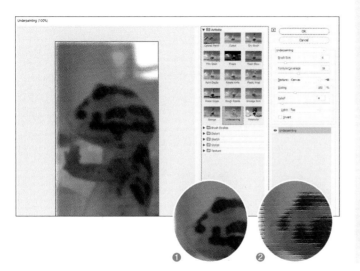

09 [Underpainting] 효과는 텍스처가 스며든 배경에서 이미지를 페인팅한 다음 그 위에 최종 이미지를 페인팅합니다.

❶ Brush Size 11px, Texture Coverage 5px, Canvas, Scaling 150%

❷ Brush Size 24px, Texture Coverage 24px, Brick, Scaling 150%, Relief 12px

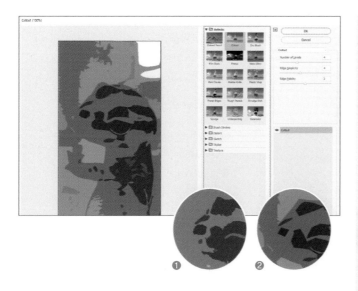

10 [Cutout] 효과는 색종이에서 대충 오려낸 것처럼 이미지를 만듭니다.

❶ Number of Levels 3px, Edge Simplicity 2px, Edge Fidelity 1px

❷ Number of Levels 4px, Edge Simplicity 5px, Edge Fidelity 2px

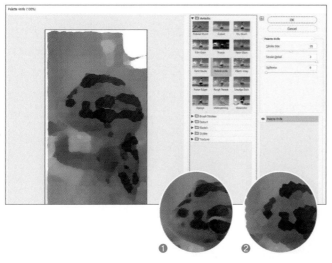

11 [Palette Knife] 효과는 이미지의 세부 사항을 줄여 그 아래의 텍스처가 나타나도록 엷게 페인팅한 캔버스와 같은 효과를 냅니다.

❶ Stroke Size 9px, Stroke Detail 3px, Softness 0px

❷ Stroke Size 23px, Stroke Detail 1px, Softness 7px

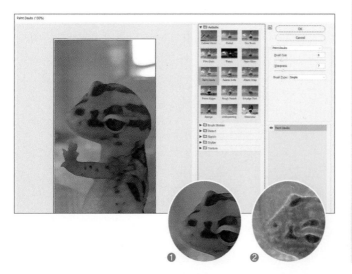

12 [Paint Daubs] 효과는 다양한 브러시 크기와 유형을 선택하여 회화적인 효과를 나타냅니다. Simple, Light Rough, Dark Rough, Wide Sharp, Wide Blurry, Sparkle 등의 브러시 유형을 설정할 수 있습니다.

❶ Brush Size 12px, Sharpness 9px, Simple

❷ Brush Size 27px, Sharpness 17px, Light Rough

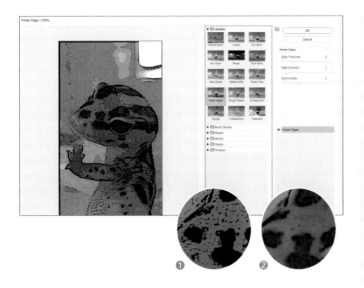

13 [Poster Edges] 효과는 설정한 포스터화 값에 따라 이미지의 색상 수를 줄인 다음 이미지의 가장자리를 찾아 검정 선으로 그립니다.

❶ Edge Thickness 0px, Edge Intensity 4px, Posterization 0px

❷ Edge Thickness 10px, Edge Intensity 0px, Posterization 4px

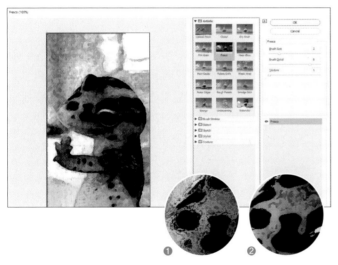

14 [Fresco] 효과는 급하게 적용한 듯한 짧고 둥근 획을 사용하여 이미지를 거칠게 표현합니다.

❶ Brush Size 0px, Brush Detail 0px, Texture 2px

❷ Brush Size 7px, Brush Detail 5px, Texture 3px

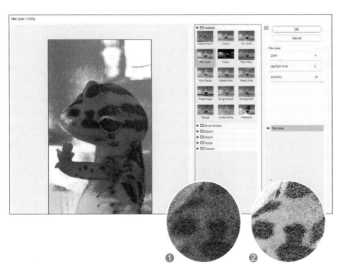

15 [Film Grain] 효과는 이미지의 어두운 영역과 중간 영역에 고른 패턴을 적용합니다. 이 효과는 혼합에서 띠 현상을 없애고 다양한 소스의 요소들을 시각적으로 통합하는 데 유용합니다.

❶ Grain 10px, Hightlight Area 6px, Intensity 2px

❷ Grain 18px, Hightlight Area 17px, Intensity 7px

직접 해보기 Distort 효과 적용하기

Distort는 사진 및 그림의 무늬를 다양한 필터를 통해 부드럽게 또는 왜곡 변형하는 효과를 나타냅니다.

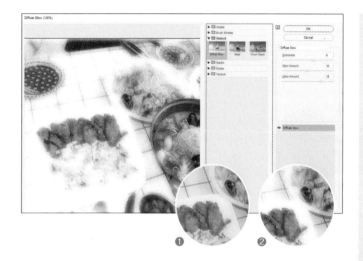

01 다섯 번째 이미지 선택 후 [Effect Gallery]를 실행하고 [Distort]의 광선 확산 효과를 선택합니다. 이 효과는 [Diffuse Glow] 필터를 통해 보이는 것처럼 이미지를 렌더링합니다.

❶ Graininess 1px, Glow Amount 2px, Clear Amount 9px

❷ Graininess 8px, Glow Amount 9px, Clear Amount 15px

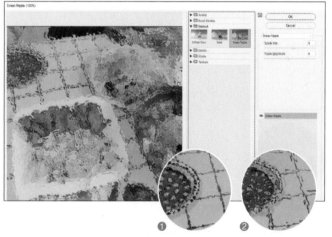

02 [Ocean Ripple] 효과는 간격이 일정하지 않은 물결을 아트웍에 추가하여 아트웍이 수면 아래 있는 것처럼 보이게 합니다.

❶ Ripple Size 3px, Ripple Magnitude 3px

❷ Ripple Size 12px, Ripple Magnitude 9px

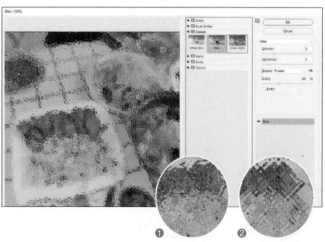

03 [Glass] 효과는 서로 다른 유형의 유리를 통해 보는 것처럼 나타냅니다. 포토샵 파일을 사용하여 직접 유리 표면을 만들 수 있으며 비율, 왜곡, 매끄러움 설정을 조정할 수 있습니다.

❶ Distortion 13px, Smoothness 6px, Frosted, Scaling 150%

❷ Distortion 8px, Smoothness 10px, Tiny Lens, Scaling 150%

직접 해보기 Textrue 효과 적용하기

Texture 효과는 옷감 또는 종이 재질의 표면 등을 적용한 효과를 나타냅니다.

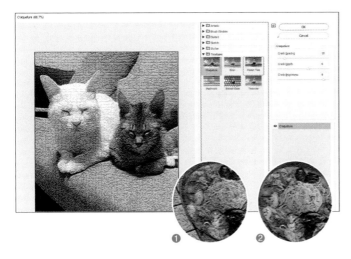

01 다음 이미지를 선택하고 [Effect Gallery]에서 [Texture]의 [Craquelure]를 선택합니다. 고부조의 석고 표면 위에 이미지의 윤곽선을 따라가는 균열을 만들면서 이미지를 페인팅하여 엠보싱 효과를 나타냅니다.

❶ Crack Spacitn 16px, Crack Depth 2px, Crack Brightness 2px
❷ Crack Spacitn 59px, Crack Depth 6px, Crack Brightness 6px

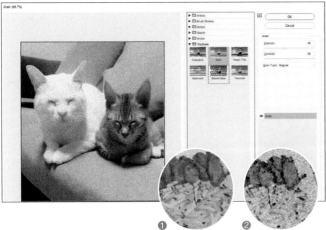

02 [Grain] 효과는 보통, 부드럽게, 흩뿌림, 덩어리, 명암 대조 등을 시뮬레이션하여 이미지에 텍스처를 추가합니다.

❶ Intensity 29px, Contrast 49px, Regular
❷ Intensity 82px, Contrast 84px, Enlarged

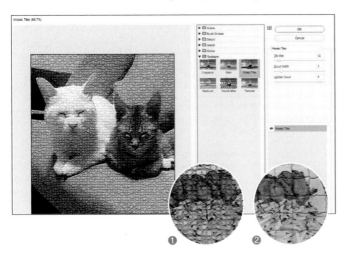

03 [Mosaic Tiles] 효과는 작은 조각이나 타일로 구성된 것처럼 이미지를 그리고 타일 사이에 그라우트를 추가합니다.

❶ Tile Size 12px, Grout Width 6px, Lighten Grout 7px
❷ Tile Size 60px, Grout Width 3px, Lighten Grout 8px

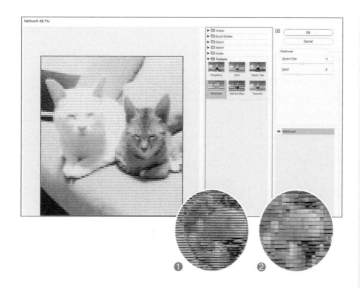

04 [Patchwork] 효과는 이미지 영역에서 우세한 색상으로 칠해진 사각형으로 이미지를 분할합니다. 이 효과는 타일 깊이를 임의로 줄이거나 늘려서 밝은 영역과 어두운 영역을 복제합니다.

❶ Square Size 4px, Relief 18px
❷ Square Size 9px, Relief 18px

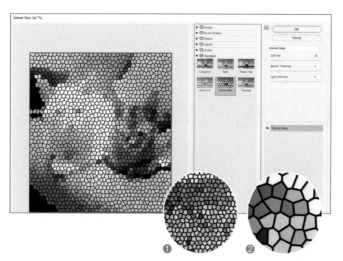

05 [Stained Glass] 효과는 전경색을 사용하여 윤곽선이 그려진 단색의 인접 셀들로 이미지를 다시 페인팅합니다.

❶ Cell Size 7px, Border Thickness 5px, Light Intensity 3px
❷ Cell Size 25px, Border Thickness 9px, Light Intensity 3px

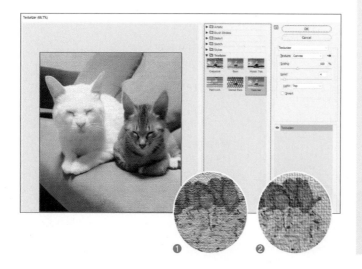

06 [Texturizer] 효과는 선택하거나 미리 작성해 둔 텍스처를 이미지에 적용합니다.

❶ Canvas, Scaling 150%, Relief 14px, Top
❷ Burlap, Scaling 150%, Relief 7px, Bottom Left

직접 해보기 모자이크 효과 만들기

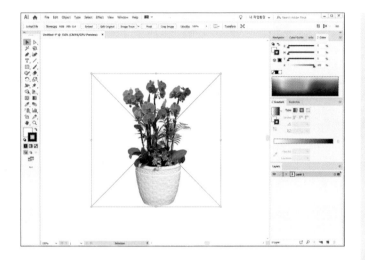

01 [File]-[Place]를 실행하여 flower.jpg를 불러옵니다.

02 불러온 그림 파일이 선택된 상태에서 옵션 바의 [Embed] 버튼을 클릭합니다.

03 [Object]-[Create Object Mosaic]를 실행합니다.

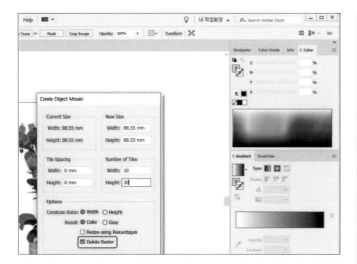

04 [Create Object Mosaic] 대화상자에서 'Options' 항목의 'Delete Raster'를 체크하고 [OK] 버튼을 클릭합니다.

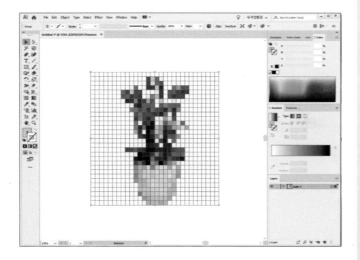

05 모자이크 모양으로 오브젝트가 쪼개진 것을 확인할 수 있습니다.

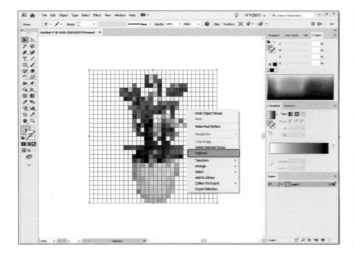

06 쪼개어진 오브젝트 위에서 마우스 오른쪽 버튼을 클릭해 팝업 메뉴에서 [Ungroup]을 선택합니다.

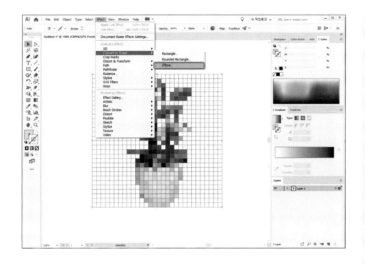

07 모자이크의 모양을 원형으로 바꾸기 위해 [Effect]-[Convert to Shape]-[Ellipse]을 실행합니다.

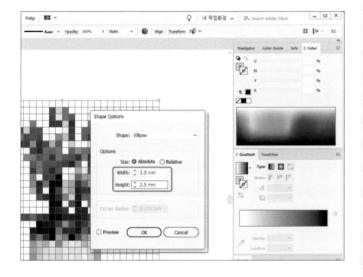

08 [Shape Options] 대화상자에서 'Options' 항목의 'Size'를 'Absolute'로 선택하고 'Width'와 'Height'를 2.5mm로 설정한 다음 [OK] 버튼을 클릭합니다.

강의노트 🖊

모자이크를 만들기 위해 도형으로 변환한 후 도형의 크기를 설정할 때 폭과 높이 수치가 높을수록 모자이크의 크기가 커지고 반대로 수치가 낮을수록 모자이크가 작고 세밀하게 만들어집니다.

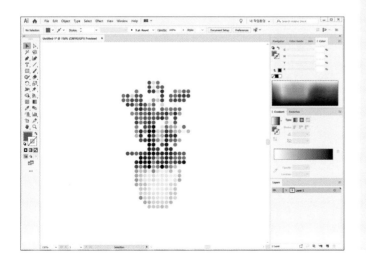

09 원형 도형으로 구성된 모자이크가 완성된 것을 확인합니다.

직접 해보기 **수채화 효과 만들기**

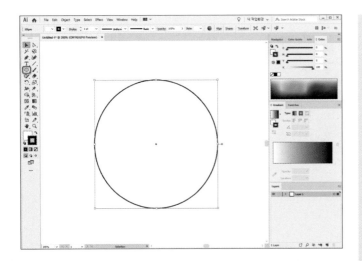

> **01** 새 도큐먼트를 열고 Shift + Alt 를 누른 상태에서 원형 툴 (◯)로 드래그하여 정원을 만듭니다.

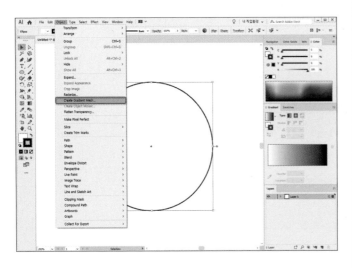

> **02** 원 오브젝트가 선택된 상태에서 [Object]-[Create Gradient Mesh]를 실행합니다.

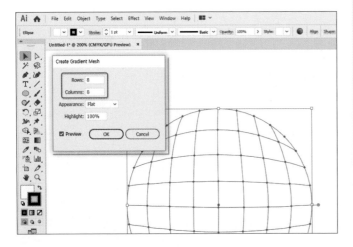

> **03** [Create Gradient Mesh] 대화상 자에서 Row과 Column을 각각 8로 설정하고 [OK] 버튼을 클릭합니다.

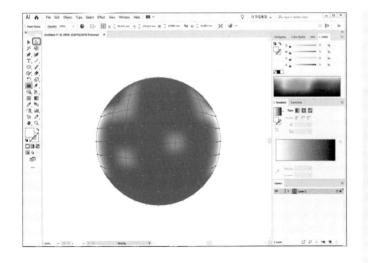

04 원 오브젝트의 면 색상을 파란색으로 설정한 다음 직접 선택 툴(▷)로 각 메시 포인트를 선택하고 하늘색, 외곽 부분은 흰색으로 설정합니다.

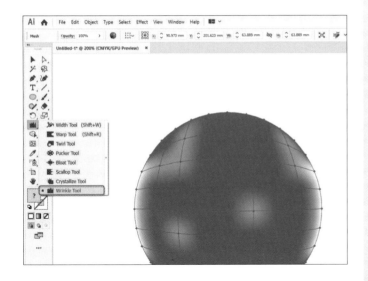

05 툴 모음에서 주름 툴(▦)을 선택합니다.

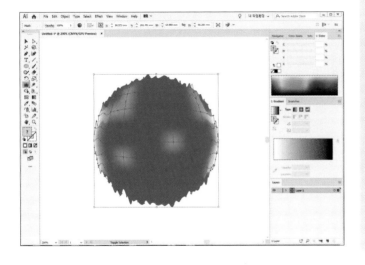

06 주름 툴(▦)로 원 오브젝트 위를 드래그하여 주름 모양으로 변형합니다.

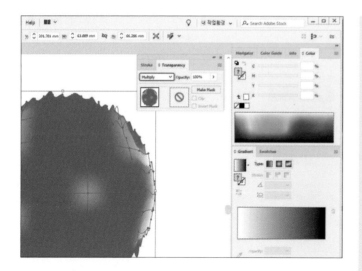

07 오브젝트가 선택된 상태에서 [Window]-[Transparency]를 실행합니다. [Transparency] 패널에서 Normal 항목을 'Multiply'로 변경합니다.

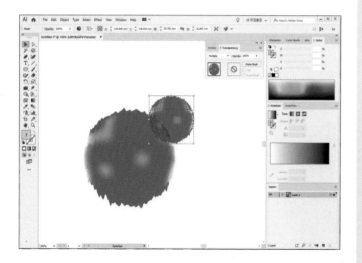

08 변형된 원 오브젝트를 복사한 후 크기를 변경합니다.

강의노트 🖍

오브젝트를 선택한 후 [Alt]를 누른 채 드래그하면 한 번에 복사할 수 있습니다.

09 다양한 크기로 복사한 다음 [Transparency] 패널에서 불투명도를 조절하여 수채화 느낌을 만듭니다. 문자 툴로 "I love you"를 입력한 다음 옵션 바에서 글꼴, 글자 색, 크기 등을 설정하여 완성합니다.

 실전문제

01. 그라이언트 망 만들기 기능을 이용하여 수채화 느낌의 그림을 완성해 보세요.

준비파일 | part04-07_ready.ai   완성파일 | part04-07_complete.ai

Hint 펜 툴을 이용하여 옷 모양을 따라 도형을 만들고 [Object]-[Create Gradient Mesh]를 실행한 다음 각 메시 포인트를 선택하여 색상을 적용합니다. 모든 오브젝트를 선택한 후 그룹화하고 [Effect Gallery]에서 Ink Outlines 효과를 적용합니다.

02. Effect Gallery 효과를 이용해 다음과 같은 그림을 완성해 보세요.

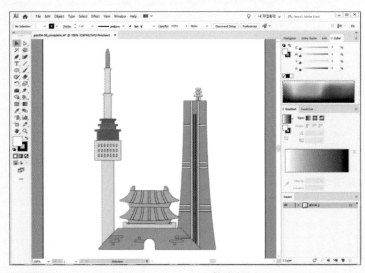

준비파일 | part04-08_ready.ai   완성파일 | part04-08_complete.ai

Hint 각 오브젝트에 면 색상을 입히고 모든 오브젝트를 그룹화한 다음 [Effect Gallery]에서 Craquelure를 선택하고 균열 간격, 깊이 등을 세밀하게 적용합니다.

OKOKOK알찬 예제로 배우는

Illustrator CC ver 23.x

2019년 10월 10 일 초판 1쇄 인쇄
2019년 10월 20 일 초판 1쇄 발행

지은이 : 김혜진
펴낸이 : 양진오
펴낸곳 : (주)교학사
주   소 : (공장) 서울특별시 금천구 가산디지털1로 42 (가산동)
        (사무소) 서울특별시 마포구 마포대로14길 4 (공덕동)
전   화 : 02-707-5310(편집), 02-839-2505, 02-707-5147(영업)
팩   스 : 02-839-2728
등   록 : 1962년 6월 26일 〈18-7〉

교학사 홈페이지 주소
http://www.kyohak.co.kr